GUOFANG
JINGJI LILUN JINGXUAN

国防经济理论 精选

库桂生·著

时事出版社

图书在版编目（CIP）数据

国防经济理论精选/库桂生著. —北京：时事出版社，2017.11
ISBN 978-7-5195-0123-5

Ⅰ.①国⋯ Ⅱ.①库⋯ Ⅲ.①国防经济学 Ⅳ.①E0-054

中国版本图书馆 CIP 数据核字（2017）第 158243 号

出 版 发 行：时事出版社
地　　　址：北京市海淀区万寿寺甲 2 号
邮　　　编：100081
发 行 热 线：(010) 88547590　88547591
读者服务部：(010) 88547595
传　　　真：(010) 88547592
电 子 邮 箱：shishichubanshe@sina.com
网　　　址：www.shishishe.com
印　　　刷：北京朝阳印刷厂有限责任公司

开本：787×1092　1/16　印张：19.5　字数：288 千字
2017 年 11 月第 1 版　2017 年 11 月第 1 次印刷
定价：120.00 元
（如有印装质量问题，请与本社发行部联系调换）

序 言

作为新中国国防经济学最早的拓荒者之一，笔者自20世纪70年代末、80年代初即开始国防经济理论的研究、写作和教学。长期的研究和教学，积累了一些成果，发表和出版了数百万字的文稿和著作。

现呈现在读者面前的这本书，是从正式发表的文稿和出版的著作中精选、摘编出来的。虽然它们来自不同的年代、不同的读物，但全书大致形成了国防经济学的基本理论体系。

由于历史环境和主观认识的局限，书中难免有些观点过时，但为了尊重历史，收录时没有对学术观点进行修正。个别地方还有重复，为了保持必要的系统性而未加删除。欢迎大家批评！

长期的研究和教学生活，在经济学特别是国防经济学领域，结识了许多新老朋友。对他们长期以来的诚挚帮助，表示衷心的感谢！并祝诸位身体健康、工作愉快、家庭幸福！

库桂生

2017年10月

目录

第一章 军民融合 ……………………………………………… (1)
  一、坚持国防建设与经济建设协调发展 ………………… (1)
  二、科学发展观是加强国防和军队建设的重要指导方针…… (15)
  三、军民融合——国防建设新模式 ……………………… (29)

第二章 军费经济 ……………………………………………… (37)
  一、军费的内涵与本质 …………………………………… (37)
  二、军费的功能 …………………………………………… (45)
  三、军费的民用效应 ……………………………………… (53)
  四、军费理论的沿革 ……………………………………… (61)
  五、我国军费投向和结构的战略选择 …………………… (70)

第三章 国防科技 ……………………………………………… (75)
  一、国防科技是第一战斗力 ……………………………… (75)
  二、国防科技与军事变革 ………………………………… (80)
  三、国防科技与军队编制体制 …………………………… (85)
  四、国防科技与军队质量建设 …………………………… (91)

第四章 军品生产 ……………………………………………… (102)
  一、工业布局的国防原则 ………………………………… (102)
  二、军品生产是特殊商品生产 …………………………… (109)
  三、军品生产现代化 ……………………………………… (112)

四、军品升级与军队有机构成 …………………………… (114)
　　五、建立"军民结合型"军品生产体制 ………………… (119)
　　六、调整国防工业结构 …………………………………… (124)

第五章　潜力与实力 ………………………………………… (133)
　　一、战略与国防经济潜力 ………………………………… (133)
　　二、国防经济潜力的内涵 ………………………………… (135)
　　三、国防经济潜力的构成要素 …………………………… (138)
　　四、国防经济潜力评估 …………………………………… (142)
　　五、增强国防经济潜力的战略思考 ……………………… (146)
　　六、国防经济潜力调查 …………………………………… (153)

第六章　经济动员 …………………………………………… (159)
　　一、经济动员的内涵和特点 ……………………………… (159)
　　二、两次大战时期和高技术时代的经济动员 …………… (168)
　　三、经济动员的战略地位 ………………………………… (178)
　　四、经济动员体制与法规 ………………………………… (183)
　　五、经济动员计划 ………………………………………… (188)
　　六、信息时代的经济动员新特点 ………………………… (190)
　　七、经济动员建设新思路 ………………………………… (194)
　　八、非战争军事行动中的经济动员 ……………………… (203)

第七章　经济战 ……………………………………………… (209)
　　一、经济战的内涵和发展 ………………………………… (209)
　　二、经济战的主要功能 …………………………………… (211)
　　三、经济战的作战样式 …………………………………… (217)
　　四、我国未来可能面临的经济战样式 …………………… (225)
　　五、我国经济战运作策略与准备 ………………………… (231)

第八章　国防经济效益 ……………………………………… (241)
　　一、国防经济效益的内涵和特点 ………………………… (241)

二、提高国防经济效益的意义 …………………………… (245)
　　三、提高国防经济效益的途径 …………………………… (247)
　　四、国防经济效益的指标和评价 ………………………… (252)

第九章　国防经济学说史 …………………………………… (260)
　　一、国防经济学说史的研究对象 ………………………… (260)
　　二、国防经济学的历史渊源 ……………………………… (261)
　　三、国防经济学的产生 …………………………………… (269)
　　四、国防经济学的学派 …………………………………… (272)
　　五、国防经济学说的发展 ………………………………… (281)

第十章　回顾与前瞻——中国国防经济学百年 …………… (286)
　　一、中国国防经济学在抗日的炮火中诞生 ……………… (286)
　　二、新中国国防经济理论的蓬勃发展 …………………… (289)
　　三、国防经济学在市场经济中走向成熟 ………………… (296)
　　四、中国国防经济学发展的启示和趋势 ………………… (298)

第一章
军民融合[*]

"军民融合"已经上升到国家战略,并成立了由习近平总书记负责的国家军民融合委员会,从国家体制和机制层面实现了融合。这经历了从"军民结合""协调发展""科学发展",再到"军民融合"的深化和发展过程。

一、坚持国防建设与经济建设协调发展

正确处理国防建设与经济建设的关系,是事关国家安危与兴衰的重大问题。新中国建立55年来,我们党在领导国家建设和发展的历史进程中,不断探索国防建设与经济建设协调发展的规律,并取得了丰硕成果。今天,回顾实践历程,总结历史经验,对于在新的历史条件下,树立和贯彻科学发展观,促进国防建设与经济建设协调发展,具有十分重大的现实意义。

(一) 新中国建立以来国防建设与经济建设协调发展的理论与实践

近代以来,在帝国主义侵略战争的隆隆炮声中,我们这个古老

---

[*] 此章三部份内容分别发表于2004年9月30日《解放军报》《邓小平理论学习与研究》2005年第6期、《中国国防经济研究》2008年第5期。

的东方大国曾沦落到积贫积弱、任人宰割的悲惨境地。实现"富国强兵",一直是中华民族魂牵梦绕的主题。然而,在半殖民地半封建的旧中国,这只是个遥不可及的梦想。在中国共产党的领导下,中国人民推翻了帝国主义、封建主义和官僚资本主义的反动统治,建立起了新中国,才为真正实现"富国强兵"的理想,奠定了坚实的政治基础。半个多世纪以来,中国共产党人为把握国防建设与经济建设协调发展、实现"富国强兵"的理想,在实践中和理论上进行了长期的艰苦探索。

早在新中国建立之初,面对解放全中国的任务尚未完成,国际安全环境严峻,国防建设亟待加强,国家财政经济严重困难,从战争的废墟中恢复国民经济的工作任务极为繁重的形势下,毛泽东就提出了"两手抓"的思想:一手抓国防建设,继续完成解放全中国的历史任务,建立强大的国防军,巩固国防;一手抓经济建设,争取国家财政经济状况的基本好转,为新中国的经济大发展奠定基础。这一指导思想,为实现祖国大陆的完全解放、赢得抗美援朝战争的胜利、国民经济恢复工作的顺利完成,发挥了巨大的理论指导作用。

20 世纪 50 年代中期,根据形势的发展和新中国初期的建设实践,毛泽东在《论十大关系》一文中,对正确处理国防建设与经济建设的关系问题,进行了比较系统的理论总结和阐述。他指出:"因为还有敌人","国防不可不有。""我们一定要加强国防,因此,一定要首先加强经济建设。""只有经济建设发展得更快了,国防建设才能够有更大的进步。"这一时期,随着国防开支的大幅度降低,军队规模的大规模压缩,使国家可以将更多的资源投入经济建设。

20 世纪 60 年代初,世界进入了冷战对抗的高风险期。中苏分歧导致两国国家关系紧张;台湾当局武装窜扰大陆;中印边界爆发战争;美国扩大侵越战争;使我国的国家安全环境恶化。面对国际形势的新变化,毛泽东对战争与和平问题的看法发生了重大变化。他认为,战争不可避免,必须立足于准备早打、大打、打核战争。正是基于对形势的这种判断,毛泽东在处理国防建设与经济建设关系的指导思想上也做了重大调整，他指出，要加大国防投入，国防建设还是要以经济建设为基础，但经济建设特别是基础工业的发展，要与国防工业的发展相适应。并决定调整工业布局，加强国家战略后方建设，做出了大力加强"三线建设"的重大战略决策。他说："要考虑打仗，要有战略部署"，"三线现在不为后悔无及"。这一时期，随着国防投入的大幅度增长、"三线建设"的全面展开，国家抵御侵略战争的能力不断增强，形成了慑止战争的战略态势；三线地区国防工业的发展带动了这一区域的经济发展，从根本上改变了我国经济发展的整体布局；这一时期我国先后研制出了原子弹、氢弹和人造卫星，极大地提高了我国的军事威慑力和国际地位。正如邓小平后来所说的："如果六十年代以来中国没有原子弹、氢弹，没有发射卫星，中国就不能叫有影响的大国，就没有现在这样的国际地位。"这一时期国防科技工业的发展，产生了惠及今日的经济效应。因为有当年原子弹和氢弹的研制，才有今天我国核电工业的发展；因为有当年军工船舶制造业的投入，才有我国连续八年居世界第三造船大国的地位，才有今天船舶大量出口的成就；因为有当年航天工程的投入，才有今天载人航天的成功和高达1000亿元的产业拉动效应，才有为国际卫星市场发射27颗卫星的丰厚商业回报。同时也应当看到，这一时期由于我们党对战争危险的估计过高，国防投入过大，也在一定程度上影响了国民经济的发展。

　　党的十一届三中全会以后，邓小平科学分析和准确判断国际战略总体形势和我国国家安全环境的重大变化，明确指出时代主题已由战争与革命转向和平与发展，我国可以争取更长的和平建设时间。基于这一科学判断，我们党做出了把党和国家的工作重心转到以经济建设为中心的轨道上来、军队和国防建设由临战状态转到和平时期正规化、现代化建设的轨道上来的重大决策。邓小平指出："过去我们过多地认为世界大战很快就要打起来，忽视发展生产力，忽视经济建设。现在根据新的观察、新的分析，下决心一心一意搞建设。一定要抓紧利用当前和平时期这个良机，先把经济建设搞上去；同时，要不失时机地、认真地搞好以现代化为中心的国防和军队的长期性、根本性建设，为国家的经济发展提供坚强有力的保证。"为此，他反复强调，军队要服从和服务整个国家建设大局，在这个大局下面行动。

为了使国防建设服从和服务于经济建设这个大局，邓小平采取了一系列旨在加快经济发展的重大措施。他提出，要走出一条中国特色的精兵之路，重在质量建设，于1985年做出了裁减军队员额100万的重大战略决策；他发出了要"尽可能在减少军费开支来加强国家建设"的号召，使军费开支占国家财政支出的比例下降了一半，从1952—1980年间的20.84%，压缩为1980—1990年间的11.13%；他提出了要根据现代战争的特点调整国防科技工业的布局，使之更适合国家经济建设的要求和更具有发展后劲；他提出要打破国防科技工业的封闭格局，建立军民结合的新体制，从此拉开了国防科技工业体制机制改革的序幕；他做出了军队在经济建设中应有所作为的指示，形成了军队开放军用设施，全军上下积极支援和参加国家建设的局面，从1985—1995年，空军先后向地方开放了101个军用机场，海军向地方开放了29个军用港口、码头，全军向地方开放了100多个军用仓库、300多条铁路军事专用线；他强调军队要办成一个大学校，要培养军地两用人才，促使了军队人才培养目标向着一专多能、一兵多能，既能打仗，又能搞社会主义建设的方向的转化。……这些政策措施，极大地减轻了国家财政的压力，强有力地支援了国家的经济建设，保证了我国经济建设的持续稳定协调发展。

邓小平在强调军队服从和服务于国家经济建设大局的同时，也强调要加强国防和军队建设。他指出，国防现代化建设，是我国社会主义现代化建设的一个重要方面，本身就涉及整个国家建设大局、安全大局。他多次强调："四个现代化，其中就有一个国防现代化。如果不搞国防现代化，那岂不是只有三个现代化了？"在现有条件下国防建设与经济建设不可能齐头并进，"四化总得有先后。军队装备真正现代化，只有国民经济有了比较好的基础才有可能"。因此，要先抓好经济建设这个大局，"大局好起来了，国力大大增强了，再搞一点原子弹、导弹，更新一些装备，空中的也好，海上的也好，陆上的也好，到那个时候就容易了"。

实践证明，邓小平以经济建设为中心，国防建设服从和服务于经济建设大局的思想，为我们在和平时期正确处理国防建设和经济建设的关系指明了方向。在这一思想的指导下，我国的经济建设取得了巨大的成就，综合国力不断增强，科学技术不断进步，人民生活水平不断提高。国家经济建设的这些成就，为我们加强国防和军队建设奠定了坚实的物质技术基础。

进入20世纪90年代后，虽然冷战结束后爆发世界大战的危险进一步降低，但影响我国安全、稳定的不确定因素却在增加：少数西方国家出于意识形态和自身利益的需要，继续凭借经济、科技优势对我国实行"西化""分化"和遏制政策；"台独"势力的发展和外部势力介入的可能，使祖国统一问题更加突出；境内民族分裂势力、宗教极端势力、恐怖主义势力有所抬头。维护我国安全和发展利益，已成为一个不容忽视的重大问题。面对这样复杂的国内外形势，以江泽民为核心的党的第三代领导集体，从国际战略全局的高度深入分析了国际国内形势，总结了改革开放以来的历史经验，强调进一步加强国防和军队建设，有效维护国家统一和安全、迎接世界新军事变革挑战的必要性。江泽民指出，必须处理好国防建设和经济建设这个带有全局性的重大关系，要在国家经济不断发展的同时，加强国防建设。他第一次明确而完整地提出了我国正确处理国防建设和经济建设关系的方针："以经济建设为中心，经济建设与国防现代化建设两头兼顾、协调发展。"

以江泽民为核心的党的第三代领导集体，根据新形势和现实战争威胁，确立了新时期军事战略方针，强调把军事斗争准备的基点放在打赢现代技术特别是高技术条件下局部战争上；强调把我军建设成为一支能够应付各种挑战，现代化水平比较高的军事力量，从而揭开了科技强军、质量建军的新篇章。党中央和中央军委采取了一系列旨在加强国防建设的具体措施：一是适度增加了军费的投入，使国防军费的增长与国民经济的增长相适应。二是坚决果断地停止军队和武警部队的一切经商活动，使军队吃"皇粮"的决策得到落实，进一步密切了军政、军民关系，维护了军队的良好形象。三是确立了突出重点，有所为、有所不为，有所赶、有所不赶的新时期武器装备发展战略，保证了国防科研重点项目的顺利展开和资金的投入，取得了"神州五号"等一批在世界处于领先地位的科技成果。四是进行了国防科技工业体制的改革，为建立寓军于民的充满生机活力的国防科技工业新体制创造了条件。五是坚定不移地走中国特色的精兵之路。1997年，江泽民在党的十五大上宣布，中国将在此后三年，再次裁减军队员额50万。党的十六大后，江泽民又郑重宣告：2005年前，我军再裁减员额20万。

以江泽民为核心的第三代领导集体在国防和军队建设领域里的理论和实践，进一步丰富和发展了毛泽东、邓小平正确处理国防建设和经济建设关系的思想，使我军以更加积极的姿态，迎接世界新军事变革的挑战，积极推进中国特色新军事变革，实现以建设信息化军队为战略目标的跨越式发展。形成了国防建设和经济建设相互促进、协调发展的机制，走出了一条投入较少、效益较高的军队现代化建设的道路。

党的十六大以后，以胡锦涛为总书记的党中央，总结了新中国建立以来特别是改革开放以来的社会主义现代化建设的实践经验，做出了新的理论概括，提出了科学发展观，把国防建设与经济建设的协调发展，纳入更高层次的全面、协调、可持续的发展指导思想之中。2004年7月24日，胡锦涛总书记主持了以"坚持国防建设与经济建设的协调发展"为主题的中央政治局第十五次集体学习，他强调指出，这是"一个带有全局性的重大问题"。他深刻阐述了国防建设与经济建设的协调关系，指出经济建设是国防建设的基本依托，经济建设搞不上去，国防建设就无从谈起。国防实力是综合国力的重要组成部分，国防建设搞不上去，经济建设的安全环境就难以保障。他强调"在集中力量进行经济建设的同时，必须切实加强国防建设"，使二者"相互促进"。他进一步强调，十六大提出的坚持国防建设与经济建设协调发展的方针，是我们党对国防建设和经济建设内在规律的科学总结。必须从确保国家现代化建设的安全环境和确保国家主权和领土完整的战略高度，全面贯彻国防建设与经济建设协调发展的方针，要在经济发展的基础上努力推进国防建设，促进和保证全面建设小康社会宏伟目标的胜利实现。

国防建设与经济建设协调发展，是现阶段进行社会主义现代化建设内在规律的体现，是中国共产党人在探索社会主义建设规律过程中得出的科学结论。新中国成立55年来国防建设与经济建设的历史性实践昭示我们：只有坚定不移地贯彻国防建设与经济建设协调发展的方针，中国和平发展的道路才能越走越宽广，才能最终实现中华民族"富国强兵"的百年梦想。

（二）国防建设与经济建设协调发展的时代价值

在新中国建设和发展的历史进程中，实现国防建设和经济建设的协调发展之所以成为关键环节之一，就在于两个建设的协调发展事关整个国家和民族的前途和命运，事关社会主义现代化建设的全局。当前，我国社会主义现代化建设正面临重要战略机遇期，深刻理解和认识两个建设协调发展的重要意义，具有更加突出的重要性。只有正确处理两个建设的关系，保持两个建设的协调发展，才能抓住机遇，乘势而起，开创中国特色社会主义事业新局面，实现全面建设小康社会的宏伟目标。

首先，国防建设与经济建设协调发展是唯物史观的具体体现。生产力决定生产关系，经济基础决定上层建筑，这是历史唯物主义最基本的原理。这一原理反映到国防建设和经济建设的关系上，就是经济建设决定国防建设，国防建设对经济建设具有反作用。我们党确立以经济建设为中心，国防建设与经济建设协调发展的方针，正是这一原理在这两个建设关系上的生动体现。首先，明确以经济建设为中心，抓住了国防建设与经济建设关系中最关键、最本质的东西，体现了历史唯物主义的基本原则和本质要求。恩格斯在《反杜林论》中指出："暴力的胜利是以武器的生产为基础的，而武器的生产又是以整个生产为基础，因而是以'经济力量'，以'经济情况'，以暴力所拥有的物质资料为基础的。""没有什么东西比陆军和海军更依赖于经济前提。装备、编成、编制、战术和战略，首先依赖于当时的生产水平和交通状况。"提出以经济建设为中心，国防建设与经济建设协调发展，正是体现了这一原理。其次，强调国防建设与经济建设的协调发展，突出了国防建设的重要性，反映了国防建设对经济建设的保障和促进作用。马克思曾经说过，军人"虽然不生产谷物"，却能"生产保卫"。马克思的这一思想深刻揭示了国防建设对经济建设的作用：生产保卫来保卫生产。也就是说，国防和军队建设对经济建设具有保障和促进作用。一方面，国防建设虽然不能产生直接的经济效益，其发生和发展要以经济建设为前提，但却能为经济建设提供稳定安全的社会环境，从而保障经济建设的顺利进行。另一方面，国防建设在某种程度上也具有促进经济建设的作用。例如，国防科研部门可以将一些尖端科学技术转为民用，提升经济建设的科技含量；军队可以通过承担一些国家重点工程建设、向民用部门开放一些军用设施来为经济建设服务等。因此，把建立巩固的国防当作现代化建设的重要战略任务，强调坚持国防建设与经济建设协调发展的方针，是对国防建设和经济建设辩证关系准确把握的必然结果。

其次，国防建设与经济建设协调发展是富国强兵的坚实基础。历史经验告诉我们，一个国家、一个民族，要想在激烈的国际竞争中立于不败之地并有所作为，既要具有强大的经济实力，也要具有强大的军事实力，可以说，"富国"和"强兵"，是一个国家发展腾飞不可或缺的两翼。古代中国的"汉唐盛世"，之所以可以傲视世界群雄，根本原因在于经济富庶、兵强马壮。今天，中国作为奉行独立自主和平外交政策的社会主义的东方大国，要在世界政治、经济、军事、外交舞台上争得一席之地，要占领21世纪的战略制高点，就必须统筹国防建设与经济建设，使之协调发展，在加快经济建设的同时，加强国防建设，实现既"富国"又"强兵"的目标。兵强要以国富做基础，但国富并不等于兵强；国富要以兵强做保证，但兵强并不等于国富。这就是国防建设与经济建设的辩证法，也是正确处理两个建设关系、保持协调发展的依据所在。我国作为一个处于社会主义初级阶段的发展中国家，当前既没有完全实现国富，与兵强的目标也有一定差距。在经济建设方面，虽然改革开放以来，我国的经济实力有了突飞猛进的发展，但与发达国家相比，经济发展还相对落后，必须首先集中力量进行经济建设，加快经济发展。这是解决中国现阶段包括国防现代化在内的所有问题的关键，是决定当代中国命运的一个大局问题。如果偏离这个大局，社会主义就有丧失物质基础的危险，中华民族就有被开除"球籍"的危险，国防建设就有失去根基的危险。另一方面，在世界新军事变革迅猛发展、世界军事强国已进入军队信息化阶段的新形势下，我军仍处于机械化半机械发展阶段，亟待实现跨越式发展，提高现代高技术条件下防卫作战能力。在此情况下，如果不加快国防建设的发展速度，将会进一步拉大我军与先进国家的差距，一旦发生战争，我们就可能陷于被动，就难以有效地维护国家安全，经济建设的进程也将被打断。在国防建设和经济建设都需要加强的情况下，两者不可偏废，唯一正确的选择就是国防建设与经济建设统筹兼顾，协调发展。

再次，国防建设与经济建设协调发展是实现国家和平发展的可靠保证。中国共产党人已经向全世界宣告：中国将通过走和平发展的道路，实现中华民族的伟大复兴，中国的发展不会对任何国家构成威胁。但是，我们必须清醒地认识到，中国能否实现和平发展，能否顺利地实现宏伟的发展目标，一个极端重要的因素在于是否有一个和平、安全、稳定的发展环境。而和平、安全、稳定的发展环境不能依赖他人的赐予，必须以强大的军队和巩固的国防做保障。能战方能言和，只有军队强大了，威慑力增强了，才能为发展提供可靠的安全保障，才能维持发展所需要的稳定的外部环境，才能争取到尽可能长的和平建设时间。反之，如果没有强大的国防实力作后盾，和平发展只能是一种善良的愿望。事实上，尽管和平与发展仍是时代的主题，尽管我国政府一再宣示要走和平发展道路，但目前影响我国和平发展的因素仍然存在。一些西方国家出于意识形态和自身利益的需要，不愿意看到一个强大的社会主义中国出现在世界东方，它们总是千方百计地妄图牵制甚至遏制我国的发展；目前我国周边地缘政治军事环境相当复杂，不可预测性明显增加；台湾当局在分裂祖国的道路上越走越远，"台独"势力"以武拒统"已成为影响和威胁中国安全的最大隐患；随着经济全球化进程的加快和国家对外开放的扩大，我国在全球范围的战略利益不断拓展，对利用国际市场、国际资源的安全要求也越来越提高。面对这样复杂而又多变的外部发展环境，我们要走和平发展的道路，要加快社会主义现代化建设的步伐，除了统筹国防建设和经济建设，使两个建设协调发展，没有其他的道路可走。为此，我们要在经济发展的同时，不断加强国防和军队建设，通过建设巩固和强大的国防来提高国家安全保障能力，保持军事上的强大威慑力，保证人民军队在任何时候都能从容应对国家安全所面临的各种挑战和考验，为和平发展提供坚强可靠的安全保障。

（三）国防建设与经济建设协调发展的基本经验

新中国建立55年来，我们党在领导人民进行社会主义建设和发展的伟大实践中，坚持把马克思主义的普遍原理与中国革命和建设的实践相结合，遵循解放思想、实事求是、与时俱进的思想路线，准确把握世界和中国的发展大势，正确处理国防建设与经济建设之间的关系，探索出了一条符合中国国情、具有中国特色的国防建设与经济建设协调发展的道路，既保证了我国经济的持续稳定协调发展，也使国防和军队建设跃上了一个新的台阶，取得了非常宝贵的经验。

第一，坚持发展战略的协调一致。国防建设与经济建设是国家建设和发展的两大战略任务，必须从国家内部和外部的总体形势出发，使两个建设在发展战略上保持协调一致。从发展战略的高度来谋划国防建设与经济建设，确立符合实际需要的长远发展目标，科学而准确地判断国际国内形势是基本前提之一。作为一个热爱和平、永不称霸的社会主义国家，我们进行军队和国防建设的最终目标是维护国家的统一和领土的完整，为经济建设提供安全稳定的环境。为了实现这一目标，在新中国55年的历史中，中国共产党人正是在科学准确地分析判断形势的基础上，根据形势的发展变化来确立国防和军队建设的发展战略的，在不同的时期提出了不同的目标，从而保证了经济建设与国防建设的协调发展。从发展战略的高度来谋划国防建设与经济建设，必须保持两个建设在宏观战略上的协调一致。国防现代化作为"四化"的重要组成部分，也必须制定与整个国家的发展战略相一致的发展战略，这既是全面推进我国社会主义现代化建设的需要，也是国防现代化自身发展的需要。以经济建设为中心并不意味着等经济搞上去了再抓国防建设，而是要在经济建设不断发展的条件下大力加强国防和军队现代化建设，要求在国家已经制定现代化建设的总体发展战略的情况下，制定相应的国防和军队建设发展战略与之配套。国防建设与经济建设相一致，并不是要求国防建设与经济建设亦步亦趋地同步发展，而是，既要保证国防建设与经济建设在总体上的协调一致；不同的时期，又要根据实际情况和需求的变动有所侧重和区别。正是基于这样的考虑，江泽民提出了与我国现代化建设"三步走"战略相一致的国防发展战略，这一战略同国防现代化建设的战略部署相对应，对国防和军队现代化建设也做了总体设计，规定了每一阶段的目标、任务和要求，既体现了服从和服务于国家经济建设大局的要求，又能保证国防和军队建设跟上国家现代化发展的步伐，满足国家经济发展对国防的需求，使两者相互协调共同发展。

第二，坚持发展进程的协调一致。国防现代化与国家现代化的进度在总体上保持平衡，实现"两个进程相一致"，是对经济建设规律和国防建设规律的科学把握和运用，是建国55年来，我党总结两个建设协调发展历史经验得出的一条基本结论。"两个进程相一致"，首先，要使两者的发展速度保持相对一致。一方面，要在经济不断发展的基础上加大国防投入，使国防建设随着经济的发展而发展。国防现代化是一个十分复杂的系统工程，不能一蹴而就，需要长期的技术积淀和持之以恒的努力奋斗才能成功，特别是在新军事革命迅猛发展，军事科技发展日新月异，武器装备更新换代越来越快的今天更是如此。而要不断地增加国防建设的技术积淀，提高国防建设的高技术含量，一个重要的方面就是要保持国防建设投入的连续性，并使投入随着经济的增长而增长。如果没有投入的不断增加，我国的国防现代化就可能因出现间断而失去其应有的连续性，这不仅会进一步拉大与先进国家的距离，而且会降低国防投入的产出效益。另一方面，国防建设的投入不能过大，不应给经济发展造成过重的负担。国防建设是以经济建设为基础的，如果过分强调国防建设，以致因国防建设投入规模过大而影响到经济建设，也会欲速而不达，不但将迟滞经济建设的发展，最终国防建设也会因失去发展的物质技术基础而受到影响。其次，国防实力要与经济实力相一致。一个国家在国际上的地位，主要由经济实力和国防实力决定，经济实力和国防实力是支撑一个大国国际地位的两大支柱。只有经济实力而没有国防实力就不能算是有影响的大国，反之亦然。因此，我们必须在注重发展经济的同时，大力加强国防建设，不断提高我国的国防实力和经济实力，保持国防实力和经济实力的一致。第三，军队的调整改革要与国家改革开放的步伐相一致。改革开放以来，我国实现由计划经济体制向市场经济体制的转变，由粗放经营向集约化经营转变，实施"引进来""走出去"的对外开放政策，极大地促进了社会生产力的发展。与此相适应，军队和国防建设也必须做出相应的调整，以适应改革开放的宏观环境。国防建设特别是国防科技工业，必须讲求投资的军事经济效益，走投入较少、效益较高的发展路子；在军队建设方面，要强调质量建军、科技兴军，走中国特色的精兵之路；在军队结构建设上，必须突破传统的保疆守土的"大陆军观"，加大其他军兵种的发展力度，发展与我国对外开放政策相适应、能为我国利益提供可靠保障的现代海军、空军和战略导弹部队，以保护我国经济建设所需要的海外资源、运输通道的安全，维护我国的正当海外权益。

第三，坚持发展机制的协调一致。实现国防建设与经济建设的协调发展，必须建立"寓军于民、军民兼容"的融合式发展机制。实践证明，使国防建设与经济建设在体制、结构、布局、技术、人才、信息等方面实行全方位的融合，既有利于充分发挥两大经济体系资源整合的优势，将国防建设真正植根于国民经济母体之中，形成国民经济对国防经济的强大支撑力；又有利于充分发挥国防经济对国民经济促进作用，形成国防经济对国民经济尤其是高科技产业发展的强大牵引力。特别是在科学技术的迅猛发展的今天，更需要建立"寓军于民、军民兼容"的融合式发展机制。一方面，现代高技术战争对资源需求呈现出数量大、时间紧、技术含量高、结构复杂等特点，仅仅依靠国防经济部门已经难以适应需要，必须依托整个国民经济体系；另一方面，现代科技尤其是信息技术的飞速发展，使民用技术与军用技术的界限越来越模糊，许多民用高技术平时可为经济建设服务，战时稍加改造即可转为军用；同时，国防部门消耗的资源在平时也应对民用领域发挥支持、牵引作用，以最大限度地减少实现国家安全战略目标的总成本。为此，必须按照两个建设协调发展的要求，建立健全融合式发展机制。一是国防建设要充分考虑经济建设的需要，极大限度地提高国防资源的利用效率。通用性强的国防设施要尽可能做到军民兼容，要进一步向社会开放国防建设系统中的军民通用设施，发挥其为国民经济建设服务的社会功能；国防科技工业要实现军民兼容，使国防科技进步成为促进国民经济发展的助推器。通过军民兼容，实现军事工作与经济建设结合、国防效益与经济效益统一，做到相互促进、共同受益、共同提高。二是国家基本建设要充分体现国防要求。国家在筹划交通运输、邮电通信等大中型基础设施建设时，应考虑到军事需求，做到同一投资能获得平时与战时、军用与民用两种效益，实现国防效益与经济效益的有机统一。三是在人才培养和后勤保障方面依托国民教育和国民经济体系。要重视军地之间的人才兼容，充分利用国民教育系统培养军事人才，做到"寓才于民"；要逐步减少由于军队办社会而带来的负担，把一些保障机构和保障项目剥离出来，由社会来承办，实行寓军于民。四是要在国家战略层面上，对发展军民两用技术做出全面、长远和清晰的规划，真正做到寓"国防科技实力"于"国防科技潜力"之中。五是要在经济布局上兼顾国防原则和经济原则。要按照沿海与内地结合，集中与分散结合，安全与效益结合，专业化与多样化结合的原则。在充分考虑经济效益的基础上，继续做好战略后方基地建设这篇大文章，改变国家的生产力与科技力、财富与资源，过于集中沿海一线、沿边一线、沿江一线，这种"新三线"可能造成的新安全隐患。六是在国防工业结构上要实现从"橄榄型"向"哑铃型"结构的转变，形成一种"小核心、大协作"的结构，使国防经济体系更富有运行弹性。七是要在体制上建立高效的平战转换系统，提高战时把经济潜力转化为战争实力以及战后经济复员的能力。

第四，坚持资源配置的协调一致。在资源配置方面，确保国家安全前提下实现国防投入对经济建设的消极影响最小化，是和平时期国防建设与经济建设协调发展的一条重要经验，也是防止落入某些西方大国设置的"军备竞赛陷阱"的有效措施。从国防投入的基本经济属性看，它总体上是一种非生产性的资源消耗。在其他条件不变的情况下，投入国防的资源多，投入经济建设的资源就少。这就决定了国防资源的投入必须适度、有效，既能使国家安全得到有效保证，又能使国防投入对国民经济正常发展的负面影响较小，也就是说，国家在国防建设方面的资源分配应当遵循"够用原则"，即在确保国家安全前提下的国防投入最小化的原则。保持国防建设与经济建设的协调发展，一方面，要更加注重科学、合理地确定国防建设占用资源的数量，既要考虑到国家的安全需求，又应考虑到社会经济的承受力；另一方面，要更加注重科学合理地确定国防投入的重点，不断提高军事经济效益。必须按照由数量型向质量型转变，走中国特色精兵之路的要求，把有限的军事资源集中到对军队建设有重要影响的部位和方面。要适当压缩技术水平低的部队，把节省下来的经费，用于加强技术军兵种的建设；要在保证人员生活水平稳步提高的基础上，增大装备和科研费的比例，把军队战斗力的增长方式从人力规模型，转移到技术密集型上来。此外，在提高国防资源的结构效益的同时，要加强管理，向管理要效益。要改革现有的国防经费管理体制，切实做到科学决策，统筹安排，精打细算；要按照社会主义市场经济规则，改进物资的筹措和供应办法，提高经费、物资的使用效益。

二、科学发展观是加强国防和军队建设的重要指导方针

胡锦涛同志在一次重要会议上，阐述了在国防和军队建设中贯彻落实科学发展观的客观必然性，要求我们深刻领会科学发展观的理论内涵和战略要求，用以指导我们的工作实践，推动国防和军队建设又快又好地发展。

（一）坚持科学发展观，实现富国与强军的统一

以科学发展观为指导，就是要始终不渝地坚持国防建设与经济

建设协调发展，在全面建设小康社会的历史进程中实现富国与强军的统一。这是从国家战略的高度来筹划国防建设的重要战略思想。

1. 富国与强军的统一是国家发展的理想境界。

富国强兵的统一，是国家发展的理想境界，是古今中外各国不懈追求的战略目标。《史记·管晏列传》："管仲既任政相齐，以区区之齐在海滨，通货积财，富国强兵。"清朝时期的大思想家魏源强调，要把学习和掌握西方先进技术，作为富国强兵的重要途径："尽转外国之长技，为中国之长技，富国强兵。"

把实现富国与强军的统一与中华民族全面崛起的特定阶段联系起来，放在全面建设小康社会的历史进程中来把握，体现了我们党对新世纪新阶段富国强兵的新认识，是对国防建设与经济建设协调发展规律的新探索。

近500年来历史上共有五次世界强国的兴衰。历史经验表明，强国之兴，兴于经济科技的发达和随之而来的军事扩张；强国之衰，衰于国际生产力中心转移和过度侵略扩张所造成的经济和科技衰退。今天，在中华民族崛起的航程中，如何驾驶中国这只大船在惊涛骇浪中避免重蹈历史悲剧，成功地驶向协调发展的最高境界，在富国与强军的统一中夺取世界先进技术和发达经济的制高点，是一个重大的现实问题。我们党高度关注这一问题，在大国兴衰的历史中思考国防建设与经济建设的协调发展，在国际力量格局的变化中统筹富国与强军，其战略意图极为深远。

2. 新世纪新阶段我国实现富国与强军统一的战略机遇。

我们党提出的实现富国与强军统一的战略思想，是基于对国际国内复杂形势的深刻分析和准确判断基础之上的。认识这些机遇，对于我们更深刻地把握和更自觉地贯彻协调发展的思想，是非常重要的。

第一，国家安全防卫和国家利益拓展提出了保障需求。在全面建设小康社会的过程中，国防安全问题特别突出，至少有两个可能影响甚至导致我国发展进程中断的重大因素：台湾问题和国家利益拓展的安全保障问题。这些问题换个角度看又都是机遇，因为它刺激了国防建设的需求，为富国与强军的统一提供了强大的需求牵引力。

第二，国民经济快速发展为国防建设提供了物质基础。较快的经济发展，是实现富国与强军统一的基本条件。未来一个时期，支撑我国经济较快增长的基本条件仍将发挥作用。根据国务院发展研究中心对2020年中国经济增长的预测，按照基准情景，今后15年总体增长水平将保持在7.5%左右，按照2000年不变价格计算，到2020年，GDP总量将达到38万亿元，按现在的汇率约合4.7万亿美元左右，人均GDP将达到3200美元左右。而在未来15年期间，恰恰是我军现代化建设大发展的时期，需要大量投入。从这方面看，实现富国与强军统一的资源供给条件是存在的，也是很难得的。

第三，军民两用技术的兴起在技术上提供了有利时机。发展军民两用技术是当今世界的基本趋势。在信息化战争条件下，军用技术与民用技术的界限越来越模糊，越来越重合。目前，美国商务部和国防部各自列出的关键技术中，有85%是重合的，纯军事技术只有15%。俄罗斯认为军工系统中70%以上的技术可军民两用。我国两用技术发展起步晚，但近年来发展很快。根据国务院最新公布的2020年建成创新型国家的规划，今后15年将是我国两用技术大发展的时期。在当今时代，一个国家只有建立了发达的两用技术平台，才能从总体上消除军工企业与民用企业的分割状态，用一个经济技术基础，生产民品和军品两种产品，实现富国与强军的统一。

第四，"9·11"后的反恐形势提供了相对有利的国际环境。"9·11"后，所谓的"邪恶轴心"国家对美国在战略上有一定的牵制。美国要从这些国家的矛盾和冲突中脱身出来，还需要时日。

总体来看，在全面建设小康社会的历史进程中，出现了实现富国与强军统一的重要战略机遇。紧紧抓住这个机遇，就能走出一条国防建设与经济建设均衡发展的道路，在全面建设小康社会的历史进程中，实现国家经济实力和国防实力共同提升、相互促进的良性互动。

3. 实现富国与强军统一的新思路。

在全面建设小康社会中实现富国与强军的统一，最基本的思路就是坚持国防建设与经济建设协调发展。具体来说就是两大建设在战略目标、资源配置、产业能力、协调机制这四个层次上实现协调一致，最终实现富国强军。

第一，在战略目标协调上，把握全面建设小康社会的战略目标，坚持以经济建设为中心，实现国防建设的"可持续发展"。以科学发展观审视战略目标，核心是解决新世纪新阶段我国国防建设的战略定位问题，即是否应当继续坚持在国家发展战略的大局下谋求国防建设发展的问题。我们应当在加速推进中国特色军事变革过程中更加牢固地树立服从和服务于国家经济社会发展大局的思想，这是以科学发展观统领国防建设的基本要求。经济和社会发展，是当前中华民族最根本的利益。经过连续多年的快速发展，我国国民经济总体实力和现代化水平与发达国家的差距明显缩小。我国占世界 GDP 总量的比重，1990 年为 1.7%，2004 年上升到 4.4%，但与发达国家相比仍有很大差距。从这个意义上来说，中国的发展刚刚迈出了第一步，按照正常发展，21 世纪的上半叶都将是中国发展和崛起的时期。因此，发展是我们党执政兴国的"第一要务"，国防建设发展应当在确保全面建设小康社会这一战略目标实现的前提下进行。

胡锦涛同志指出：集中力量把经济建设搞上去，是解决包括国防和军队现代化建设在内的当代中国所有问题的前提和基础；只有国家经济实力增强了，国防建设才会有更大的发展。用这一科学观念看待国防建设，人们就会发现，国家经济社会的充分发展是实现国防建设可持续发展的基础和前提。因此，要保持国防建设的可持续发展，使中国特色军事变革获得源源不断的资源保障，根本前提是确保国家综合实力提升过程的延续性。一旦我国工业化、市场化、现代化的历史进程受到一些本来可以避免的因素的破坏和阻断，那么，这种损失对中华民族将是历史性的。

第二，在资源配置协调上，保持适度投入规模，优化费用结构，实现国防建设的"稳定和有效发展"。以科学发展观审视我国国防投入，从国家层面来说，核心是要解决"规模适度"的问题（从军队层面来说，则是"结构合理"）。所谓"规模适度"，就是根据社会经济的承受力和国家安全需求来确定国防建设投入的规模。胡锦涛同志指出，保持国防费的适度增长和适当比例，是基于我国发展全局的正确选择。这为确立我国国防费规模提供了科学依据。具体地说，应当根据这样几个因素来确定我国国防投入占GDP的比重：首先，应以世界国防费的平均水平和多数国家的投入水平确定投入基准；其次，应以大国开支水平对基准投入水平进行适度矫正；最后，再以国家特殊安全需求对投入比重进行微调。这样确定的国防开支水平，既不影响国家经济建设，又可为加速军队现代化的跨越式发展提供相应的经费支持。据此，我国国防费占GDP的比重保持在2.6%—3.0%之间比较合适。

第三，在产业能力协调上，提高国防科技工业的自主创新能力，实现国防建设的"自主发展"。以科学发展观审视我国国防供给能力建设问题，核心是解决国防科技工业的自主创新能力不足与高新武器装备需求旺盛之间的矛盾。根据科学发展观的要求，十六届五中全会通过的"十一五"规划建议对国防科技工业发展作出了全面的部署。奋斗目标是：建设以能力为基础，体制机制完善，小核心、大协作，高水平、可持续的新型国防科技工业。为实现这个目标，必须实施转型升级战略，"强化基础、提高能力、军民结合、跨越发展"。这一战略的核心是提高国防科技产业的综合能力尤其是自主创新能力。为此，围绕若干发展重点，采取了许多操作性很强的措施。比如，在现有的军工体系中，重点保留少数大型军工单位，形成"小核心"；其余都逐步、稳妥地融入社会，逐步实行依托整个社会的"大协作"，即完成从独立、封闭的"橄榄型"国防科技工业结构向寓军于民、高度开放的"哑铃型"结构的转变。

（二）坚持全面建设整体发展，实现军队战斗力生成模式的转变

军队全面建设整体发展的目的是加快军队战斗力生成模式的转变，提高部队的战斗力。当前，我军某些单位依靠增加人员和一般技术武器装备数量来提高部队战斗力的现象依然存在。因此，我们要把军队战斗力生成模式切实转到依靠科技进步特别是以信息技术为主要标志的高技术上来。

1. 国防和军队建设中存在的结构性矛盾。

第一，军费保障摊子大、结构不合理。从1951—2005年，美国55年国防费总投入约9.1万亿美元，中国总投入约2.2万亿人民币。尽管我国国防军费投入不多，但产出的军事效益或者说取得的最终结果还是不错的。一是取得了抗美援朝等作战的胜利、成功应对了美国、苏联的重大军事威胁，有效地维护了国家的主权、独立和安全。二是从单一陆军逐步发展为陆、海、空和战略导弹部队等诸军兵种合成的武装力量，从仿制到自行研制，基本形成了比较齐全的武器装备体系，特别是在经济极端困难的情况下，自主研发了"两弹一星"，有效地推进了军队现代化建设。三是逐步建立了比较完整的国防科技工业体系，使军队建设有了新的基础。

但是，当前又确实存在大量不讲效益的情况，严重制约了军队现代化建设。目前军费保障的人数远远不是230万军队。与发达国家相比，军费本来就少，还要保障这么大的摊子，军费效益难以提高。从世界各国军队建设的经验看，军队建设水平不仅与军费开支的总量有关，而且也受军人人均军费数量的制约。军队建设要进入快车道，开始由机械化向信息化转变，军人人均军费就需要达到2万美元以上。目前，世界各国和地区军人人均军费开支大致可以分为四种类型：一类是军事超强型，军人人均军费一般在20万美元以上，如美国达到30万美元；二类是军事强大型，军人人均军费一般

在6万美元以上，如英国、法国、德国、意大利等国；三类是军事发展型，军人人均军费一般在2万美元以上，如以色列、韩国、中国台湾地区等；四类是军事维持和略有发展型，军人人均军费一般在2万美元以下，如印度、埃及、巴基斯坦、土耳其等国家。2004年我军军人人均军费仅为1.5万美元，属于维持和略有发展型。军人人均军费越低，军费中用于军人生活保障的费用比例就越大，军费使用效益就越低。

从军种发展情况看，海、空军及二炮部队的经费投入与需要相比仍然偏低。2002年，美军海军经费占军费比例的29.9%，俄军占20%，日军占25.3%，我国海军的投入远没有达到这个比例，与信息化战争条件下海军的地位不相适应。空军、二炮也是这种情况。

第二，基础设施建设重复、分散、浪费情况突出。各自为战、重复分散建设现象严重。一些训练场地建设、信息网络建设、情报网站建设，由于受指挥管理体制等因素的制约，统一规划程度不高，存在着地区性重复。在信息化建设上，重走了发达国家军队初期各军种为战、"烟囱林立"、互不兼容的老路。

存量资产闲置多、利用率低。重钱轻物、重增量轻存量，是军队建设管理中存在的老问题。经过几十年建设，我军已积累了相当数量的存量资产。这些存量资产由于受单位和部门利益的影响，相互之间难以统筹安排使用。有的部队已经撤编多年，但营房一直闲着，且还要投入经费维护保养；有的单位随意处置土地、房产、设施等；有的本来设施比较齐全，还要购置新的地产，建设新的楼堂馆所。军队存量资产利用率低已经成为一个严重问题。

第三，装备建设技术水平低，系统不配套。装备技术水平低，配置不完整、不统一。作战装备与作战保障装备比例失调，不太重视预警、探测、指挥控制等作战保障装备建设，导致武器系统不配套，整体建设效益不高。主要是武器装备型号、种类多，但制式不一样，各类武器装备的兼容性和通用性较差。

竞争性采购体系尚未建立起来。世界各国的经验表明，开展装备竞争采购可提高技术、节约经费。20世纪末，美国和英国已有80%的项目采用了市场竞争的方式，竞争性采购合同金额已占美国国防采办总经费的58%。有效和充分的竞争促进了这些国家武器装备的发展，提高了国防军费的使用效益。近年来，我军装备采购部门在贯彻落实《装备采购条例》方面做了大量工作，在推进竞争性采购改革方面取得了显著成效，实施竞争性采购的项目大幅度节约了采购经费，提高了质量，缩短了研制周期。但由于传统计划经济体制和观念的影响，某些行业的封闭和垄断仍未打破，竞争性采购的范围和规模还不适应要求。

第四，军事人员科技素质较低，人才培养的效益不高。我军官兵科学文化素养较低，军队院校人才培养计划性不强，培养与使用衔接不够，导致培养的人才大量流失。特别是一些通用学科院校，如外语等类院校，一方面大量招生，另一方面相当多的人毕业后工作不长时间就转业，出现大进大出现象。培养与使用衔接不够，许多干部毕业后没有位置，导致大量干部超编。

2. 依靠科技进步加快转变战斗力生成模式。

社会经济要发展，就要依靠科技进步和创新，转变经济增长方式；军队战斗力要提高，就要依靠科技进步和创新，转变战斗力生成模式。

第一，加快国防科技工业的转型升级。我国军工基础和自主创新能力不强，技术水平和产业结构方面都存在着明显的"短板"。不少关键技术受制于人，研制生产能力不能保证军队信息化建设的需要。比如，大功率柴油发动机、高推比的航空发动机的研制水平长期上不去，关键材料和元器件对进口的依赖程度都很高。这些大大制约了武器装备的生产和发展，也给军队战斗力的提高制造了障碍。好在国家有关部门已经高度重视，加快了国防科技工业转型升级的步伐，为军队转变战斗生成模式提供必要的物质技术基础。

第二，大力发展军民两用技术。发展两用技术是建立寓军于民的国防经济体制的技术基础，也是当今世界的一个潮流。发展两用技术的好处很多：一是可以用整个国民经济体系中最先进的技术力量研制生产武器装备，同时也可以用最先进的技术力量研制生产高新技术含量的民品，从而大大提高国家综合国力；二是可以提高平战转换速度；三是可以大幅度降低武器装备的研发成本。今后我们要大发展，就必须在国家战略层面上，对发展两用技术做出全面、长远的规划，真正做到寓"国防科技实力建设"于"国防科技潜力建设"之中。

第三，优化军费结构，加大技术军兵种投入。一是要着眼陆、海、空、天、电一体化战场角逐，适当压缩陆军，压缩技术水平低的部队，逐步形成反映信息化战争需要的军兵种费用结构，实现军队建设由数量型向质量型的转变。二是要在保证人员生活水平稳步提高的基础上，增大装备和科研费的比例，重点加大对信息化建设的投入，加大关键装备的投入。三是压缩非作战部队，减少指挥层次，把节省的经费用于基层和作战部队。四是加大人才队伍建设投入的力度，努力造就一大批高素质的新型军事人才。

（三）坚持以人为本的建军治军理念，实现部队建设与官兵全面发展的统一

胡锦涛同志指出，科学发展观的本质是坚持以人为本。军队要把以人为本作为重要的建军治军理念。这是从历史唯物主义的高度，深刻揭示了军队贯彻科学发展观的本质要求，明确规定了人民军队坚持以人为本原则的基本取向。

"本"，在哲学上有两种解释：一是指世界的本原，即世界是物质的还是精神的；二是指事物的根本，即事物的重要程度，是哲学的价值概念。以人为本的"本"是第二种含义。

1. 始终坚持人民军队的根本性质。

人民群众是历史的创造者，是社会主义国家的主人。坚持以人为本，说到底就是要坚持以人民群众为本。我们党提出以人为本的

科学发展观，其根本目的，就是要促进社会主义物质文明、政治文明、精神文明以及生态文明的全面协调发展，从而把最广大人民的根本利益维护好、实现好、发展好。我军作为中国共产党绝对领导下的新型人民军队，历来是以全心全意为人民服务作为根本宗旨的。忠实履行这个根本宗旨，坚持人民利益高于一切，是我军贯彻以人为本原则的核心取向，也是人民军队必须永远发扬光大的优良传统。那么，作为军队各级领导和广大官兵来说，如何以实际行动来体现根本宗旨呢？关键是要做到以下三条。

第一，做人民利益的忠实捍卫者。我军来自人民，是人民的子弟兵；服务人民，是人民利益的捍卫者。除了人民利益，我军没有任何属于自己的特殊利益；除了为人民服务，我军也没有任何其他的特殊服务对象。建军70多年来，我军在民主革命时期推翻"三座大山"也好，在建国初期保卫新生的国家政权也好，在新的历史时期为改革开放和现代化建设提供安全保障也好，这一切为的都是最广大人民的根本利益。可以说，为人民利益而甘于牺牲、乐于奉献，是我军价值追求的永恒主题。这种牺牲奉献，不仅体现在战场上为人民利益舍生忘死，冲锋陷阵，而且体现在和平环境里为人民利益舍家报国，以超常的付出抓紧做好军事斗争准备；不仅体现于在危难关头为保卫人民生命财产安全赴汤蹈火，勇于献身，而且体现于始终一贯地坚持艰苦奋斗，体谅国家困难，以实际行动为国为民分忧，等等。在新的形势下，不管社会环境发生什么样的变化，我军官兵都要把践行根本宗旨当作自己的"天职"；不管利益格局出现什么样的变动，我军官兵都要坚定地站在最广大人民根本利益的立场上；不管遂行什么样的工作任务，我军官兵都要把人民利益作为基本出发点和归宿；不管遇到什么样的困难和考验，我军官兵都要为着人民利益而自觉弘扬无私奉献精神。

第二，积极参加小康社会的建设。我军既是人民利益的捍卫者，也是小康社会的建设者。我们要利用自身优势，充分挖掘潜力，采取各种方式，积极参与造福于民的社会公益事业。长期以来，我军官兵"视人民如父母,把驻地当故乡",在完成战备训练任务的前提下,以利国利民为己任,尽其所能地参与大江大河的治理、重点工程的兴建、科技扶贫的实施等等。像黄河小浪底水利工程、三峡水利工程和西部大开发等国家重点建设,都留下了部队官兵的足迹。在举世瞩目的"兰西拉"光缆通信工程建设中,格尔木至拉萨段,平均海拔4000多米,施工部队不畏艰难困苦,在"生命禁区"创造了世界通信史上的奇迹。环顾神州大地,几乎每一处牵动全局的重点工程建设,每一项气势恢宏的社会公益事业,都镌刻着人民子弟兵为国兴利、为民造福的英雄业绩。

军队作为社会主义和谐社会中的重要组成部分,我们要自觉发扬拥政爱民的优良传统,与地方群众一道,广泛开展军民共建精神文明、共创双拥模范城(县)活动,巩固和发展良好的军政军民关系。

2. 把推动部队建设与促进官兵全面发展有机统一起来。

坚持以人为本,对军队自身来说,就是要尊重官兵的主体地位,发挥他们在军队建设中的主体作用。根据军队建设的特点,把爱护官兵生命与培育战斗精神统一起来;把关心官兵个人发展与从严治军统一起来;把尊重官兵权益与确保一切行动听指挥统一起来。

第一,把爱护官兵生命与培育战斗精神统一起来。我们要以科学精神带兵用兵,爱护官兵的生命,最大限度地防止和避免对官兵的身心造成不必要的损害。毫无疑问,军队任何时候都要讲牺牲讲奉献,但牺牲奉献并不意味着可以不讲科学,并不意味着干任何事情都可以不惜一切代价。各级领导要坚持依法带兵、以情带兵、文明带兵、科学带兵,防止把官兵的生命和权益作为不该有的"代价"支付出去。同时,我们要大力培育官兵的战斗精神,大力培养官兵的英雄气概,大力提倡为了人民的利益勇于奉献的精神。这与爱护官兵的生命并不矛盾,相反,具有饱满战斗精神的人,才能更好地在战斗和训练中避免身心伤害。

第二,把关心官兵个人发展与从严治军统一起来。按照以人为本的原则，使官兵在德、智、体、能、美诸方面获得全面发展，这既是加强部队建设的现实需要，也是对官兵未来前途负责的必然要求。根据部队实际，加强基础设施建设，不断改善官兵的物质和文化生活条件，建立充满时代气息的军营文化，提供良好的学习环境，为官兵成才创造必要的条件。与此同时，加强部队管理，严格各种规章制度，防止个别人借口"以人为本"而不服从部队管理的现象出现。实际上，从严治军是对官兵的最大爱护，是关心官兵发展的重要举措。

第三，把尊重官兵权益与确保一切行动听指挥统一起来。权益和义务是辩证统一的。官兵作为部队建设的主体，是通过享有各项权益来体现的。随着官兵民主意识的增强，他们对自己应当享有的权益越来越珍视，对伤害权益的行为也越来越反感。各级领导要维护好官兵的正当权益，不断加强民主建设，确保官兵充分有效地行使知情权、参与权和监督权。同时，官兵又有自觉为祖国、为人民、为军队多做贡献的义务，有服从大局、听从指挥的义务。要教育广大官兵懂得一个简单道理：只有在国家和军队的大局下统一行动，才能更好地保障官兵的正当权益。

（四）坚持科学发展观，实现国防和军队现代化建设又快又好地发展

实现国防和军队现代化建设又快又好地发展，必须坚持科学发展观，把国防和军队现代化建设深深融入经济社会发展体系之中。这是国防和军队现代化建设贯彻落实科学发展观必须做好的一篇大文章。这是我国现代国防建设规律的深刻反映。只有坚持这一发展思路，才能实现国防领域中民用效应的最大化和经济领域中国防效应的最大化，才能实现国防和军队现代化建设又快又好地发展。

第一，在顶层设计上加强军民结合。将国防和军队建设规划纳入国家发展的总体规划体系，将武器装备发展纳入国家科技开发和

高新技术产业发展体系，将军队人力资源建设和人事政策制度纳入国家人事、劳动、教育体系，将军事法制建设纳入国家法制建设体系，将国防动员、战场建设纳入经济社会发展体系，实现国家发展战略、国家安全战略、军事战略、军队发展战略的相互协调，科学构建满足国家安全需要的军事防卫能力。另一方面，要抛弃传统发展观念，拓展建设思路，充分利用民用资源，不再搞"小而全""大而全"。比如，在后勤保障上要依托国民经济体系，逐步取消军费办社会的负担，逐步建立军队社会化的生活服务体系、物资储备体系、干部住房医疗保障体系、家属就业保障体系和子女教育保障体系，凡是能够通过社会化进行保障的项目就利用好国民经济的能力，寓军于民，由社会来办。

第二，充分发挥国防的经济功能。在这个问题上，人们往往容易产生模糊认识，认为国防投入是纯消耗性的，对经济发展不起任何推动作用。这是不符合事实的。任何事情都应当从两方面看。一方面，国防投入从总体上是非生产性的，超出国家安全需要的国防投入对国民经济发展是有害的；另一方面，只要把国防投入控制在合理的范围之内，并且充分发挥国防建设对经济建设的积极作用，国防建设就会对经济发展起重要的牵引和推动作用。这种作用主要有：刺激经济增长，增加就业，推动技术进步，促进产业结构升级，改善经济布局，军队以各种形式直接参加经济建设和抢险救灾，等等。

比如，国防经济对国家高新技术产业具有极为重要牵引作用。一个时代、一个社会最先进的科技成果往往首先产生于军事领域，尔后再由军事领域向民用领域转移，推动民用产业的升级换代，这是一个规律。现在美国最重要的高新技术产业和关键的技术系统，几乎都是在军事需求带动下产生和发展起来的。它的核工业是在当年发展原子弹的"曼哈顿计划"下启动的，航天技术是在当年的"阿波罗登月计划"推动下发展起来的，计算机产业、信息产业是当年需要计算导弹轨迹而发展起来的，遍布世界的因特网也是美国国防部1993年耗资6

亿美元用于"国家信息高速公路"建设计划才搞起来的。

我国的实践也证明了这一点。尽管我国国防科技工业对国民经济的整体带动能力还比较弱，但在高新技术发展方面却有着重要的牵引作用。从"两弹一星"到"神舟五号""神舟六号"，国家高科技产业发展的每一步都离不开国防科技工业的牵引。可以设想一下，如果没有当年原子弹和氢弹的研制，就不会有今天秦山、大亚湾等核电站的并网发电；如果没有当时军工船舶制造业的投入，就不会有世界第三位造船大国的地位。

第三，在国家基本经济建设中体现国防要求。在国家基础设施建设中，应充分考虑战时需要，寓"战场建设"于"经济建设"之中。交通运输、邮电通信等基础设施，既是国家发展的基础，也是国防建设特别是战场建设的重要内容。国家及地方在进行大中型基础设施建设中，必须考虑到军事需求，做到一笔投资能获平时、战时两种效益。在铁路建设中，应考虑军事装备的装卸载需要，完善军事运输装卸设施建设。在公路网建设中，应考虑军队机动、军事运输需要，对一些重要交通线的设计，要具备坦克等重型军事装备的通行能力，并选用高速公路修建飞机跑道。在机场兴建和扩建中，应考虑大中型运输机、轰炸机的使用需求，完善机场使用条件。在兴建港口码头时，应考虑战时水上运输保障需要，对主要战略方向的水路运输应建造能停靠江海直达轮的深水泊位和滚装码头。在信息产业中，应考虑战备通信利用程度，完善配套应急通信建设，特别是在发展"信息高速公路"时，应为战时预留一定容量。在大中城市基建工作中，应考虑战时防护的需要，完善配套人防设施建设。在重要方向和重点地区的开发建设中，应考虑作战的需要，形成具备战役要素的战场条件。这样，就能在国防费供需矛盾突出的情况下，充分发挥社会经济对国防建设的支撑作用，有效地减少国防建设资金的总量投入。

第四，在布局上兼顾国防原则和经济原则。在信息化战争条件下，依然存在着国防经济布局问题。而对一个幅员辽阔的大国来说，在经济布局过程中特别需要把经济建设与国防建设结合起来。结合历史经验教训，我们今天在中西部开发和其他区域性开发的过程中，应当为国家的长远利益和子孙后代负责。在充分考虑经济效益的基础上，继续做好战略后方基地建设这篇大文章。当前比较突出的问题是应对改革开放以来的经济布局进行适度调整。在我国经济建设的过程中，国家的生产力与科技力，国家的财富与资源，过于集中于沿海一线、沿边一线、沿江一线，这种"新三线"，在一定程度上造成了新的安全隐患。必须把经济建设的"棋局"和未来军事斗争的"战局"统筹考虑。国家的经济布局要考虑四个结合：东部与西部结合，集中与分散结合，安全与效益结合，专业化与多样化结合。

三、军民融合——国防建设新模式

党的十七大报告指出："建立和完善军民结合、寓军于民的武器装备科研生产体系、军队人才培养体系和军队保障体系，坚持勤俭建军，走出一条中国特色军民融合式发展路子。"这一新的论断，提出了国防建设的一个新的发展模式：建立在三个"体系"之上的中国特色的"军民融合"国防建设模式。

（一）军民融合的国防建设新模式，是我党长期探索的思想结晶

国防建设的"军民结合"问题，在新中国成立不久即被提了出来。在1956年4月25日的最高国务会议上，毛泽东主席发表了《论十大关系》的演讲，提出要正确处理国防建设与经济建设之间的关系，强调军工生产要实行军民结合。为贯彻毛泽东的军民结合思想，1957年3月的国务院第二机械工业部企业领导干部会议提出了"军民结合、平战结合、以军为主、寓军于民"的国防工业建设发展

十六字方针。1958年2月，朱德同志在第一、二机械工业部和电机制造工业部合并的大会上，重申了国防工业必须坚持这一方针。

20世纪70年代末80年代初，我国国防建设实行战略转变，进一步强调必须坚持军民结合。1978年8月，邓小平同志在听取第七机械工业部的工作汇报时指出：国防工业要以民养军，军民结合。1982年1月，他在与军队领导同志谈话时再次指出，国防工业有四句话：军民结合，平战结合，以军为主，以民养军。其中，以军为主改为军品优先，其他三句不变。经邓小平修改过的"军民结合，平战结合，军品优先，以民养军"十六字方针，既是过去我国国防工业发展的成功经验的总结，也是后来国防工业前进的正确方向。

20世纪90年代，以江泽民为核心的党的第三代领导集体审时度势，提出国防科技工业要打破自成体系、自我封闭、军民分割的发展格局，要形成"哑铃型"结构，建立"四个机制"。2000年10月，党的十五届五中全会通过的《中共中央关于制定国民经济和社会发展第十个五年计划的建议》提出："坚持军民结合，寓军于民，大力协同，自主创新，建立适应国防建设和市场经济要求的新型国防科技工业体制。"这是在党中央的文件中第一次出现"寓军于民"的提法。2002年11月，党的十六大报告提出："深化国防科技工业体制改革，坚持寓军于民，建立健全竞争、评价、监督和激励机制，增强自主创新能力，加快国防科技和武器装备发展。"2005年10月，党的十六届五中全会通过的《中共中央关于制定国民经济和社会发展第十一个五年规划的建议》又进一步提出："国防科技工业，要坚持军民结合、寓军于民，继续调整改造和优化结构，健全军民互动合作的协调机制，提高产品的研发和制造水平，增强平战转换能力。"

胡锦涛同志主持军委工作后，十分重视国防和军队建设的寓军于民问题。他在2005年3月的十届人大三次会议解放军代表团全体会议上提出，要把国防建设融入现代化建设的全局之中，并就"融入"的方向和原则做了说明。在党的十七大报告中，胡锦涛同志更加系统、全面地提出了国防建设和发展的新模式："中国特色军民融合式"。为我们建立和完善国防和军队建设模式指明了方向。大家都知道，世界上的国防建设有各种各样的模式，有军民分离的，有军民结合的等等，而中国的"军民融合式"却有着"中国特色"。这种"特色"不是有些人所讥笑的"贴标签"，而是有着实质性的内容。十七大报告从系统论的角度，强调了中国特色军民融合模式由武器装备科研生产、军队人才培养、军队保障三个主要方面组成，是一个由国防科技工业、人才培训、军队保障三个体系有机构成的完整的系统。

（二）军民融合的国防建设新模式，是新阶段新形势的客观要求

军民融合的国防建设新模式的建立和完善，需要一定的经济、政治、文化和军事条件。没有一定的客观条件，国防建设就是空中楼阁，军民融合也成了一句空话。我们党之所以现在提出建立军民融合国防建设新模式，是因为经过建国以来特别是改革开放以来的建设和发展，我国基本具备了建立这一新模式的客观条件。

一是中国经济社会发展提供了客观条件。经过30年的改革开放，我国国民经济的规模不断扩大，质量不断提高，结构不断改善。2006年，国内生产总值达到21.09万亿元，按可比价格计算，是2002年的近1.5倍，在世界上名列第四位，五年间经济总量几乎翻了一番。交通、电信、能源供应等基础条件明显改善，农业基础进一步巩固，工业结构加快升级。科学技术水平大幅提升，高技术产业发展取得历史性进步。2006年，我国高技术产业增加值达9649亿元，跃居世界第三位，比2002年增长1.56倍。全面建设小康社会进展顺利，据国家统计局统计科学研究所课题组公布：2006年，中国全面建设小康社会的实现程度达到69.05%，比上年提高3.28个百分点，是2000年以来提高最快的一年，全面建设小康社会进程明

显加快。按此发展趋势，到 2020 年完全可以实现全面建设小康社会的奋斗目标。国家经济、科技的快速发展，为军民融合的国防建设新模式的建立奠定了十分雄厚的物质技术基础。

二是中国特色军事变革提出了客观要求。为了抓住人类社会技术形态的时代转型机遇，为了适应现代战争面貌的深刻变革，为了应对世界军事发展的严峻挑战，我们需要积极推进中国特色的军事变革，实现国防现代化建设。中国特色军事变革是国防和军队建设的跨越式发展。跨越式发展是落后者独有的发展方式，也是中国特色军事变革的独有优势和重要特征之一。它并不是所有国家都可以采取的常规方式，而是一种超常规方式。因此，推进中国特色军事变革、实现跨越式发展，要求我们建立一种超常的发展模式——充分利用军地两方面的资源、依托国家经济社会体系加快国防和军队建设的发展模式。也就是说，推进中国特色军事变革，实现跨越式发展，在发展模式上，必须做到以下几个方面：（1）在国家的基础设施建设中努力贯彻国防需求。在铁路、公路、机场、港口、码头、航道等交通基础建设和新造民船中，充分地考虑军事需求，不断增强交通保障能力；在组织宽带网、移动通信网络、地理数据库等信息基础设施建设中，尽量军民合用或预留军用接口，不断增强通信保障能力对部分不涉及国防机密的军事高技术；在贯彻国防需求的同时，不断扩展人防工程，搞好开发利用，完善防护体系，不断增强城市整体防护能力。（2）积极利用地方科学技术成果来加强国防建设。要充分调动地方科技力量和科技资源，优先发展通信、微电子、计算机、航空航天、生物工程等军民通用技术，推广成熟民用技术在军事领域的应用，加快国防科技创新和军队战斗力生成步伐。（3）积极鼓励、引导民营企业参与国防科技工业建设。健全军工生产社会化协作体系，将民用经济领域的技术成果、技术人才向国防领域输送和聚集。（4）依托国民教育体系来培养国防人才。充分发挥国民教育的优势，把国防教育融入国民教育体系，依托国民教育培养国防人才，以不断改善和提高军队干部队伍的知识结构和整体素质，逐步解决国防建设人才不足的问题。只有做到了以上这些，中国特色的军事变革才有可能实现。

三是改革开放创造了成熟的体制机制。社会主义市场经济的建立和完善，现代企业制度建设，完善法人制度，更新了社会经济的微观基础，形成了各种经济单位的平等竞争的体制机制；国家政府机构改革，厘清了政府的各种职能，形成了责权明确、分工合理、决策科学、执行顺畅、监督有力的行政管理体系；军队后勤保障社会化改革，公交车开进部队大院，地方的饮食公司取代部队的自办食堂，越来越多的军人住上了自己的经济适用房，我军后勤保障市场化、社会化迈出了实质性的步伐；三军后勤保障一体化改革，规范了保障程序、明确了保障责任、提高了保障效益，目前全军集中采购的资金节约率在7%左右；近年来军队进行了体制编制改革，裁减了一些单位和大量军队员额，改变了军队非战斗力机构和人员过多等"军队办社会"现象，军队内部各种关系基本得到理顺。这些改革为军民融合新模式建立和完善扫清了制度障碍。

（三）建立和完善国防建设新模式的基本思路

建立和完善国防建设新模式，是一个十分复杂的系统工程，我们要从国家安全和发展战略全局的高度，进一步解放思想，调整思路，更新观念，努力形成具有中国特色的国防和军队建设新模式，在全面建设小康社会的伟大进程中实现富国与强军的统一。

第一，建立和完善国防建设新模式，要着眼系统性。过去我们讲军民结合、寓军于民，往往强调国防科技和国防工业方面。国防科技工业虽然是军民融合的一个重要方面，但不是军民融合的全部。按照系统论的观点，国防建设是一个有机的系统，它是由国防科技工业、人才培训、军队保障等子系统组成的有机整体。因此，建立和完善国防建设新模式，把国防和军队建设深深地融入国家经济社会体系，不是一个方面的模式转变，一个子系统的融入，而是国防和军队建设的整个系统的转变和融入。如果没有系统性的观点、没有全面的观点，搞单一方面的转变和融入，其他方面仍然让其继续搞军民分割，搞军民两套体系，则往往达不到预期效果，即使单方面的融入能顺利进行，也不是严格意义上的模式的转换，甚至出现未融入的子系统影响和牵制已融入子系统的效果的情况。比如，我国过去一直强调国防科技工业的军民结合，强调要把国防科技工业融入国家工业体系，强调国防科技工业的寓军于民，而没有强调其他方面的军民融合，结果虽然经过多次改革调整，但都尚未根本解决问题，不仅造成了大量资源浪费，而且延缓了国防科技的发展和国防现代化进程。事实证明，只有从系统论的角度出发，把国防和军队建设作为一个有机整体，并把这个整体都融入到国家这个大系统中去，才是真正意义上的模式的转换。当前，建立和完善国防建设新模式，至少应包括三个子系统：国防科技工业、人才培训、军队保障。

值得指出的是，这里讲的"军队保障"不同于我们平时讲的"军队后勤保障"。这里的"军队保障"，除了军队后勤保障之外，还有很多其他方面的保障，例如，军队转业干部、退休人员的社会安置保障，军队人员的文化生活保障，社会性质的思想政治保障，武装力量动员的各种保障等等。因此，这里的军队保障也是一个系统，这个系统也包含着十分丰富的内容，它进一步说明了社会对军队的保障的多方位性。只有深刻理解这个"多方位"保障，才能真正理解党的十七大提出的系统性、一体化的国防建设发展模式。

第二，建立和完善国防建设新模式，要突出特色性。中国特色的国防建设新模式，是在中国的政治、经济、文化中诞生和发展的，既是本土的，也是国际的，在一般中体现着特色。我理解，这里的特色主要表现在以下四个方面：一是本质的人民性。中国的国防建设新模式，本质上具有人民的性质，是人民大众参与的，是为人民的利益服务的。二是所有制形式的多样性。国防建设是建立在一定的经济制度的基础之上的，我国的基本经济制度决定了所有制形式的多样性，有国有经济、集体经济、合作经济、民营经济和混合经济等，但公有制经济是主体。这种经济格局，具有中国特色社会主义的鲜明特点，建立和完善国防建设新模式，必须充分考虑这一特点。三是文化的传统性。任何国家的国防发展模式，都带有这个国家的文化传统特性。爱国、科学、诚信等是我国传统文化的精髓，是中华民族的优良传统，这些传统文化深深影响着中国人民的行为，建立和完善国防建设新模式，必须充分关注传统文化的作用和影响。目前，我们正在大力建设的社会主义核心价值体系，作为一种"普照之光"也必然体现在中国特色国防建设新模式之中。四是技术的层次性。中国是发展中国家，虽然经过近 30 年的发展，科学技术有了巨大的进步，但实事求是地说，我国科学技术与西方发达国家相比还有较大差距，且发展不平衡。一方面我们在某些领域拥有世界先进技术，另一方面我们在某些领域却相当落后。我们在建立和完善国防建设新模式的过程中，必须从科学技术发展参差不齐、层次性明显的现实出发，而不能无视于这个现实，搞齐头并进、整齐划一。总之，只有充分认识到我国的具体国情，突出特色性，才能实现国防建设发展模式的转换。

第三，建立和完善国防建设新模式，要强调有机性。军民融合不是"两个板块"的拼凑、组合，而是有机融合。就像两个泥菩萨打碎了再揉在一起，重新制成一个新菩萨那样的融合。有机融合有着十分丰富的内涵，但关键是在体制机制上的融合和技术标准规范上的融合。为此，一是要建立融合的体制机制。国防建设中凡是能由政府承担的保障任务，都要由政府来承担，以便在体制上保证政府统筹兼顾、统一协调、提高效益。各级党委、政府要在上级赋予的有关国防建设任务的基础上，把国防建设工作摆上重要议事日程，纳入本地区经济社会发展的总体规划，做到议程有安排、规划有要求、任期有目标、检查有标准，确保国防建设与经济建设统筹规划、同步协调发展。二是要制定统一的技术标准。技术层面的军民分离，是新模式建立和完善的重大障碍。因此，必须尽快制定各个层次的统一的标准技术规范。军地有关部门应对相应的标准进行彻底清理，废除一些过时的、与科学技术发展不相适应的标准，形成军地统一的部门、行业标准规范。军事有关部门要明确，凡是能用地方标准的，都以地方标准为准，军队不另行制定军标，以便为军民融合提供统一规范的参数和依据，防止因为标准不统一而造成经济资源的浪费。

第二章
军费经济*

军费及其与经济的关系问题，从现实的角度讲，是如何正确确定军费在国民生产总值和国家财政支出中的比例，如何正确认识和调节军费的内在结构，确定军费的投向、投量，提高效益；从理论的角度讲，是军费运动的内在规律性，是军费与国民经济的内在联系。西方理论界把研究军费及其与经济内在关系的理论称为"军费经济学"。

一、军费的内涵与本质

（一）军费的来源

军费，是用于军事目的的费用。它随着军队的产生而产生。在原始社会末期，国家产生了。国家要防御外来侵略、维护统治者的利益，就必须凭借有组织、有系统的暴力工具，而有组织的"暴力是陆军和海军"[①]，组织和供养军队是要花费大量金钱的。根据恩格斯的考察，"在古代世界的军队中，我们有比较可靠史料的第一支军队是埃及军队"。在希腊的骑兵中，"仅重装骑兵在平时每年就花费

---

* 本章内容择自1999年7月国防大学出版社出版的《军费论》一书。该书被评为2003年全军政治理论研究优秀成果一等奖。

① 《马克思恩格斯选集》第3卷，人民出版社1972年版，第206页。

40塔兰特（4万美元），在战时则花费更多"。①

军费来源于国家的赋税。在中国，赋税很早就产生了。"自虞夏时，贡赋备矣。"（《史记·夏本纪》）即在我国的夏朝时代就已经有了军赋。《论语·公冶长》记载："可使治其赋也"，"以田赋出兵，故谓兵为赋"。《汉书》说："税以足食，赋以足兵。""赋，共车马甲兵士徒之役，充实府库赐予之用；税，给郊社宗庙百神之祀，天子奉养百官禄食庶事之费。"（《汉书·刑法志·食贷志》）这是中国人对军费来源的认识。中国古代较为典型的军赋形式之一是殷商时代的"井田制"，即"因井田而制军赋"。

关于军费的来源问题，马克思有一段精彩的论述："捐税体现着表现在经济上的国家存在。官史和僧侣、士兵和舞蹈女演员、教师和警察、希腊式的博物馆和哥德式的尖塔、王室费用和官阶表这一切童话般的存在物于胚胎时期就已安睡在一个共同的种子——捐税之中了。"② 这充分说明，作为国家暴力工具的军队，其费用来源于赋税。

（二）军费的内涵

军费在不同的历史时期有着不同的内涵。在商品经济不发达的古代，军费往往是以粮食等实物折算的。例如，中国唐代，虽然商品经济有一定的发展，但军费往往仍以实物的形式支付。据《神机制敌太白阴经》卷5的《军资篇》和《人粮马粮篇》记载：军士一年一人支绢布十二匹；人日支米二升，一月六斗，若支粟，一月一石。随着商品经济的发展，货币流行起来，军费才逐渐以"金钱"的形式出现。但不同的历史时期，"金钱"又有不同的形式。例如，中国古代军费就采用了"铜钱"和"银两"的形式。在西方各国的

---

① 《马克思恩格斯全集》第14卷，人民出版社1964年版，第5、11页。
② 《马克思恩格斯全集》第4卷，人民出版社1958年版，第342页。

军事发展史中，军费也大致经历了同样的发展过程。

从军费所包含的内容来看，它是随着军队内涵的变化而变化的。在古代，军费只包括步兵和骑兵在平时和战时的费用。随着军队的发展和进步，逐渐包括炮兵的费用，以后又包括海军和空军的费用，等等。例如，在19世纪欧洲各强国，海军相当强盛，海军的费用不仅数量大，而且用途复杂。马克思和恩格斯对这些国家的军费构成，其中特别是海军的军费构成进行了详细的考察。他们在研究了英国1853—1854年度国家预算比上年超支的情况之后说：超支的主要原因是军费的增加，"包括：海军军费增加61.7万镑，陆军和军需机关军费增加9万英镑，炮兵部队军费增加61.6万英镑，民军军费增加23万英镑"。[1] 这说明，英国等西方国家当时的军费，既包括陆军和炮兵的费用，也包括海军和民军的费用。军费的内涵较过去有了一定的扩展。第一次世界大战之后，空军极大地发展，制空权成了战争胜负的关键因素，各强国纷纷加大对空军的投入。空军费用在军费中的比例逐渐上升，空军费用本身的构成也越来越复杂。20世纪中后期，电子装备在武器装备中的地位越来越突出。特别是电子战作为一种作战样式形成之后，装备研制、采购费中花在电子装备上的钱越来越多，训练费中用于学习使用电子装备的费用也逐步上升，军费的结构发生了前所未有的变化。

在理论上和实践中，有时把用于军事的开支区别为"军费"和"战费"，即平时供养军队的费用称"军费"，而用于战争的费用称"战费"。一般来说，军费可以包括上述两个方面。马克思在1849年1月研究北美合众国的预算时，曾把军费称为"军事开支"。他认为军事开支包括合众国用于"一万人常备军的费用"和用于"墨西哥战争的费用"[2]。这里所讲的军费，就是包括平时供养军队的费用和战时用于战争的费用两个方面。

---

[1]《马克思恩格斯全集》第9卷，人民出版社1961年版，第72—73页。
[2]《马克思恩格斯全集》第6卷，人民出版社1961年版，第182页。

（三）军费的本质

要揭示军费的内在本质，就要透过军费运动的一般现象，分析军费运动发展过程的特点，找出其特有的属性。军费既是一个政治范畴，又是一个经济范畴，因此，我们分析军费的内在本质，一般包括"政治本质"和"经济本质"两个方面。

军费是用于军事目的的费用。而按照马克思主义的观点，军事属于政治范畴，即所谓战争是政治的继续。从实质上说，军费与军队、战争、战略等范畴是紧密相连的。

我们常说，军费是一国军事战略的数字化，即一国的军事战略往往体现在该国军费的数量、结构和投向等方面。这是从一般意义上来说明军费的政治本质，即把军费与军事战略这一政治范畴联系起来。

实际上，仅仅在一般意义上来分析军费的政治本质还远远不够。军费是阶级社会的产物，它是为统治阶级服务的，因此，军费有着强烈的社会属性。我们在分析军费的政治本质时，如果排除了它的社会属性，这就无法真正揭示其本质了。

一般说来，具有侵略扩张性质的剥削阶级占统治地位的国家，其军事战略往往是侵略性的，军费在规模、结构和投向上体现了进攻战略的特点并为这一战略服务，因此，其军费也往往带有侵略的社会属性。

对于侵略成性的大英帝国的巨额军事开支，马克思和恩格斯曾深刻地揭示了它的社会本质："为了满足他（英国首相帕麦斯顿）的轰击广州、对波斯作战、向那不勒斯进军等等的贪欲"，提出了"比1815年讲和以来的最高支出还超过大约800万英镑的和平时期的预算"。[①] 在第一次鸦片战争前夕，英国几乎完成了对全印度的殖

[①] 《马克思恩格斯全集》第12卷，人民出版社1962年版，第146页。

民主义统治，仅在 1757—1815 年的 58 年间，英国就从印度掠夺了近 10 亿镑的财富。为了镇压印度人民起义和掠夺东方落后国家，英国在印度的殖民统治者把印度财政的绝大部分用于军事。马克思指出：印度每年的财政收入只有 2400 万英镑，而军事开支却达 2000 多万英镑，这两者简直无法相容①。第一次鸦片战争英国即从中国索取赔款 2100 万银元，第二次鸦片战争又索取白银 850 万两之巨。它又将这些资金用于新的战争和军队建设。这充分说明，英国等殖民主义国家的军事预算的本质，具有鲜明的资本主义政治性和残酷的掠夺性。

相反，采取军事防御政策、劳动阶级占统治地位的国家，其军费在规模、结构和投向上，均以保卫本国安全和世界和平为根本目的，只是防御性的，不具有侵略的性质。

在阶级社会中，军费还具有鲜明的阶级性。根据马克思、恩格斯的观点，在不同社会经济制度下，国民收入各个部分在军费形成中所起的作用是不同的。资产阶级国家的军费主要来源于对劳动者的掠夺；而社会主义国家的军费主要来自劳动者向社会提供的剩余产品的价值。恩格斯在研究了西方资本主义社会各国的军费负担之后，深刻地说明了富人和穷人在军费负担上的不平等性。他指出："整个一套间接税的重担压在最贫困的人民群众身上，差不多不触动富人；为了抵补不断扩大的军备开支，过重地加重赋税的负担。"② 同时，占统治地位的剥削阶级，往往在财政政策上，"采取装门面、毫无价值的治标办法，拐弯抹角地做事，并且逐渐地然而是不断地减轻富人们的捐税负担，而把全部重担转嫁到穷人身上"。③ 这充分说明，剥削阶级占统治地位并具有侵略性的国家，其军费的索取和分配，不管是采取何种形式，都体现着对劳动群众的剥削关系。

在劳动者占统治地位并奉行防御政策的国家，其军费是"取之

---

① 《马克思恩格斯全集》第 13 卷，人民出版社 1962 年版，第 332 页。
② 《马克思恩格斯全集》第 22 卷，人民出版社 1965 年版，第 7 页。
③ 《马克思恩格斯全集》第 9 卷，人民出版社 1961 年版，第 73 页。

民，用之于民"，用于保护劳动大众的共同利益，体现着劳动群众之间的合作关系。

军费除了政治本质之外，还具有经济本质，即体现了一定的经济关系。军费作为一个重要的经济范畴，以价值形态出现，体现了复杂的经济关系。

从历史发展过程来看，军费体现着特殊的经济关系。军费在一定的生产关系下产生，又在一定的生产关系下发展，再在一定的生产关系下消亡。它体现着人们的特殊生产关系。它既是生产发展到一定程度的产物，又是生产不够发展的产物。在原始社会经济很不发达时，没有战争，没有军队，也没有军费；在将来的共产主义社会，经济十分发达了，战争消亡了，军队消亡了，军费也将随之消亡。因此，军费体现了经济有一定发展，又不十分发展时的经济关系；体现了社会生产中一个特殊部分，即军事经济的特殊关系。

从社会生产的角度看，军费具有非生产的属性。军费的非生产的属性是军费的基本经济属性。军费从国家财政开支中分出之后，直接进入军事消费过程，其中大部分是用于军事专用品方面的消费，不能再作为生产性投资进入再生产过程。马克思曾经说过："从直接的经济意义上看，一个国家生产军工产品就像把自己的一部分资金往水中投一样。"[①] 例如，用军费采购的火药、导弹等，是一次消耗品，它们的使用，就是自身的毁灭，既包括自身实体的毁灭，也包含自身价值的毁灭。有些军费采购的军用品，可多次使用，例如坦克、飞机、火炮、军事工程等，它们的使用过程，就是自身实体和价值的消耗过程。尽管这一过程可能长些，但它们仍无法进入生产过程，也无法再创造价值。因此，从军费的总体和实质来看，它是属于非生产性的。

从军事活动的过程来看，军费是军品和军事劳动的价值形态，是资源配置的重要手段。在军事经济领域，军事劳动有活劳动和物

[①]《马克思恩格斯全集》第46卷，人民出版社1979年版，第70页。

化劳动两种形态：军品是军事劳动的物化形态；军人为军事服务的劳动是活劳动。军费用于购置军品的部分，是军品的价值表现；军费中用于军人工资、津贴等部分，是军人活劳动的价值表现。因此，军费体现了军事领域中人们的经济关系。另一方面，军费还是资源配置的重要手段。军费可以分解为军事人员费、武器装备采购费、工程建设费等。军费投向不同的部分，就会产生不同的资源配置方式，而不同的资源配置方式，会对社会生产的不同部分产生不同程度的影响。因此，军费的分配和使用，是整个社会生产中资源配置的一种重要手段和方式，会对社会生产产生重要的影响。认识这种关系，对于我们正确处理国防和经济的关系有着极其重要的作用。

（四）军费内涵的演化

军费内涵包括军费的规模、结构和来源等因素，它们是随着社会经济发展和军队规模、结构的变化而不断演化的。军费结构的变化、军费规模的扩展以及军费来源的演变，都是军费内涵演化的重要方面。而且，军费的结构与规模、来源等因素之间也是紧密相连的。因此，对军费结构、规模、来源等因素发展变化的分析，实际上是对军费内涵研究的延续和补充。

海军的建立，导致军费内涵的扩展。英国是海洋大国，加上英帝国主义扩张政策的要求，其海军力量之强是人所共知的。相应地其海军费用的开支在军费中所占的比例也是很大的。欧洲各大国中，凡海岸线长、领海面积大的国家，海军费用在军费中所占比例较大。但无论海岸线多长、领海面积多大，其海军费用在军费中的比例，都是呈上升的趋势。

第一次世界大战的巨大消耗，使参战各国的财力大大损耗，不得不靠发行纸币、举借国债来弥补亏空。英国战时的军费主要靠借债，国内借债还不足以应付急需，还要在国外大量举债来加以补充，军费的80%左右来自借债。

第二次世界大战中的军费，从结构来看，有两大特点：一是装备费在军费中的比例很高；二是航空兵的费用特别突出。

军费内涵的演化，在结构（内容）和来源上表现得十分明显。在农业手工业时期，军人的给养费往往占军费的很大比重。西汉时期，赵充国曾率官兵10281人，每月用谷27363斛，盐308斛，平均每人每月谷2.66斛，合今53.2公升；盐1.2市斤。（《汉书·赵充国传》）士兵主要是伙食和衣着，军官则有俸禄。西汉时军官从太尉到军伍长，月俸共分17个等级，从350斛到11斛不等。

古代的军械费，主要用于随营手工作坊采购材料和工匠费用，有时也在外采购一些军械，无非是刀、枪、剑、弓和马匹之类。当火药发明之后，火器的采购费逐步上升。如明朝时期京城的神机营，共5000人组成，全部装备火器。明中叶，京军10万，装备火器者占60%左右。

清代末期，用于纯军事目的的费用共占全部费用的51.6%。关局经费大部分是用于机器局制造兵器的，十八省行政费也有一部分是用于军事目的，工程费主要是建筑国防工程。南北洋舰队经费、机器局经费、铁路经费等项内容，是过去不曾有过的。到了20世纪上半期，军费又增加了新的内容，如空军装备费、研究发展费、情报费、顾问招待费等。其中用于空军装备的费用约占2.9%，这对于中国这个落后国家来说，已经是一大变化了。

军费的来源也随着经济的发展而多样化。在农业经济时代，军费主要来源于增加赋税，实行盐、铁专卖制度等。随着货币、信贷、金融等经济关系的发展，军费筹措还可以采取发行钞票、发行债券、动员储蓄、发行股票、经营黄金等形式。例如，国民党政府在抗日战争时期，军费超过财政收入数倍，就是靠发行货币和举借债务来加以弥补。军费来源的扩展，不仅使军费的数量大幅度增加，而且大大扩展了军费的内容，改变了军费的结构。

二、军费的功能

这里所讲的功能，是军费的直接功能，它表现在许多方面。

（一）保障国家安全和社会稳定

军费是国家用于国防建设和战争的专项费用。因此，保障国家安全和社会稳定是军费的首要职能。

1. 提高国家安全度。和平时期衡量一国国家安全度的重要指标是该国的防务压力。防务压力是指一国所感受到的受他国军事威胁的程度，它受多种因素制约而处于不断变化之中，潜在敌国的军费规模是其量化的集中体现。一般来说，一国的防务压力与潜在敌国的军费规模呈正相关，潜在敌国的军费规模越大，军队现代化程度越高，该国的防务压力就越大，国家安全度也就越低。军费规模与防务压力的这种内在的联系使军费成为各国调整防务压力、提高国家安全度的重要手段。一方面可以通过维持适度的军费规模来保持对潜在敌国的军事威慑，增强本国的国家安全系数；另一方面也可以使那些受到威胁的国家通过增加军费投入来弱化对方的军事优势，减轻本国的防务压力。

2. 增强国家军事实力。军事实力是保障国家安全和社会稳定的重要依托，增强军事实力首先要更新军队的武器装备，这显然离不开增加军费投入这个前提条件。随着科学技术的飞速发展及其在军事领域中的广泛应用，军队有机构成不断提高，武器装备特别是高技术装备的造价愈加昂贵，军队的装备费用大幅度提高，装备维护费支出不断上扬。第二次世界大战时，一个步兵师的装备只有1900万美元，1950年上升到8000万美元，1964年跃为1.1亿美元，20世纪90年代则高达23亿美元。1981—1990年美军装备维护费用为

7448.56亿美元，与同期的采购费相差无几。提高军队的总体质量，没有充足的军费驱动，只能是一句空话。现代战争的实践已经多次验证了恩格斯的名言："暴力，即军队是用什么来维持呢？是金钱。"

3. 进行战略物资储备。现代战争特别是高技术局部战争突发性强，持续时间短，夺取战争初期的主动权至关重要。为此，交战各方一开始就投入主要力量，物资消耗十分巨大。马岛战争初期，阿方舰船一次载油量，航母为3200吨，巡洋舰2200吨，驱逐舰为600吨；英军每天人均耗油270千克，相当于美军在朝鲜战争人均18千克的15倍；海湾战争初期的物耗更是惊人，"沙漠风暴"行动历时38天，总投弹量达50万吨，相当于整个朝鲜战争3年的投弹之和，其中前4个小时就投弹1.8万吨，相当于当年美国投放广岛原子弹的当量。如此大规模的消耗，若待战争打起来临时筹措为时已晚，这就要求在平时就拿出适量的军费用于战争初期急需的作战物资的储备。可以说，用于战略物资储备的军费，作为和平时期的军事经济力而存在，一旦爆发战争，就会立刻转化为作战实力，为赢得战争的最后胜利创造条件。

4. 应付突发事件。军队不仅承担着对外抵御侵略、保障国家安全的军事斗争的重任，而且肩负着平息国内政治动乱暴乱、应付自然灾害、意外事故等非军事性突发事件的职能。军队参加应付突发事件，是进行一场特殊的斗争。其军事需求既近似于战时，又不同于战时，主要表现为对物力的直接需求多于对财力的直接需求；对非杀伤性武器弹药和各种防暴、抢险等特殊物资的需求多于对一般作战物资的需求，这就要求军队在保证完成正常军事斗争任务的同时，必须将一部分军费用于应付非军事性突发事件需求的能力储备。据统计，自20世纪80年代中期，我国国防建设指导思想实行战略性转变，军队支援和参加国家经济建设被确定为我军一项必须长期坚持的基本政策以来，全军共参加各种抢险救灾10多万次，出动官兵2300万人次，机械车辆100多万台，飞机、舰艇1.5万架（艘）次，这与合理使用军费是分不开的。

5. 提供战争财力保障。金钱是战争机器的润滑剂。没有金钱，战争无法进行。在早期的战争中，由于社会生产力水平低下，武器装备落后，战争规模一般不大，战争的进程和结局更多地决定于交战国的财力，所以当时有些国家的君主和军事首脑得出了"战争的命运取决于财政"的结论。我国春秋时代的孙子就有"日费千金然后十万之师举矣"之说，被称为西方国民战争之宗的拿破仑也认为取得战争胜利的东西"第一是金钱，第二是金钱，第三还是金钱！"

机器大工业的出现极大地促进了生产力的发展和武器装备水平的提高，战争的规模日益扩大，对经济的依赖性进一步增强，战争耗费爆发式增长，达到了空前水平。第一次世界大战直接消耗的军费达2080亿美元，相当于1793—1907年110多年间历次战争费用支出总额的10倍；第二次世界大战主要参战国的军费耗费达11170亿美元，占交战国平均国民收入的50%以上；20世纪70年代美国发动的侵越战争，军费开支高达3520亿美元，相当于美国第二次世界大战战费的73%；80年代的两伊战争也是在双方债台高筑，无力再战的情况下才鸣金收兵的。

20世纪90年代，人类向信息时代迈进，战争形态也发生了根本的变化，打"钢铁"让位于"打硅片"，高技术局部战争开始登上历史舞台。以信息技术为主导的高技术在战争中的广泛应用，一方面加快了战争的进程，缩短了战争的时间，极大地提高了战争的消费比；另一方面也使战争呈现出前所未有的全空间、全纵深、全天候、全时域的新特点，夺取战争胜利的代价越来越大，耗费也更加惊人。据美国布鲁金斯研究所的防务专家统计，在历时半年的海湾战争中，美军部署在海湾的武器总价值约为1020亿美元，分别是第一次世界大战和第二次世界大战中各国投入武器装备总价值的56倍和26倍，每月平均军费开支约100亿美元，是美军在第二次世界大战中每月平均战费开支的15倍。海湾战争表明，未来战争即使是一场不使用核武器的常规战争，战争耗费也将十分巨大，军费虽然不是战争胜负的决定因素，但其作为夺取战争胜利的物质基础的地位不会改变。

（二）调节军队规模和结构

　　西方战略学家将军费视为"军事战略在数量上的体现"。这种观点从一个侧面精辟地阐明了军费与军队建设之间的关系。一方面，军事战略和军队发展目标是确定一国军费总规模和内部结构的依据；另一方面，军费作为军队建设的财力基础，对军队发展方向具有巨大的反作用，突出表现为对军队规模和结构的调节作用。

　　1. 调节军事人力规模。人力规模是军队规模的首要标志，军人数量的多少与军费规模有着密切的关系。1977 年，英国国防经济学家戴维·K. 怀内斯对 91 个国家的军事人力水平与军费绝对水平之间的相关分析表明，两者的相关系数为 0.923。其中发达国家由于军队有机构成高，相关系数为 0.747，欠发达国家由于军队有机构成低，相关系数为 0.421。军事人力规模与军费规模之间的这种相关关系，是军费能够调节军事人力规模的重要原因。一般来讲，随着军费投入的增加，对军事人力的绝对需求量也将增加；军费投入减少，由于军人薪金和军队有机构成刚性提高的特点，为了不降低军人生活待遇，常采用裁军的办法弥补供求缺口，军事人力规模也将缩小。1981—1985 年美军军事人员费分别为 369.09 亿美元、428.75 亿美元、456.88 亿美元、648.66 亿美元和 677.73 亿美元，同期的兵力规模分别为 210.1 万人、216.8 万人、220.1 万人、222.2 万人和 224.4 万人。1997 年军事人员费比 1990 年减少了 113.84 亿美元，兵力规模也减少了 42 万人。

　　2. 调节武器装备规模。武器装备规模是衡量一国军队规模的又一重要标志。军费调节武器装备规模主要有两种方式：一是由于现代科技的飞速发展，武器价格呈指数增长，利用科研、采购费的投入规模和投入时间可以控制新装备的采购数量和装备时间，调节武器装备的增量规模。二是由于装备维护费在飞机、坦克等主战武器全寿命费用中所占的比例已高达60%以上，利用维护费的投入规模可以控制现有装备的退役时间，调节武器装备存量规模。1996年美军采购费比1985年减少了574.33亿美元，同期海军采购的军舰数量和空军采购的飞机数量分别减少16艘和837架。由于1998年开始延缓对"黑鹰"武装直升机的采购投入，美国陆军到2001年装备180架该种飞机的计划至少推迟3年才能实现。俄罗斯虽然继承了原苏联85%的军事力量，但由于武器装备维护费长期严重不足，已使大约30%的装备提前退出现役。

3. 调节军队人力结构。军费调节军队人力结构的内容十分广泛，主要表现在两个方面：一是调节战勤结构。在1969—1979年的精减简编过程中，美国陆军战勤比例由35:65提高到53:47，海军战勤比例由50.3:49.7提高到57.5:42.5，就是通过调整作战与维护费及其他相关费用的比例关系完成的。二是调节官兵结构。据资料介绍，俄罗斯现有兵力170万，1996年薪金开支已达整个军费开支的52%，严重影响了军队战斗力的提高。为适应新军事革命的需要，俄罗斯拟将其军队总规模逐步裁减到100万—120万，采取的主要措施就是重新制定军官和士兵的费用消耗标准，将生活费占军费预算总额的比例严格控制在30%以内。近年来，世界范围内裁军步伐加快，小作战、大保障、专业化、高技术化成为军费调节各国军事人力结构的基本特点。

4. 调节武器装备结构。通过控制装备采购费的投向，可以改变武器装备中核武器、高技术常规武器、普通常规武器及其内部的数量比例关系，优化武器装备结构。冷战后，军费调节武器装备结构具有四个明显的特点：一是随着爆发核冲突的可能性进一步减小，核武器的费用逐渐下降。目前，几十年来一直优先发展核武器的法国，核武器拨款占装备费的比例已由原来的1/3降到1/5。二是随着高技术局部战争成为现代战争的主要形态，高技术常规武器的采购费用持续上扬。日本为了实现其军事大国的目标，近年来也放弃了"以普通常规防御武器为主"的采办原则，连续购买F-15战斗机、

"鹰眼"预警机、"宙斯盾"导弹舰等先进武器系统，并安装了测距为3000千米，能够窥视中俄领土以内情况的超视距雷达。三是海、空军装备采购费用的投资力度明显加大。四是对普通常规武器进行"横向技术一体化"的改造费用日益增多。

5. 调节军队编制结构。宏观上，军费调节军队的力量结构。目前，各国的军事武装力量可以分为核力量、常规力量和空间力量三部分，军费在这三大力量之间的分配比例制约着一国的军事力量构成。冷战后，美军在大幅度削减核武库的同时，将空间力量和航天部队看作是未来作战的"力量倍增器"，为将航天部队正式纳入编制，使其与陆、海、空、特种部队共同构成武装部队的五大支柱，仅1998年空间计划预算就比1997年增加10%。中观上，军费调节军队的军种结构。1992—1994年美国空军军费占国防预算的比例上升了1.4%，同期空军占总兵力的比例也由25.9%上升到26.5%。微观上，军费调节兵种结构。美军在20世纪60年代整编时，给步兵师装备了可发射核弹头的火箭营，增编了航空营；70年代又给师增编了电子战情报和三防连；80年代又将原航空营扩编为航空旅；90年代以来，在信息技术的冲击下，美军正考虑增编专门从事信息作战的新兵种——计算机兵。兵种结构的这种调整与军费投向的倾斜政策是分不开的，据估计，仅此一项就花费了近千亿美元。

（三）组织国防经济活动

国防经济活动是国民经济体系中用于满足军事需求和国家安全需要的经济活动，它包括生产、分配、交换、消费各个环节及形成的经济关系，是一个连续不断的动态过程。军费是国防经济运行的起点和纽带，它使国防经济各环节联成一个有机的整体，推动着国防经济活动的正常进行。

1. 控制国防生产规模。国防生产是社会生产中为国防服务的部分，它是国防经济活动的中心环节，决定着国防分配、交换和消费。

恩格斯有句名言："暴力的胜利以武器的生产为基础，武器的生产以整个社会生产为基础。"这是对国防生产在保障国家安全过程中的地位和作用的高度概括。在市场经济条件下，货币资金是生产的起点，国防生产如果从连续不断的过程来看，也具有这种特点，资金是国防生产的前提条件。民品生产者可以通过商品交换取得资金，但国防生产就不同了，国家和军队是军品的唯一消费者，国家财政拨款（军费）是国防生产资金的主要来源，是制约国防生产的直接前提。军费控制国防生产还表现在对国防科研的制约。国防科研是国防生产的重要内容。国防科技事关国家安全和民族存亡，因此，与民用科研相比，国防科研尖端性更强，风险更大，费用更高，特别是高技术武器装备的研制费用更是扶摇直上。1991 年，美国洛克希德和诺思罗普公司为建造空军新一代超级战斗机展开了激烈竞争，结果两家的研制费用都超过了 10 亿美元，没有充足的军费投入是难以为继的。军费不仅直接制约国防科技的研制，还决定着科技成果的推广程度。比如对激光测距机的研究，我军和苏军提出的计划时间差不多，但装备到部队，我军却比苏军晚了 10 年，其中一个主要原因就是军费不足。

2. 调整国防资源配置。军费结构配置功能的宏观表现就是，通过改变军费投入的地区结构，调整国防经济布局。1965 年，针对当时的国际形势，我国开展了大规模的三线建设，军费投入也随之向西部倾斜，不仅满足了战备的需要，而且改变了军工企业配置"东重西轻"的失衡态势，优化了国防工业布局，促进了国防经济的均衡发展。军费结构配置功能的中观表现是调整国防经济的产业、部门结构。国防经济是一个几乎涉及了国民经济所有产业和部门的复杂的大系统，军费的投向投量，决定着国防资源在各个产业和部门中的分配状态，制约着各个产业和部门的发展水平。一般来讲，国防工业与国家安全的关系更为密切，一直是军费投入的重点，在国防产业结构中处于核心地位。在国防工业内部，由于各国的国防战略和技术水平不同，军费投入各有侧重，发展也十分不平衡。20 世纪70年代以来，法国实施核威慑战略，每年把1/3的军事装备费用于发展核力量，从而促进了核工业部门的优先发展；90年代，飞速发展的军事信息技术成为军费保障的"宠儿"，促使信息工业正成为许多国家国防工业的龙头。此外，改变军费的企业投向还可以调整军工企业结构，这就是军费结构配置功能的微观表现。

(四) 协调国防建设与经济建设

1. 调节国防建设与经济建设的供求关系。经济建设是国防建设的物质基础，国防建设是经济建设的安全保障，二者要想协调发展，必须保持供求平衡。国防建设与经济建设的供求平衡是相对的，和平时期，在保证国防建设能为经济建设提供最起码的安全需要的基础上，国家可以将更多的资源用于发展经济，以提高本国的经济实力和国防潜力；战争时期，经济建设则应当竭尽全力为保障国家安全服务。这个动态的变化过程主要是通过调节军费的增量，即改变某一时期军费支出在国家预算支出中的比例及规模实现的。第二次世界大战期间，苏联的经济社会和行政费支出在预算总支出的比例由1940年的60.8%下降到1943年的42.6%，而同期军费开支由7%上升到33%，增长了471%，为取得卫国战争的最后胜利提供了坚强的物质保障。20世纪80年代以来，为响应党中央提出的"国防建设要服从经济建设大局"的号召，我国军费占国民生产总值的比重也由1986年的2.5%的持续下降到1998年的1.1%，有力地配合了国家经济发展战略的实施。

2. 促进国防建设与经济建设的平战结合。军费协调国防建设与经济建设的关系不仅表现为增量调节，还表现为存量调节。军费的存量主要是指历年军费投入所形成的厂房、机器、设备和设施、军用技术、武器装备和各种库存物资等，这些存量规模是相当巨大的。在战争时期，它们是夺取战争胜利必不可少的物质基础。在和平时期，由于国防需求减少，这些军费存量将出现部分剩余能力，在保障国防建设需要的同时,对这些剩余能力特别是其中的军民两用部分进行合理开发和利用,就可以为国家经济建设做出一定的贡献。20世纪80年代以来,我国国防工业企业充分利用技术和人才优势,大力实施军转民战略,目前民品产值占国防工业总产值的比重已经超过80%,在促进国家经济发展的同时,较好地实现了动态高质量保军的目标。

3. 实现国防建设与经济建设的互动发展。军费的不同部分对民用经济的影响是不同的。一般来讲,军费中的人事费和武器装备费主要用于军事领域,不能带来直接的民用经济效益,它们的增加就是民用建设费用的减少。但军费中的研究和发展费用对国家的民用经济发展却有一定的促进作用。贝诺瓦认为,军费开支中研究和发展费有60%是军事的,而其余的40%却可能为民用经济产生利益。

当前,随着科学技术特别是信息技术的飞速发展,民用技术与军用技术的界限越来越模糊,许多民用高技术成果既有巨大的民用潜力、又有极高的军用价值,平时可为经济建设服务,战时稍加改造即可转为军用。但这些技术项目研制周期长、费用高、风险大,如果由军地双方共同出资,合作开发,就可以用尽可能少的军费获得最大的军事和经济效益。20世纪90年代中期,美国出台的"技术再投资计划",就是强调由军方资助民间开发具有明显的军民两用性质的高技术,在实践中已经取得了巨大的效益。因此,利用军费与民用经济的这种内在关系,通过优化军费结构,就可以充分发挥军费的民用效应,实现国防建设与经济建设的互动发展。

三、军费的民用效应

军费要用于采购武器装备、军事人力,用于教育训练等。这些活动对民用经济的发展,不光是消极的作用,还有积极的作用,这可以称之为"民用效应"。

（一）军费的地区乘数效应

乘数分析是现代宏观经济分析的重要工具，也是分析军费经济效应的重要方法。乘数是用来分析经济中某一变量的增减所产生的连锁反应的大小。军费的地区乘数效应，则是指用于某地区的军费开支，可以刺激当地产品的需求，从而引起当地经济活动的扩展。

军费的地区乘数效应具有双重性：军费开支的变动既可引起地区收入的倍数增加，也可能导致地区收入的倍数减少。正是由于军费的地区乘数作用的这一特点，一般都把军费作为调节各地区经济运行和发展的重要手段。因为从理论上讲，军费开支在某一地区的增加会引起该地区需求的增加，对该地区经济具有扩张作用，可以用来消除或减缓生产过剩和市场疲软性经济失衡；减少军费的地区乘数作用会引起该地区需求的减少，对该地区经济具有紧缩作用，可以用来消除或减缓通货膨胀和经济过热性经济失衡。

边际消费倾向和边际储蓄倾向是决定军费的地区乘数效应大小的决定性因素。这是因为军费经使用后进入国民收入决定的循环中，不断成为厂商和居民户提供产品和劳务的收入，这部分收入只有继续投入消费，也就是继续用于向另一部分厂商和居民户购买产品与劳务，才能成为国民收入决定中的注入因素，引发乘数效应。

分析军费的地区乘数效应应有两个重要前提：首先，对军费的地区乘数效应的分析是从总需求角度进行的总量分析，它不涉及到军费开支及其地区乘数作用的性质是否符合地区经济发展的要求，不涉及其中包含的资源问题。其次，对军费的地区乘数效应进行分析是一种短期、比较静态的分析，考察的是各类生产要素价格不变、资源结构不变时，军费的地区乘数效应影响地区经济运行所产生的结果。

军费增加所产生的这种扩张性地区乘数效应有三个条件：一是只有该地区存在足够的闲置的经济资源，才能够容纳并吸纳军费的地区乘数效应，并导致生产规模扩大和国民收入增长。如果一个地区已实现充分就业，不存在闲置资源或某些关键部门，如能源、交通、原材料等部门存在制约其他经济资源利用的瓶颈状态，军费的地区乘数作用所引起的经济扩张就会导致社会总需求大于社会总供给，从而导致国民收入和经济增长速度的下降。二是一个国家对其安全的需要量与供给量须达到平衡，军费变动所引起的地区乘数效应才能成为地区经济发展的客观要求。否则，如果军费规模超过了实现一国国家安全的实际需要时，军费中超过的部分就是对社会经济资源的浪费，由此引发的地区乘数效应就将导致经济的虚假增长。三是国防采购在本地区市场进行，军事基地由本地区提供社会服务。如果国防采购由政府直接提供，或在其他地区进行，或者军事基地自身能够提供大部分服务，军费的地区乘数效应就会减弱。

（二）军费的产业效应

军费中有相当部分要投入国防工业中，而国防工业的生产与民用工业的关系千丝万缕，它对民用工业的促进作用是多方面的。一是国防工业生产军品的同时，创造了许多需求，它需要许多中间产品的生产与之相适应，开发这些中间产品会带动民用工业的发展；二是国防工业本身也可以生产一些民品，以满足各部门的需要，如飞机制造公司既可以生产军用飞机，又能生产民用飞机。三是国防科技和国防工业可以产生新的知识、技术和材料，它们被运用于民用部门，会增加民用工业的生产能力；四是国防工业生产武器装备，减少了武器装备的进口，节省了外汇，相应增加了民用工业品的进口。由此可见，军费开支能产生有利于民用工业的副产品，从一定程度上促进民用工业的发展。但是，现代武器的生产具有融高技术产品为一体及依靠精密和统一的部件、标准化和高质量的材料等特征。在不同的气候和冲突等条件下，最大限度地达到军事部门所要求的耐用性、灵活性和精密性等性能的要求对民用工业来说，实际上是不需要的。而且，对军事工业副产品的利用是以民用及军事工业中存在某种相关的工业结构为前提的，因而军事工业副产品这个概念对于欠发达国家而言是用不上的，这些国家主要是进口武器装备。有的专家指出：这种伴随效果确实带来一些明显的利益，但这并不可以被看作民用工业都从国防工业内部的研究和发展中获得了净利益。相反，我们有许多理由证明，依靠直接的努力而不是依靠其他部门的伴随效果，我们的目标会得到更快更好地实现。

军费的产业效应在不同的经济条件下有很大的不同。影响军费的产业效应有以下几个因素：一是社会上是否存在闲置的资源。对于一个发达的有大量闲置生产能力、剩余资本和熟练劳动后备军的国家来说，它可以在不减少民用生产和民用消费的条件下，依靠闲置的设备、资本和劳动力的利用得到满足，同时由于军品生产规模扩大，就业人数增加，对原材料和个人消费品的有效需求也会跟着扩大，这个国家的民用工业就可以在一个时期内在一定程度上受到促进。而一个国家在已经没有或很少有闲置的基础工业能力、资金、备用资源和剩余的技术人员的条件下，扩大军费开支只能靠削弱民用生产和消费来达到，这样只会打乱再生产的正常运作，使有效需求减少，民用工业放慢发展速度，甚至发生倒退。二是经济发展水平。高、中、低收入国家军费开支的产业效应存在较大的差异。高收入国家工业化程度和经济发展水平一般较高，能吸纳军费开支的副产品，创造有效需求，因而军费开支能够产生比较明显的产业效应。低收入国家的非防务开支可能只有很小部分用于生产投资，而且投资方向很可能不当，而军费的使用则无意识、间接地促进民用工业的发展。而中等收入国家的经济还未发达到从军事工业复合体中获得好处的程度，军费开支只产出微弱的副产品，其产业效应是相当微弱的。三是能否自主生产武器装备。经济发达国家有雄厚的工业基础和高技术能力，能够生产现代武器装备，通过较大的逆联系效应，促进其他工业的建立和发展。而大多数发展中国家缺乏生产武器装备的必需的基础工业部门以及合适的研究发展设备，不能自主生产主要武器装备，不得不依赖于国外进口，对民品购买能力和外汇储备产生消极影响，难以发挥军费开支的产业效应。极少数发展中国家即使能自主生产武器装备，但许多技术、原材料等必须从国外进口，而且生产武器装备很不经济，成本高，代价大，军费投入的产业效应也很有限。

(三) 军费与科技

军费中有一部分要用于国防科技的研究与发展，而国防科技向民用转移显然会推动民用技术的进步，带动国家整个科技水平的提高。

科技发展史，特别是近代和现代科技发展史表明，新兴的先进的科学技术往往首先在军事部门中应用。可以说这是一条规律。例如，早在1879年，德国人卡尔·本茨就设计了由电火花点火的双冲程发动机汽车，并登记了专利，但当时人们认为它是体育运动设备，称之为"喝汽油的马"。后来，军事部门想用它运送军队与给养，予以注意，才有力地推动了汽车的发展。飞机从发明到运用也经历了类似的过程，最初它也是作为体育运动的工具出现，后来在战争中作为运输工具和进行空战，受到战争的刺激后才迅速发展起来了。一些现代科学技术，它们的研制刚一开始就是因军事上的需要而着手进行的。例如，第一台电子计算机就是应美国军械部的需求，为美国陆军计算弹道提供火力表的需要而研制的。原子能技术也是二战时美国针对法西斯德国而开展的原子弹研究为开端的。原子能和电子计算机在军事部门得到一定程度的利用后，才逐渐转移到民间用途上来。美国航天技术，主要投资者是国防部，同时它也是主要的、优先的用户。

国防科技转为民用是由国防科技的先进性及其研究成果的兼容性决定的。它的先进性为它向民用转移提供了广泛的可能性。国防科技成果的兼容性就是，它不但能为军队建设服务，也能为经济建设服务，为国家和人民带来巨大的经济效益和社会效益。这就使得它有向民用转移的极大可能性和必要性。国防科研的成果一般都有兼容性，有的可直接用于经济建设，有的可间接用于经济建设，与经济建设毫无联系的科技成果很少，几乎没有。例如，同是遥感技术，既可用于军事侦察卫星，也可用于民用资源勘探卫星；同是激光技术，既可用于作太空武器，也可用于生产中的焊接、切割、加工，还可用于医学、通信和全息照相等。通过开发国防高科技，扶持、培育技术密集型产业和高智能科技队伍，提高到全社会的科技水平。在某种条件下，国防科技只有转向民用，才能生存和发展。例如，我国的核技术，平时的核武器试验极少，更不能使用核武器。如果不把核技术转向核电站、医疗、工业生产等方面，那么我国的核技术不仅不能前进，而且还会退化。正是因为如此，许多国家都把军民两用作为国防科技发展战略的重点。

（四）军费与教育

在大多数国家，劳动力进入军队并在军队里工作一段时间后，重新返回民用部门。由于招募或征兵还有一些特殊的条件，有些人员的服役期要比其他人员长一些。在军队服役期间，士兵将受到对民用有用的各种形式的教育和训练。在军事教育中，军官教育体系与士兵教育体系的性质是不同的。军官阶层组成军事部门的永久性和半永久性成份，军官教育带有更多的技术色彩，但它并不直接作用于民用经济。而士兵在服役期满之后，即转入地方求职谋生。他们可以较多地把在军队中学到的技术知识应用于地方经济的发展中。

西方有些发达国家中军事教育的民用性大大地发展了。这是由于两个方面的原因：一是军队专业化的倾向发展很快，军官和士兵服役需要大量的专业化知识才能胜任本职工作，因而军事教育中的专业技术成份大大加强了，这是军队本身建设所需要的；二是有些国家的政府，为了吸引劳动力到部队服役，有计划地为官兵们提供专业技术训练的条件，并使他们取得被社会承认的教育资格。这种资格不仅在他们退役寻找工作时具有价值，而且对社会经济的发展也具有一定的作用。这是国防部门与民用部门竞争的一种重要方法。例如，英国国防部与各种工会达成了为数众多的协议，可使军人在服役期间取得的教育资格为民间正常赞助下受训者所承认。当然，提供哪种教育将由军队而不是民间的要求来决定，但军队中的教育内容仍要包括技术学、工程学和测量学等领域，直到包括更多的军民通用的重要科目，如行政管理等。同时，由于军队想保持一定程度的自给，因而认为有必要训练各种专业人员，以适应部队日常管理工作的需要，如训练炊事员、办事员、管理人员和其他服务人员等。这样做将来在军人复员时对民用经济也是有益的。

第三世界国家，军事教育的民用性更有重要意义。因为在经济落后的第三世界国家，军队往往是唯一"现代化"的部门。这种现代化是相对于封建的甚至奴隶制的思想体系和经济体系来说的。军队的现代化，不仅包括自然科学方面的专门知识和技术，而且包括现代管理技能和商品经济思想。怀内斯认为，对于社会经济的发展，人们的价值观念的变化和文化倾向的变化，具有头等重要的意义。在一个宗法组织占主要地位的社会中，军队是主要的而且可能是仅有的"社会契约组织"的因素。因此，军队可以促进社会商品经济的发展。缅甸和印度尼西亚的军队就起了这方面的作用。从一些发展中国家的经历来看，军队能够从事于商业活动并培养出企业家。有可能成为企业家的人在考虑职业时，有可能选择军队这个职业。第三世界国家缺少商业教育，企业家是十分短缺的。而由于存在军队企业的可能性，有一些人确实将在军队的某些部门中找到他们的职业。

（五）军费与社会公益事业

和平时期利用军队参与社会公益事业的问题已引起各国的重视。

许多把军队参与社会公益事业作为保证国家安全的一个组成部分，而不是把它们作为一种纯辅助性力量。

军事力量在和平时期的使用问题有三个基本方面的内容：一是抢险救灾和紧急救援，包括在国内处于混乱时提供重要的勤务；二是教育与训练，包括按照国家的劳力政策及安置计划进行个人培训；三是实施经济规划与社会规划，军队在这方面发挥一定的辅助性作用。由于军队具有某些重要属性，如组织、纪律、教育、专门知识和装备等，可以利用这些条件为全体民众和社会经济服务。

军队在民用工程建设中发挥重要作用。诸如挖凿和基础工程之类的资本密集型项目，无论是由军队承担还是由地方承包商承担，所需费用大体相当。但是，如果劳动密集型项目由军队完成，即可大大降低成本，尤其是在铺设管道之类工程，军队的费用预算只相当于民用部门的30%左右。费用之低，其原因是军队的劳力在任何情况下都是必须支付的。例如，1956年巴基斯坦公共工程部对修筑吉尔吉特道路的预算费用是6050万卢比，然而当决定把修筑这条道路的工程托给军队工程部队来承担时，预算费用减少50%，这样，省下来的资金又可移作它用。

在许多国家，军队都有这种或那种形式的参加社会公益事业方法，而且明显存在着能够更为广泛地应用这些方法的潜力。近年来，每当工业部门的争端威胁到基本的公用事业时，英国政府总是对利用军事力量完成民用任务的问题表现出越来越浓厚的兴趣。当然，各国采用的方法复杂程度不同。例如，发达国家能够提供先进的设备对它们的士兵们进行与民用部门水平相当的培训，而欠发达国家则只能提供普通教育中最基本的培训。但毫无疑问，只要简单地扩大军队的活动，就能为国民经济带来效益，促进社会公益事业，而且军队仍然履行其主要的军事职责。

四、军费理论的沿革

自军费产生以来,人们就对军费及其与经济之间的关系有所认识。当然,古时的认识还是十分朦胧和粗糙的。随着社会经济的发展,随着军事实践的丰富,人们对军费与经济的内在关系,有了更深层的认识,从而,军费理论逐步发展、丰富起来。

(一) 军费理论的萌芽

在古代,虽然没有成熟的军费理论,但随着战争和经济的发展,也形成了一些萌芽形态的关于军费与经济关系的观点。古希腊政治家、军事家色诺芬(公元前431—前352年)就曾分析了经济发展与军事开支的关系:"如果土地耕种得不好,就不能维持军队的开支,也不能缴纳贡物。"[①] 我国著名的思想家管仲(公元前730—前645年)就曾说过:"为兵之数,存乎聚财,而财无敌。"(《管子·治国》) 只有国家富裕、财源茂盛,才能兵强马壮。大军事家孙子也曾说:"凡兴师十万,出征千里,百姓之费,公家之奉,日费千金。"(《孙子·用间》) 他们都从宏观的角度论述了战争与财力、军队与财力的关系。

古代的军事家不仅看到了军事与财力的某些一般关系,而且能够以财力的大小来判断一国国力强弱,预测战争的胜负,并以此制定军事战略。我国古代的大政治家、军事家诸葛亮就曾说:"古之善用兵者,揣其能而料其胜负。……粮饷孰丰也?戎马孰逸也?财货孰多也?……由此观之,强弱之势,可以决矣。"(《诸葛亮集·揣能》)

[①] 色诺芬著,张伯健、陆大年译:《经济论·雅典的收入》,商务印书馆1983年版,第14页。

西方封建社会的政治家还论述了军费中的薪饷问题。他们认为，雇佣兵当兵和打仗的目的是为了金钱，雇佣兵为金钱而制造战争灾难。因此，社会应当否定雇佣兵制。例如，空想社会主义者托马斯·莫尔在其《乌托邦》一书中说：雇佣兵"若是第二天敌方要给以更大的酬赏，他们就去为敌方作战；再过一天，他们会为了额外的代价，又转回原方"，因而是一伙"讨厌丑恶的东西"。当然，他们的这些认识，还是比较直观的、粗浅的、零碎的，还无法抽象出真正的理性思维，还不可能清理出复杂纷繁的事物背后的规律性。

（二）西方古典军费理论

17—18世纪时期，资本主义在西方国家中迅速发展，社会上商品丰富，市场发达，商品货币关系在经济中起主导作用，人们的观念也发生了很大的变化。在这种条件下，"金钱"成为筹集战争资源的有力中介，它对战争的胜负有重要作用，军费在经济资源中的地位和作用迅速上升。这种客观存在改变了人们对"金钱"的认识，形成了风行一时的"金钱主导论"。普鲁士国王腓特烈二世在他回顾了第一次西里西亚战争（1740—1742年）、第二次西里西亚战争（1744—1745年）、七年战争（1756—1763年）以后，深有感慨地说："战争的命运取决于财政！"拿破仑在总结他的战争经验之后，也慨叹：战争"第一是金钱！第二是金钱！第三还是金钱！"有的统帅为了进行战争准备，甚至把金银币当作"奇货"储存在石塔之中。因此，人们十分重视金钱在战争中的作用，对于军费理论的认识也深入一些。其中特别是古典经济学家，有一些值得重视的军费理论。

1. 威廉·配第的军费理论。威廉·配第（1623—1687年）既是古典经济理论的创始人之一，也是古典军费理论的创始人之一。第一，他界定了军费的内涵："国家的公共经费，就是陆、海两方面国防所需的经费，维持国内及海外和平所需的经费，以及当其他国家侵害本国时,作光荣报复所需的经费。这些经费,我们可称之为军事费。"① 第二,考察了军费的来源税收。他说:"这大批军队,无疑要向贫困的人民和荒凉的国土征收巨额而沉重的租税。"② 第三,说明了军费的用途。他认为,军费是用来"进行海上战争"和军队的"日常开支的需要"。③ 第四,合理运用力量,尽量减少军费开支。他研究了海军的分工和商船队与海军的关系,提出商船和海军可以联合训练以节约经费的观点。④

2. 亚当·斯密的军费理论。古典经济学大师亚当·斯密(1723—1790年)有关军费的理论颇有见地。他是世界上最早研究军费的经济学家之一。他出生于苏格兰的一个海关官吏家庭,曾就读于牛津大学,毕业后长期在格拉斯大学任教。他花费近十年时间研究写作、于1776年出版的《国民财富的性质和原因的研究》(简称《国富论》),引起社会的广泛重视,从此名噪天下。其军费理论的主要观点见于《国富论》第五篇第一章。这些观点包括:第一,君主的首要任务是本国的安全,达到这一目的就要借助兵力,因此,一个文明国家必须建立自己的常备军,而不能单纯依靠民兵。只有常备军才能摆脱平民的习惯并且训练有素、效率较高。第二,平时准备兵力和战时使用兵力需要费用,因此,国家拨出一定的经费用于国防是必要的。文明社会维持士兵的费用,统由那些非兵士的劳动者负担。第三,不同的社会,对军费的需求量不同。这是由社会经济条件决定的。在原始社会,部落之间的战争无需费用开支。战争只不过是他们日常生活习惯的延伸。在农业、手工业社会,只要战争在适当的季节中进行,战费也相当少,而且大都是参战的私人负担。实用的火器大量用于战场之后,兵员增加,消耗增大,费用

---

① 王亚南主编:《资产阶级古典政治经济学选辑》,商务印书馆1979年2月版,第19页。
② 同上。
③ 同上书,第71页。
④ 同上书,第79页。

也随之大幅度上升。第四，防务是为了公众的利益，因此，防务费用也必须由全社会来提供。原则是：社会各个成员尽可能地按照他们各自的能力去承担费用，或者说是按照他们在国家保护下各自享受到的岁入的比例负担赋税。第五，一国的士兵的数量受到劳动生产率的限制。兵员数量不能超过劳动者维持他们自身及国家官吏以外所能维持的限度。在古希腊小农国家中，可以负担全部人口1/4—1/5的士兵；近代文明社会则不能超过1%，否则会危及国家经济。第六，近代战争火药费用浩大，显然给能够负担此浩大费用的国家提供了一种利益，而使文明国家对野蛮国家立于优胜的地位。第七，在战争发展到一定阶段，仅靠金钱是无法进行并赢得战争胜利的。因为战争依赖的是物资、武器装备和现代化的工业生产，维持陆军和海军所需要的毕竟不是金银，而是生产资料。第八，由于技术的进步，武器装备不断发展，费用也不断提高。例如，与刀矛、弓箭相比，短枪的费用则更高。对于这一点，后来有些国防经济学家提出了不同的见解：从当时的经济相对贫困的背景来看，制造弓箭所投入的时间和资源都很多，其费用可以说是很昂贵的，并不一定比现代制造手枪更便宜。无论如何，斯密对军事与费用关系的认识是比较深邃的，其中有不少观点，直到现在也具有重要的价值。

3. 大卫·李嘉图的军费理论。大卫·李嘉图（1772—1823年）的军费理论，比较集中地反映在他的名著《政治经济学及赋税原理》一书中。其主要观点是：一是军费的本质来自生产领域的非生产性开支。他说："一个国家为筹划战争费用或政府一般开支而征课的税，都是从该国的生产性劳动中取得的。"如果这种"非生产性开支继续不变，而年再生产量又不断减少时，人民和国家的资源就会日益迅速地趋于枯竭，穷困和灾殃就会随之而来"。[①] 二是战时军费比平时军费的数量要大得多。他说："一个国家从事战争时必须维持大

---

① 大卫·李嘉图：《政治经济学及赋税原理》，商务印书馆1962年版，第208、128页。

量海陆军，这时所雇佣的人将比战争结束和常年战费支出停止时多得多。"① 三是军费筹措的较好方法是增税而不是举债。他详细举例说明了征税比借债的优点：可以不付利息；不会引起战后的物价上涨；可以制约当权者挥霍军费等等。而政府靠公债来筹款比较容易，而且是在以后的时期中偿还，因而增加了政府进行战争冒险的可能性。

4. 克劳塞维茨的军费理论。卡尔·冯·克劳塞维茨（1780—1831 年）是资产阶级军事理论的集大成者。在他的名著《战争论》中，有一些颇有见地的军费理论观点。一是一个国家的战争潜力集中表现在财力上。他十分明确地指出：一国的"全部力量就集中表现在自己的金库上"。② "金钱、财富和信用贷款"等经济状况，是军队战斗力的重要基础，是国家力量的集中体现。这充分说明克劳塞维茨受当时资产阶级经济学的影响，是西方近代资产阶级以工商经济为基础的"金钱主导论"的信奉者。二是军费筹措的方法要从仅仅依赖政府转到动员民众。他在研究历次战争的军费筹措方法之后得出结论："法国革命时民众力量又登上了战争舞台，这样，只依靠政府的财力就显得不够了。以这种有限的财力为基础并以这种有限的财力为保障的整个军事制度被粉碎了。"③ 因而为满足战争对财力的巨大需求，还得再辟财源和重建新军事制度。克劳塞维茨把注意力集中到民众身上，指出如果民众确实是服从本国政府，那么在本国进行一切活动都比较容易，包括政府采取税收、发行公债、动员民众捐资等手段来集中和使用民众的财力。

与上述各大师同时代，有一个庸俗经济学家马尔萨斯，提出了一些与上述理论相对立的观点，即"纯消耗"理论。这种观点的基本内容是：古今中外的军费，完全一是种"纯消耗"，其中任何部分对社会经济发展都只有负作用，而毫无积极作用。军费对社会经济

---

① 大卫·李嘉图：《政治经济学及赋税原理》，商务印书馆 1962 年版，第 298 页。
② 克劳塞维茨著，杨南芳等译：《战争论》第 3 卷，商务印书馆 1982 年版，第 869 页。
③ 同上书，第 439、979 页。

来说，不仅是一种"纯消耗"，而且还是一种"纯破坏"。它杀死居民，毁灭资源，十恶不赦。任何国家、任何时候，不论其国家性质如何，不论是战时还是平时，也不论是正义战争还是非正义战争，都应把军费减到最低限度。

（三）马克思恩格斯的军费理论

马克思和恩格斯在长期大量的经济理论、军事理论研究的同时，也对军费理论进行了探索。

军费的范畴和军事预算项目。马克思恩格斯提出过"军费""军事准备费""军事开支"等有关范畴，并对军费的起源和内涵做了具体而科学的界定。军费出自国家预算，形成军事预算的特有项目和结构。马克思和恩格斯深入地研究了英国等资本主义国家的军事预算，说明了资本主义国家军事预算的一般项目和结构，并揭示了资本主义国家军事预算的阶级本质。

他们根据英国财政大臣格莱斯顿于1854年3月的预算报告，剖析了英国1854—1855年一个年度的政府预算支出情况。（表2—1）

表2—1 1854—1855年政府预算支出情况（万英磅）

项目	支出	项目	支出
长期国债	2700.0	军需	64.5
非长期国债	54.6	其他开支	477.5
统一基金	246.0	民军	53.0
陆军	685.7	侦察勤务	79.2
海军	748.8	东方勤务	125.0
炮兵	384.6	合计	5618.9

资料来源：《马克思恩格斯全集》第10卷，人民出版社1962年版，第130页。

在以上的项目中，除了国债中大部分用于军事开支外，直接用于军事的费用达2618.3万英磅，其中陆军占27%，海军占30%，炮兵占15%。实际上，由于战争的需要，在上述预算支出的基础上，又追加了810万英镑军费，足见英国政府军事开支数额之巨大。

马克思恩格斯对于英国军事预算项目的分类，除了按军兵种分析外，还按用途进行分析。例如，马克思对英国1854年度海军增加的145.7万镑的开支，列举了详细用途：

（1）用于海军增加人员薪金和给养的费用，共增加716700英镑；

（2）用于海军装备采购和维修而增加的费用共697331英镑；

（3）用于造船厂的建设、改造和修理而增加的费用共7000英镑；

（4）用于补充药品和医疗器材而增加的费用共30000英镑；

（5）用于增加其他费用共6000英镑。

军费筹措理论。军费的筹措一般是通过军事预算来进行的。但在财政困难时期，特别是战争时期，正常的财政预算无法满足军事需求，政府还可以通过其他经济形式筹集军费。马克思和恩格斯对此做了大量研究，并提出了很多看法。

首先是发行战债（或称军债）。马克思和恩格斯发现，葡萄牙、荷兰、英国等殖民主义国家，在争夺殖民地的战争中，曾发行过战债；在战争连绵不断的19世纪50年代，则大量地发行战债，以供战争之需。马克思曾经研究了俄土战争中法国的借债情况，他说："波拿巴已经发出了几十亿期票用来夺取塞瓦斯托波尔，而且强迫法兰西民族贴现这些期票。他还打算再发出8亿或接近这个数字的期票"，"既然为战争而发行公债，那么为什么不为公债而进行战争呢！"[①] 马克思的这段话至少包含三层意思：战债是强加在劳动人民头上的负担；发行战债的目的是维持战争；一定数量的公债，既是进行战争的条件，往往又是进行战争的目的。政府发行的战债，大部分是长期债务，一般长达10年以上。例如英国1854—1855年发

[①] 《马克思恩格斯全集》第11卷，人民出版社1962年版，第354页。

行的战债,长期的达 2700 万英镑,中短期的只有 54.6 万英镑。

其次是发行纸币。资本主义国家还通过发行纸币来筹措战费,但纸币超过了实际流通需要量,就要引起物价的上升,公民的利益就要受到损害。因此,大量地发行纸币用于战争,无异于为达到战争目的而掠夺公民。对此,马克思和恩格斯有大量的论述。马克思针对普鲁士备战的情况时说:"1830 年法国革命后,普鲁士政府既要被迫地加紧当时看来即将爆发的战争,可是又没有钱。"于是便命令"完全由政府专营的机关普鲁士银行发行纸币 1000 万塔勒(合 135 万英镑)"。① 马克思还曾以《俄国的战时财政》为名,发表了研究俄国 18—19 世纪战时财政的论文,说明了叶卡捷琳娜二世时代到 19 世纪中叶,俄国为战争而发行纸币的数量、纸币贬值的情况、战时财政的实质等等,马克思还十分重视国家银行在革命战争中的作用。1848 年马克思、恩格斯为了解决起义军的资金问题,建议"设立一个总的军事和财政的集中管理机构,使这个机构有权发行纸币"。如果做到这一点,就"足以使起义更加百倍地强大起来"。②

第三是军税。军税是税收的一种,是弥补国家税收不足、扩大军事开支的一种特有手段。为了研究军税的内涵、实质、形式、数量等情况,恩格斯曾专门发表了《新的通商条例军税》的论文,他说:"军税是个人税,向 16—26 岁的所有青年征收,同时根据财产状况分等级征收"。③ 在奥地利对俄国战争期间,奥政府征收过"特别的强制军税,这种军税将以适当方式从土地、资本、商业和工业的各项收入中征收。"④ 资本主义国家用于侵略战争的军税,是强加在劳动人民头上的沉重负担,具有明显的掠夺性和反人民性。

第四是掠夺占领地的居民。例如,英国军队占领印度后,从印度掠夺商业利益的同时,还要当地居民承担英军的全部费用。马克

---

① 《马克思恩格斯全集》第 4 卷,人民出版社 1958 年版,第 21 页。
② 《马克思恩格斯全集》第 7 卷,人民出版社 1959 年版,第 157 页。
③ 《马克思恩格斯全集》第 50 卷,人民出版社 1985 年版,第 330 页。
④ 《马克思恩格斯全集》第 10 卷,人民出版社 1962 年版,第 386 页。

思说："除了这些每年由印度转到英国的款项外，在印度支出中约有2/3，即它的收入的66%作为军事费用，而公共工程的支出还不超过总收入的2.75%。"[1] 这足见英国对印度人民剥削的残酷。除了政府和军队的集体抢夺之外，军官和士兵在占领某一地时，也要尽力抢夺。恩格斯在《英国军队在印度》一文中这样描述英军："军官和士兵进城的时候是穷光蛋，或者负债累累，而出城的时候都突然变成了富豪。"通过推动抢劫，"战利品日益增多，据估计，这些出售后，可得到60万英镑。据说，康波尔城堆满了在勒克瑙抢来的东西"。[2]

（四）我国军费理论的发展

我国军费理论的研究在近十几年有了迅速的发展。除了从定性分析的角度进行研究之外，还从定性与定量相结合的角度进行考察。其中较有影响的理论，主要有"增殖型"国防理论和"结构区分"理论、纯消耗理论、军费影响条件论和现代国防财力论。

军费效应论。军费效应论认为，军费开支对经济的影响存在着"需求效应"和"供给效应"。在不同的经济条件下，军费对经济增长的影响渠道不同，因而军费与经济增长的关系相当复杂。军费从两个渠道影响经济增长：一是需求效应，即影响总需求及短期生产；二是供给效应，包括国防科技转民用、排挤私人和公共资本以及民用研究发展费用等。因此，从短期看，军费开支会增加总需求，因而促进经济增长；而从长期看，把资本从民用转向军用，因而降低生产力水平。在供给约束型经济或需求约束型经济条件下，军费开支对经济的影响会出现不同的情况。在需求约束型经济条件下，实际供给受有效需求的约束而不能达到应有的生产能力。在这种情况

---

[1] 《马克思恩格斯全集》第9卷，人民出版社1961年版，第242页。
[2] 《马克思恩格斯全集》第12卷，人民出版社1962年版，第527页。

下，军费开支会刺激有效需求而有利于国民经济的现实增长，并产生乘数效应。但从长期看，投资决定生产水平。增加军费开支会削减民用投资，因而减少国民生产总值的增长率。需求约束型经济的增长是在经济的供给潜力内的增长，过多消费需求的增长只能消化短时期内过剩的生产能力，而对经济的长期增长并不有利。在供给约束型经济条件下，供给起约束作用。投资与最后产出的关系是经济学已知的最强烈的因果关系之一，增加军费开支必然导致民用生产增长下降，甚至出现倒退，军费开支与经济增长存在显而易见的负相关关系。但这种负相关不是单一因素的函数关系，由于科技的进步程度不同，劳动就业分布结构差异以及制度或体制的各种因素的影响，许多供给约束型的国家军费开支与经济增长并不呈现明显的负相关，有的甚至是正相关，特别是某一特定的时期。此外，不同经济条件的国家，军费开支对投资、就业、通货膨胀、国际收支等方面的影响也会有所不同。（其他理论观点详见第九章）

五、我国军费投向和结构的战略选择

军费是和平时期国家对国防发展进行宏观控制的主要经济手段，是控制军事力量规模、结构和发展方向的调节器，也是国防发展战略和军队建设规划的具体体现，而国防发展战略和军队建设规划又是军费预算的根本依据，制约、规定、影响军费的投向和结构。

（一）军费投向的战略选择

1. 立足市场经济大环境，借助国民经济的力量，丢掉包袱。当前军队办社会的局面不但耗费了大量的财力物力，使军队的包袱越背越重。只有军民结合办后勤，立足市场经济大环境，充分利用国民经济中包含的军事服务功能，发挥社会经济应有的作用，才能有效地减轻军队的负担，把有限的军费用在刀刃上。因此，必须建立社会化的生活服务体系、物资储备体系、干部住房医疗保障体系、家属就业保障体系和子女教育保障体系，依托社会办后勤，精简生产性、服务性机构，收缩保障摊子，提高整体保障能力和军费的使用效益。

2. 把有限的军费集中使用到军队建设最急需、最关键的地方。我国经济实力还不雄厚，军费不可能大幅度增加，在这种情况下，必须把有限的军费真正用到提高部队战斗力上，集中使用到军队建设最急需、最关键的地方，而不能搞平均主义，到处撒胡椒面。要区分轻重缓急，集中有限的财力用于重点装备、重点部队和重点方向的建设上。从宏观上讲，一是确保生活，维护部队的高度稳定和集中统一；二是确保装备。从部队类别上讲，主要是海军、空军、陆军战备值班部队，应急机动作战部队和边海防值勤部队以及战略导弹部队。从部队工作内容上讲，就是教育训练。当前和今后一个时期，最要紧的是抓好部分高新技术武器装备的建设和适应高新技术战争人才的建设。

3. 优先发展海、空军。海军自近代以来就成为一个威力大、机动性强，具有全球干预能力的重要军种。在现代战争中，海军以往的优势有了更坚实的物质技术基础，其地位和作用更加突出和重要。而空军更成为作战行动中不可缺少的角色，独立的空中作战已可直接达到战略目的。近年来，各军事大国军事战略眼光都在扩展，已认识到未来战争争夺的重点不仅限于陆地，而且伸展到海洋和外层空间，这对加强海、空军提出新的要求，而且海、空军装备技术复杂，投资大、周期长，战时不易迅速扩展，需要平时建设。正因为如此，世界各国主要国家在加强军队现代化建设中都不断加大对海、空军建设的投入。1997年美国陆、海、空军的分配比例为1：1.37：1.204。我国实行的是积极防御的战略方针，由于军费不足和其他因素的影响，长期以来对海、空军的投入有限，大大影响海、空军现代化建设的进程，使之与发达国家海、空军之间的差距越拉越大。随着改革开放的深入和我国经济建设的迅猛发展，海、空军在捍卫祖国领土主权完整，完成祖国统一大业中，在加强国防现代化进程，在保卫改革开放成果中的地位和作用更加重要。因此，我国军费投向上应向海、空军倾斜，相对提高海、空军费用的比例，优先发展海、空军。

（二）军费结构的战略选择

现代管理科学认为，结构决定功能，不同的结构会产生不同的功能。因此，只有军费结构科学合理，才能使军费产生最佳的效益。优化结构的一个重要前提是周密计划军事需求。军事需求的动态性决定了军费结构的动态性。军费结构只有达到一定的技术构成才可能应付一定的防务压力。军队对技术的采用程度与采用的方式都由国家防务任务决定，而应付高技术战争实质提出了军费结构优化的导向。因此，必须顺应世界新军事革命的潮流，优化军费结构。

纵观各国军费开支，不外乎两种结构：一种是轻型结构，即人员生活费和其他维持费，在军费中占很大比例；另一种是重型结构，即武器装备、教育训练费和军事科研等发展费用占主要部分。一般认为，重型结构是军费结构的理想模式。我国军费目前基本上属于轻型结构。为了逐步过渡到重型结构模式，在确定军费结构时，军费的投向和重点应向武器装备采购和军事科研倾斜，特别要优化装备投入，提高高技术构成。

1. 在保障人员生活的前提下适当降低生活费的比例。随着世界军事技术进步和各国军队现代化步伐的加快，军费中的生活费呈现绝对值递增，相对值递减的趋势。在军费短缺的情况下，现行军费分配与结构往往首先保证生活，向人头费倾斜，这是以牺牲正常的军费分配与结构为代价，妨碍军队装备的现代化，是一种不正常、低效益的军费分配结构，也是军费总量不足的情况下，一种暂时的、过渡的军费分配模式。要实现军费分配结构的最优化，军费中生活费的比例应降到30%以下。在保障人员生活水平的前提下，要降低生活费的比例，无非有两条途径：一是适当增加军费总量，以保证生活费比例降低的情况下生活费总量不至减少；二是适当精简军队员额。在军费总额一定的情况下，生活费占军费比例的多少取决于两项因素：一个是军队总人数及人员结构，一个是生活水平。生活费水平是一个刚性因素，它只能向上浮动，不能向下移动。因此，随着国家职工收入的逐步提高，军队的收入水平应当逐步提高。军队总员额、各部门与部队，实行法定编制，发给各类物资。因此，为了保证生活费不降低，只能是逐步减少军队人数。当今世界随着冷战的结束，世界各国军费的减少和军队员额的缩减已成大势所趋。在高科技时代，衡量军力的基本尺度是质量而不是数量。如果说以往的战争是以人多势多和倾泻大量钢铁和弹药为基本特征的话，那么未来的战争将以高新技术的密集使用为特征，越来越突出地表现为科学技术的较量。武器装备日益向自动化、智能化、集约化方向发展，操纵武器装备所需要的人力较之过去大大减少。这一现实把军队质量标准大大提高了，把质量对抗在战争进程和结构中的地位大大提高了，而随着质量的提高，其数量将呈下降趋势。

2. 逐步增加装备费的比例。适应世界新军事革命的潮流和我国军事战略的要求，军费中装备费的比例应有一定幅度的增加。军队现代化基本标志是军队技术装备的现代化，随着科技的发展和武器装备价格的增长，装备费在军费构成中的比例逐步增加正成为必然的发展趋势，二战后世界各国装备费的增长率比军费增长率平均超过 4—5 倍。20 世纪 90 年代美国的武器装备采购费稳定在 35% 左右。从今后来看，我国军费中的装备费的比例也应提高到 35% 以上。

3. 适当增加军事科研费的比例。现代科学技术的发展，使现代工业的生产力成几何级数增长，而现代工业的发展，却使现有武器装备的使用价值和价值成几何级数下降。随着微中子技术、激光技术等高新技术的飞速发展，大批精确制导、远射程的新式武器不断问世。相形之下，落后的武器装备，其使用价值和价值就大幅度贬值。而且，从现代经济和军事发展的情况看，随着科学技术的发展，武器装备研制的周期相对延长，而从生产到贬值再到淘汰的周期在相对缩短。这种发展趋势要求增加军事科研费。从世界上多数国家军费中科研费所占比例来看，大致呈上升趋势。我国军费分配中也应集中力量有重点地加强新型武器装备的研制和研制手段的更新，优先发展高新技术条件下防卫作战所需的武器装备。

第三章
国防科技*

国防科技是用于国防领域的科学技术。它深深地植根于一般科学技术之中，与民用科学技术相互融合、相互渗透，甚至互相转化。科学技术是第一生产力，也是第一战斗力。科学技术的发展变革，会引起军队建设的一系列变革。现代战争从某种意义上讲，是交战双方科学技术实力的较量。

一、国防科技是第一战斗力

以国防科学技术为核心的科学技术，既是第一生产力，也是第一战斗力。

（一）科学技术是第一生产力

只有充分发挥科学技术的作用，才能加强经济作为战争基础的作用。科学技术对加强战争的经济基础的作用，可以通过多种形式表现出来。第一，科学技术可以提高劳动力的智力和体力，从而促

---

* 此章内容四个部分分别摘自：长征出版社1995年4月出版的《国民经济动员》一书；2003年9月26日《国防教育报》，原题目为《推进中国特色军事变革应着重把握的几个问题》；2003年7月第30期《瞭望》周刊，原题目为《新军事变革呼唤军队编制体制的更新》；《中国军事科学》杂志1997年第3期，原题为《军队质量建设的经济技术基础》。

进生产力的发展，加强战争的经济基础。劳动力是生产过程中的主体，他的智力和体力水平直接关系到生产力水平的高低。随着科学技术的发展，劳动力的智力在生产中的作用越来越大。据统计，西方发达国家的国防工业中，科学技术人员在全部从业人员的比重大大高于其他产业，而且还有继续增高的趋势。第二，科学技术可以改造和革新生产工具，改进劳动手段，从而提高劳动生产率，使生产迅速发展，经济水平不断提高。科学技术不断地使劳动工具发展衍化，从简单的手工工具到机械化工具，再从机械化工具发展到自动化工具。现代的数控机床、加工中心的工作效率，比过去的老式机床高许多倍。这既可以促进经济的发展，也可以大大加快经济动员的速度。第三，科学技术可以扩展劳动对象、改变劳动对象，从而发展生产力，促进经济发展。例如，随着科学技术的发展，石油变成了内燃机的燃料，推动社会经济的迅猛发展。石油不仅是动力燃料，而且是化工原料，可以制造炸药、橡胶、药品等许多产品。科学技术的发展，创造出了层出不穷的新型材料，使计算机从电子管形式，发展成为晶体管形式。化纤的出现，使人们的衣着原料来源，从田间扩展到工厂。第四，科学技术还促使人们改进经济管理水平，从而也促进社会生产力水平的极大提高。

（二）科学技术是第一战斗力

只有充分发挥科学技术的作用，才能提供先进的武器装备。现代战争由于越来越多地使用先进武器装备而出现了高技术化的趋势。纵观第二次世界大战以及此后规模较大的战争，如第四次中东战争、苏联入侵阿富汗战争、英阿马岛战争、两伊战争和海湾战争等一系列局部战争，都呈现出一些明显的特点：战争的现代化程度越来越高，突发性越来越强，战争强度越来越大，破坏力也越来越大。特别是1991年海湾战争，是技术含量最高的一场战争。交战双方尤其是以美国为首的多国部队，大量使用了高技术武器装备，把海湾战争变成武器和技术装备的试验场。这种高技术化战争对战争动员理论的发展产生了深刻的影响。其中最重要的一个影响是科学技术动员作为调动和提高战斗力的重要因素已被越来越多的国家和军队所认识。多国部队在海湾战争中所使用的高技术武器装备虽然主要来源于平时的储备，也有许多是通过战前动员和战争期间赶制出来的。例如通过动员补充数量相当多的电子计算机、激光印刷机和其他附属设备；为防备伊拉克化学武器而紧急动员军工企业赶制的数十万套防毒面具和防毒衣；有相当数量的新型作战飞机和主战坦克也是通过动员赶制出来的，特别是美国"爱国者"导弹，其中有很多是战时紧急动员军工企业加速生产而投入战场的，使美军为首的多国部队赢得了空袭主动权。这些事实表明，科学技术第一战斗力，是赢得战争主动权和胜利的重要手段。

（三）促进国防科学技术进步

在现代战争中，武器装备的对抗既是量的对抗，又是质的对抗。单纯依靠传统的一般的工业技术，不仅无法提供高技术武器装备，甚至难以弥补一般武器装备的高消耗。因此促进科学技术进步是具有战略意义的重要举措。根据我国科学技术发展的现状，促进国防科学技术的发展，应做好以下工作：

首先，不断深化科技体制改革，强化市场机制在推动工业技术进步方面的调节、引导作用。从而开辟和疏通科研为生产服务的渠道；缩短新技术的产业化周期；促进军事高技术向民用领域的扩散，由此强化科学技术在工业生产和动员准备中的先导作用。

其次，搞好高技术与传统技术的结合，逐步形成合理的工业技术结构。一方面，根据世界科技发展的总趋势，结合我国的国情、国力，有选择地研究、开发尖端技术，有重点地跟综国际科学技术的最新发展，力争在某些领域有所突破。另一方面，要集中主要科研力量，为传统工业部门特别是能源、原材料等短线工业部门的技术改造、技术更新服务。用新技术武装传统工业，彻底改变传统工业部门技术严重老化的状况。由此形成高、中、初级技术合理搭配、能发挥出最大效能、更加适应未来工业动员需要的技术结构。

再次，有选择地从国外引进适用的先进工业技术。在技术引进上要注意防止脱离国情、盲目求新的倾向，坚持先进与适用相结合的原则。要以引进软件为主，尽量减少成套硬件的引进，特别不要重复引进。要注意做好引进中的消化、吸收、创新工作。在引进软件和部分关键性硬件的基础上，组织国内科研、生产力量与之配套。这样一方面可以节约国家的外汇开支，另一方面也对国内的工业技术进步起到了牵拉作用，逐步形成开放的技术进步机制。

（四）加强国防科学技术储备

加强科学技术储备主要包括：科学技术成果储备，科研人才储备，科研设备储备，科技情报储备等若干方面。

科研技术成果储备。科研技术成果储备主要是指储备武器装备的设计方案、图纸等。所储备的成果主要是那些对未来战争很重要而在国家目前经济力不允许生产和装备部队的武器装备成果。邓小平同志于1978年8月1—2日听取七机部汇报时指出，武器装备要更新，方针是少而精。少是数量，精是一代代提高。所以，在武器发展方向上，要多研究、少生产、少装备、有重点的改善武器装备。少装备并不等于不研究，更重要的是要加强成果储备。国防科学技术储备，不仅要有高技术成果的储备，也要加强常规武器装备技术成果储备。世界各国都很重视各种层次军事技术的研究和储备，美军在这方面走在世界前列。在武器装备尖端技术方面，震撼全球的世界工程——美国"星球大战"（3DI）计划就是一个典型例子。美军在加强尖端武器装备研制的同时，也十分注重常规武器装备的研究。如在M113A3装甲车的基础上研制成功的新工兵车，具有机动性强、一车多能、设施完备、防护可靠等特点；研制的常规微波炸弹，按需要释放能量并提高对点状目标的杀伤能力；高初速小口径5.56毫米的 M16 自动步枪更是独树一帜。1990 年 7 月将 CI 系统等先进技术注入 MIAI 主战坦克，使其进攻能力提高 54%，防御能力也提高一倍。这些都值得我们学习和借鉴。

1. 科技人才储备。科学技术人员的数量和质量是构成科学技术动员能力的最基本因素。任何先进的科学技术和现代化的武器装备都是由人开发和掌握的，一个国家科技人员数量多、素质高，知识结构合理，就有利于实施科学技术动员，获得战争主动权的可能性就越大，如苏联 1989 年有各类科研机构 5000 余所，科学家和工程师 1553 万人，拥有强大的科学技术储备和动员能力。美国科学技术动员能力之强，是与其有一大批高质量的科技人才分不开的。我国 1991 年有各类科研机构 22591 个，科学家与工程师约达 135 万人，形成了门类齐全、行业配套的科研体系，为提高科学技术能力奠定了基础。科技人才储备，一是要有相当数量的科技人才，二是要不断地提高科技人员的业务水平。培养人才不只是大专院校的事情，也是全社会的事情，要养成一个"尊重知识、尊重人才"的社会风气。培养人才，一是要加强在职科技人才的培训，使之知识不断更新，适应经济建设和国防建设的需要；二是要培养专业人才，适应社会发展。

2. 科研设备储备。科研设备是科研活动得以正常进行和科技动员有效实施不可缺少的物质基础，科研设备储备不仅是科技储备的重要内容，而且在科技储备中占有重要地位。因此，必须重视科研设备储备。科研设备的储备应做到：第一，科研设备储备结构要合理。哪些设备必须储备，哪些设备不具备储备价值等，都必须经过广泛深入地调查、论证，使科研设备储备更科学，使之既能充分地实现其使用价值，又能得到价值补偿。第二，科研设备储备要适度。科研设备特别是一些大型关键设备的造价相当昂贵，如果把大量昂贵的科研设备束之高阁而不去发挥其作用，必然造成浪费，同时又影响科研活动的正常进行，如果科研设备储备量太少，又影响其动员效率，影响战争进程，甚至造成战争中的被动局面，因此，要确定好储备数量。第三，要做好储备的科研设备的质量检查、技术改进和更新工作。科研设备在储备过程中，因存在着有形磨损和无形磨损，所以，要及时进行质量跟踪，以保证科研设备的先进性。第四，选定先进的储备方式和管理手段，提高科研设备动员能力。

3. 科技情报储备。人们普遍认识到情报工作在现代战争中的作用，科技情报在科技动员中同样具有十分重要的作用。科技情报的积累和分析，不仅提供了敌方科技状况、动态、发展方向，也提供了武器装备发展的依据和科学技术动员时机选择的依据。因此，我们必须高度地重视科技情报的收集与积累，改善情报收集手段，畅通情报来源，并加强我方科学技术情况保密措施。

二、国防科技与军事变革

当前，我国的发展，我军的建设，进入了一个前所未有的战略机遇期。把握好这个战略机遇期，是每一个公民、每一个战士的职责和义务。积极推进中国特色军事变革，要做的事情很多。目前，我们应该着重把握好趋势、本质和特点。

（一）努力把握世界新军事变革的发展趋势

20世纪的最后20年，是思想大解放的20年，是科学技术迅猛发展的20年，是军事理论不断深化的20年。在科学技术和军事理论的双重推动下，军事领域的变革如火如荼，出现了令人惊叹的新趋势。

从作战能力来看，信息化武器装备将成为军队作战能力的关键因素。近十几年来，以信息技术为核心的高技术迅猛发展，它们大都首先应用于军事领域，使武器装备的信息化、智能化的程度越来越高。美国陆军的信息化装备已经占全部装备的50%，海、空军则占到70%左右。美国的"战斧"巡航导弹，在历次战争中都是打头阵、立头功。随着信息化程度的提高，其"任务规划时间"不断减少。在海湾战争中要花22个小时，科索沃战争中缩短为1小时50分钟，而伊拉克战争中只要10分钟。更加值得关注的是，具有不同杀伤机理的新概念武器，其研究取得不同程度的进展，例如电磁脉冲武器、激光武器等，往往具有亚核武器的破坏效果，将给人们的心灵和肉体以极大的摧残。

从作战样式来看，非接触作战、非线式作战、网络中心战将成为重要的作战样式。俄军事专家斯利普琴科根据现代战争的特点，提出了"非接触战争"理论，并将之称为继冷兵器时代的战争、火药时代的战争、线膛武器时代的战争、自动武器时代的战争、核时代的战争之后的"第六代战争"。远程精确打击武器的广泛运用，可以在人们的视野之外就解决战斗，根本用不着作战双方"照面"。过去作战时的"前沿突破""纵深推进"方式，已经为"远程打击""全纵深立体作战"所取代。

从编制体制来看，模块化、网络化将是基本的组织形式。军队组织形式的转变，既是军事技术发展、武器装备改进的必然要求，又是发挥武器装备性能、实施新的战略战术的保障。信息化时代的军队，将建成积木中的"模块"。统帅部可以根据不同的作战任务，抽调不同的"模块"组成作战集团。各模块之间则以网络的形式相联接，便于信息的快速流动和使用。

从对抗形式来看，体系与体系的对抗将成为战场对抗的基本特征。在信息化战争中，分散的武器平台很难发挥作用，必须以先进的信息化手段将部队和武器装备联接成作战体系。美国总统布什上台后，不断地根据战争需要调整军队的组织体制，加大美军"数字化"建设的步伐。在伊拉克战争中，"数字化师"的作战能力受到了检验。为了实现更高的目标，美国军事专家正力图将现有的海军、陆军、空军等各种力量，打乱重新组合成为三大力量子系统：作战空间预警子系统；指挥、控制、情报、通信、计算机子系统；精确使用作战手段子系统。

从战略重点来看，太空将成为国际军事竞争的战略制高点。未来战争中，作战空间不断地从陆地、海洋、天空向电磁和太空拓展。"天军"已经成为一个新的军种。美国正在逐步以太空中的卫星为基础，建立全球信息栅格（GIG）系统，将美国本土的指挥中心与作战前沿紧密地联系起来，进行远程实时指挥。这一系统的部分成果已经在伊拉克战争中小试锋芒。如果 GIG 系统全部应用成功，那么信息传播和控制就会达到"无所不在""无所不能"的地步。战场的每一个位置，地球的每一个角落，无不在信息网络的控制之下。更为重要的是，美国等国正着手在太空设置卫星平台，并在卫星平台上部署激光武器，对敌方的卫星、飞机等进行攻击。

（二）深刻认识中国特色军事变革的本质

面对世界新军事变革的挑战，我们唯一应对的办法就是积极推进中国特色的军事变革。而要积极推进中国特色军事变革，必须首先深刻认识中国特色军事变革的本质。对此，理论界和实际工作者都有一些看法。我认为，认识中国特色军事变革的本质应着重把握如下几个基本观点：

中国特色军事变革的战略目标是建设信息化军队，打赢信息化战争，走跨越式发展的道路，完成"机械化""信息化"双重历史任务。在 21 世纪前 20 年实现机械化并打牢信息化基础，2050 年前后建成信息化军队。如何建设信息化军队？要做到"三个必须"：第一，必须坚持信息化的主导地位。如果不坚持这个主导地位，我们的军队建设就没有方向。第二，必须以机械化和半机械化为基础。我军建设还处在机械化、半机械化阶段。如果不从我军的现状出发，不从我国的经济技术实力出发，我军的信息化建设就是空中楼阁。第三，必须坚持机械化和信息化的复合发展。既搞机械化，也搞信息化，以信息技术改造现有的机械化武器装备，提升武器装备的总体水平。

中国特色军事变革的战略任务，落实到当前，主要有四项：一是更新思想观念，创新军事理论，充实和完善新时期军事战略方针。历史经验表明，每次变革都伴随着新旧观念的磨擦和斗争，都经历了新旧观念的更替和发展。中国特色军事变革是一场前所未有的革命，不摆脱旧的观念的束缚，根本无法前进。二是制定国防和军队现代化发展战略，在国家整体发展战略的基础上，做出国防和军队发展的整体规划。三是调整和完善军队的编制体制，解决规模偏大、结构不太合理的问题。四是全面提高军队官兵的科学文化素质，建设好军队指挥员队伍、参谋队伍、科学家队伍、技术专家队伍、士官队伍等。

中国特色军事变革的根本保障，是大力加强和改进我军党的建设。中国特色军事变革，从一开始就是中国共产党的军事变革，就是中华人民共和国的军事变革。中国共产党的坚强领导，是中国特色军事变革的政治优势。

（三）突出军事变革的中国特色

积极推进中国特色军事变革，一定要体现中国特色。任何改革活动总是在一定的文化传统和社会背景中进行的，无不打上特定文化传统的烙印。瑞士、俄罗斯、美国、法国等国家的军队建设，都有自己不同的特点。中国特色军事变革，既要体现军事变革的一般规律，又要体现中国的民族特点。离开了民族的特色，就失去了根基。中国特色军事变革要吸取自孙子以来的军事文化遗产，要体现中国人民解放军的建军原则，要适应中国现存的物质技术基础和财政状况，要考虑中国国防现代化的现状等等。

第一，中国特色军事变革的战略目标，具有防御性的特点。不管国际风云如何变幻，中国始终不渝地奉行独立自主的和平外交政策,实施积极防御的军事战略方针。中国特色军事变革,目的在于提高信息化战争条件下的防卫作战能力,为国家经济建设和国家安全提供支撑,而不是搞盲目的军备竞赛。世界历史上,某些大国疯狂推行军备竞赛,结果是不仅害人,而且害己,教训极为深刻。

第二,中国特色军事变革的战略重点,具有选择性的特点。我国是发展中国家,经济技术基础较弱。在高新技术方面,与西方发达国家相比,有较大差距。人民的生活水平不高,国家财力还不充裕,用于国防和军队建设的资金有限。因此,军队信息化建设不可能遍地开花,只能有重点地加快发展夺取信息优势的战略手段,以数据链为突破口,优先发展综合电子信息系统,着眼未来太空争夺,大力加强太空力量建设。美国八年来的军队建设费用大约23600亿美元(不含战争费用),按汇率计算,相当于20万亿人民币。这显然是我国的国力所无法承受的。在有限的国防费用的前提下,我们只能有所为,有所不为。

第三,中国特色军事变革的发展模式,具有跨越式的特点。世界飞机发展经历了螺旋桨到喷汽式的过程,而新中国利用后发优势,越过了螺旋桨阶段,直接发展喷气式飞机。中国特色军事变革,可以利用后发优势,可以避免别人犯过的错误,借鉴别人成功的经验,在较高的起点上,加大信息化建设的力度,实现跨越式发展。我们不能等到物质条件完全成熟之后,再推行中国特色军事变革,而应创造条件、有重点地发展一些关键技术和关键装备,实现局部跃升。

第四,中国特色军事变革的发展道路,具有自主性特点。历史上,由于"制裁""禁运"而导致战争重大损失的不乏其例。英阿马岛战争中,阿根廷从法国进口的"飞鱼"导弹大出风头。但关键时刻,法国对阿禁运,使阿失去了战场主动权。我国是社会主义大国,我们在国际上不可能买来一流技术。靠买技术,永远受制于人。我们一定要独立自主,自主创新,自主发展。"自力更生"这本"经",永远要念下去。

把握世界新军事变革的大趋势,认识中国特色军事变革的本质,看清中国特色军事变革的特点，我们就能立于中国特色军事变革的潮头，做新时代的"弄潮儿"。

三、国防科技与军队编制体制

方兴未艾的新军事变革，正在世界各主要国家深入展开。旧的军队编制体制，与新军事技术和军事理论之间，不断地发生着激烈的碰撞。在新军事变革的驱使下，军队编制体制不断发生着或大或小、或快或慢的变化。这种变化主要表现在如下四个方面。

（一）部队编成一体化、模块化

在新军事变革中，信息化的战争形态，一体化的武器装备，非接触的作战样式，牵引部队编成不断地向模块化、一体化方向发展。

在信息化战争中，为了更好地发挥整体威力，根据作战需要，将各战斗部队、战斗支援部队和战斗保障部队编成高度合成、有机一体的作战单位。新军事变革中的武器装备不是单一技术支撑的装备，而是以某一种或某几种核心技术为支撑的技术群装备。比如，信息化改造后的航空母舰、导弹防御系统、电子战部队等，涉及到多类高新技术，对管理使用中的整体协调要求相当苛刻。部队编制必须适应新的要求，"以装定编"，形成"人机一体"的一体化编成。伊拉克战争中，美军第三机械化步兵师凭借空中火力优势和强大的信息支援能力，创造了日前进160千米的速度，得益于其一体化的作战编成。同时，它们遇到的后勤保障困难问题，也暴露了美军在一体化建设上还存在不足。

实施一体化的编成，要求军队内部的军兵种编配比例和人员编配比例实现最优化。战斗兵种、战斗保障兵种和后勤兵种的数量要合理，确保比例协调、组织合理、运转灵活、精干高效。部队编成一体化，从横向上看，由兵种一体化向军兵种一体化方向发展；从纵向上看，由师、旅级合成向营一级合成方向发展。伊拉克战争中美军进行的地面作战，基本上是以旅、营为作战单元实施突击任务，没有发生过师以上规模的战斗，这些部（分）队的一体化程度都比较高。

一体化是以模块化为前提的。新军事变革要求部队编成，像积木中的各个"模块"，以便搭建成多种多样的"图案"。在现代战争中，指挥员可针对不同的战场、不同的作战对象、不同的作战强度和不同的作战任务，抽组不同的模块进行编组。在进行模块化编组时，特别强调三点：一是各模块要具有开放性，为其他模块的接入预留接口；二是部队要实现数字化、标准化，确保各模块互通互联；三是要加强平时演练。美军将部队编成为作战指挥模块、战斗兵种模块、战斗支援兵种模块、战斗勤务兵种模块等，作为组合各类部队的基础。这种编组方式，在近几场局部战争中较好地实现了其作战意图。

部队编成模块化的另一面是部队的多能化。新军事变革中部队作战任务多样化与军队总体规模缩小之间的矛盾突出，要求部队多能化。山地作战、沙漠作战、登陆作战、海上作战、空中作战等，各种作战方式都可能出现。随着作战空间的拓展，还出现了心理战、太空战、计算机网络战等各种新的作战样式。同时，军事行动性质也有了新的变化，既有局部战争、小规模的武装冲突、特种作战等战斗行动，也有维和、缉毒、救援等非战斗行动。在这种情况下，不可能针对每一种作战任务都建设相应的部队，而是建设多能化的部队。武器装备的多能化也为扩展部队功能提供了基础。拥有多能化武器装备的信息化部队能够执行多种作战任务。如，装备了JSF联合攻击机的飞行联队，既能执行空中突击任务，也能执行防御任务，还可执行对地攻击任务。

（二）指挥体制网络化、实时化

可靠性、灵活性和高效性，是评价作战指挥体制优劣的基本因素。信息化时代的作战指挥体制，如何才能达到"三性"呢？网络化、实时化是唯一的途径。

信息化战争中，精确打击成为基本的打击方式，指挥机构成为敌方打击的首选目标。过去相对集中、固定的指挥系统，在信息化战场上的生存能力很低，作战指挥的稳定性受到挑战；敌对双方在进行激烈火力对抗的同时，重视组织指挥对抗和信息对抗，传统的军、师、旅、团、营、连的"链条"式逐级指挥系统，一旦"链条"断裂，指挥全盘受挫，作战指挥的可靠性受到挑战；联合作战客观上要求对参战诸军兵种实施联合指挥，过去那种彼此独立、互不隶属的指挥体制没有能力有效地指挥诸军兵种的联合作战。网络化指挥能很好地满足以上要求，并表现出极大的优越性。在网络化的指挥体制中，各级开设物理空间上相对分散的固定指挥所、机动指挥所、地下指挥所、空中指挥所等，指挥机构内部情报搜集、信息传递、指挥决策、战场控制等各个环节也成"节点"式设置，上下级之间、军兵种之间的指挥系统，系统内各机构、各部门之间，都处在指挥网络的各个节点上。如果某个节点遭到破坏，信息可以通过其他节点畅通无阻，大大增强了指挥系统的生存能力。美军正在试验的GIG（全球信息栅格），在不同的建制单位之间建立数字化通信联络，实现网络化指挥，可以大大提高指挥系统的生存能力和效率。

机械化战场上，军队指挥虽然也强调迅速，强调时间就是胜利，但由于军队的机动能力有限，打击距离近，精度不高，"及时指挥"大致可以满足要求。现代战争的战场情况瞬息万变，战机稍纵即逝。这就要求指挥员对部队进行"实时指挥"。信息技术的发展使实时指挥成为现实，指挥自动化系统为实时指挥提供了物质平台。随着新军事变革的发展，各种传感器、侦察监视系统，全方位、全时空的探测、监视、侦察战场情况，并将情报快速发送到作战指挥中心，前线数字化士兵可通过头盔上的微型摄像机和数字化通信设备实时地向上级、友邻报告和通报战场情况，智能化的辅助决策系统提高了信息处理能力和指挥决策速度，作战指挥体制实现了军队指挥与军队行动的同步。在伊拉克战争第二次"斩首行动"中，美军对位于巴格达城一个居民区的一栋房屋进行了精确轰炸，从获取情报、形成决策、下达指令，再到执行、完成任务，总共只用了 15 分钟，真正做到了"实时"。

（三）保障体制综合化、信息化

现代战争中，军队作战行动对装备技术和后勤物资保障的依赖性增大。保障体制呈现出综合化、信息化的趋势。

武器装备系统性、整体性的特点和战场一体化的发展趋势，要求保障体制综合化。这种综合化主要体现在以下两个方面。从保障组织的角度看，是保障部（分）队向综合化方向发展。随着新型武器装备的使用和新型部队的建立，保障任务的实施需要其它多种专业勤务的配合，这就需要组建综合化的保障部（分）队。这种综合化的保障力量是一种功能型的保障力量，根据保障对象要求，以主要功能为中心，其他有关功能相配套，对各专业力量进行模块化灵活编组，能够满足不同保障对象的要求。从保障方式的角度看，军兵种分散保障向综合保障的方向发展。新军事变革中的作战多是联合作战。对通用物资和通用勤务实行各军种分体保障，既浪费资源，又不便于协调。实施对通用物资和通用勤务联合保障、对专用物资和特种勤务军种保障的综合保障体制，能够避免在机构、职能、力量等方面的重叠，合理地配置保障资源，最大限度地提高保障效益。这里需要指出的是，保障综合化并不排斥专业化。新的综合化是建立在新的更高层次的专业化基础上的。

保障系统的信息化,是信息化时代军队建设的客观要求,也是综合化的物质基础和前提。在海湾战争中,美军保障部门向沙特前线运送了大量物资器材。可是战争结束后,没有动用的物资器材堆积如山,造成极大浪费。美军在战后总结教训时得出结论,要达到精确保障的目的,就要建立"数字化后勤"或"信息化后勤"。我军学者也提出了"可视化后勤"的类似理论。信息化保障能够对战争所需的保障力量、保障物资、保障能力进行精确计算,做到适量够用,准确投放,可以有效地提高保障效益,缓解需求与供给之间的矛盾。同时,信息化军队的机动性强,作战任务不固定,对保障依赖性大,保障必须做到全程、适时、适地、适量。为了达到这一目的,保障系统的信息、物资、器材、运输等保障要素,要进一步融合,保障力量、保障体制将围绕信息要素重组。因此,保障信息化成为军队信息化的有机组成部分。

(四) 军队规模小型化,结构合理化

纵观新军事变革以来各主要国军队的发展特点,军费规模在不断地增长,但军队总体规模在缩小,军兵种结构在调整,军队质量在不断加强,呈现出压缩规模、优化结构、提高质量的趋势。

随着高新科学技术的迅猛发展,高技术武器装备的发展和人员素质的不断提高,军队的整体作战能力大幅度提升。新军事变革条件下,养一支装备精良、精干高效的小型化部队,与养一支规模庞大、装备落后的军队相比,效能与费用比例更高。美军的数字化部队演习表明,数字化部队的战斗力比非数字化部队提高了三倍。部队的战斗力提高了,相应地总体规模就可以压缩。

一般来说,一国的富裕程度是相对的。军费的数量总是有限的,供给一般满足不了军队的需求。军费供给不足,是新军事变革中各国军队普遍遇到的难题。高技术武器装备的购置费和维修费成几何级数上升。一架普通的 F-15E 战斗机售价为 4300 多万美元,一架

F-22 战斗机的研制费用高达 22 亿美元，装备了信息化作战系统的航空母舰售价超过百亿美元。解决军费供需矛盾，把有限的军费花出最大的效益，最佳的思路是减少数量，提高质量，增强战斗力。军队建设由数量规模型向质量效益型、人力密集型向科技密集型转变，是世界主要国家军队发展的历史趋势。美军在越战期间兵力为 350 万人，海湾战争时为 200 万人，科索沃战争后为 150 万人。伊拉克战争后，美国又在琢磨军队规模压缩和结构优化。可以说是打一次仗，裁一次军，质量建设上一个台阶。当然，军队规模的缩小不是越小越好，应与国家的需要、经济上的承受力和军队自身的作战能力相适应。新军事变革对军队规模的要求是合理适度够用。

结构决定功能。信息化战场上，各类信息化的高技术武器装备在陆、海、空、天、电磁、心理等多维空间中发挥作用，要保证人员、装备、信息等各战斗力要素在整个作战行动中按照最佳的方式有序运行，必须具备科学合理的军兵种结构，具备最能体现信息化战争要求的指挥、作战、保障职能结构，具备精干高效、职能明确、关系顺畅、纵横一体的层次结构。

新军事变革中军队结构的优化，主要体现在种类的调整和比例的消长上。以信息技术为核心的高技术发展，带动武器装备的发展和战场空间的拓展，从而引起军兵种结构不断优化。一些技术含量低的、过时的兵种退出或即将退出历史舞台，而能够反映新军事变革特点，充分发挥高技术武器作用的新的军种和兵种应运而生。陆军的比例缩小，海军、空军的比例增大。军种内部，科技含量高的技术兵种和保障兵种在增多，一般兵种数量在减少。美国等发达国家的军队，已经出现了天军、电子战部队、心理战部队等新的兵种。有的理论家甚至提出了"超联合"的概念，要以力量和任务确定军队结构，淡化甚至清除军兵种的概念。在职能结构上，信息化武器装备和信息化军队对作战保障的要求更高，保障力量在整个军队中所占的比重加大。美陆军装甲师战斗人员只占总兵力的 35%，比十年前下降了五个百分点，战斗支援人员占 45%，上升了十个百分点，后勤装备保障人员占15%，上升了五个百分点。同时，在层次结构上，强调快速性和灵活性。所以，各国纷纷把建设重点放在快速反应部队上。

迎接世界新军事变革挑战，积极推进有中国特色的军事变革，历史地把我军的编制体制调整再一次推上了前台。江泽民同志曾经指出："从当前世界军事发展的动向看，我军编制体制不合理的问题也比较突出，编制体制的调整改革要继续积极稳妥地进行。"编制体制的调整要"朝着规模适度、结构合理、指挥灵便的方向努力"[①]。我们要根据中国的国情、军情，按照军事变革的一般规律，充分考虑到军事斗争准备与信息化建设的需要，借鉴世界新军事变革的经验，突出中国特色，按照缩小规模、优化结构、理顺关系、增强功能、完善法制的思路，努力改进机械化、半机械化军事形态的编制体制，逐步建立和完善信息化军事形态的编制体制，最终建立一支体制顺畅、编制合理、灵活机动、精干高效的现代化的人民军队，实现我军建设史上的历史性飞跃。

四、国防科技与军队质量建设

经济实力和科技实力是综合国力的两大支柱，也是军队质量建设的经济技术基础。我们党的三代领导核心历来十分重视军队质量建设，并强调加强军队质量建设，首先要加强经济技术基础，为军队质量建设提供必要的经济技术保障。深入学习和研究党的三代领导核心关于军队质量建设的经济技术基础的思想，对于进一步加强军队质量建设，具有极其重要的现实意义。

[①]《江泽民论有中国特色社会主义》，中央文献出版社2002年8月第1版，第458页。

（一）军队质量建设以经济技术为基础是一个带普遍性的规律

军队质量建设以国家的经济技术实力为基础，这是马克思主义的一个基本观点。党的三代领导核心继承和发展了马克思主义的这一基本观点，反复强调加强军队质量建设一定要首先加强经济技术基础，特别是在高科技飞速发展的今天，军队质量建设对经济技术的依赖性更大。没有强大的经济技术实力是不能从根本上加强军队质量建设的。

1. 经济实力是军队质量建设的经济基础。

国家经济的发展，是军队质量建设的基础，直接制约和影响军队质量建设的发展。早在革命战争年代，毛泽东就反复强调战争依赖于经济并受经济的制约。他明确提出了"兵贵精不贵多"这一重要的建军治军原则，把军队质量建设提到战略全局上，指出要下大力气打牢军队的经济基础，"把革命战争和经济建设的物质基础确切地建立起来"，"这是一个伟大的任务"。[①] 建国后，毛泽东反复强调军队现代化只有建立在国家整个工业以及农业发展的基础上才有可能。

20世纪70年代末80年代初，邓小平通过对世界形势和国际战略格局的正确判断，提出了军队建设指导思想要实现从"早打、大打、打核战争"的临战准备状态转到和平时期建设的轨道，为打赢未来的局部战争奠定经济技术基础。他反复强调，军队质量建设没有一定的经济基础不行，军队装备真正现代化，只有国民经济有了比较好的基础才有可能。江泽民同志也指出，在现代条件下，没有什么东西比军队建设和现代化战争更依赖于经济技术的发展。国防建设和军队建设必须以经济建设为依托，服从国家经济建设的大局。国民经济发展了，才能为国防现代化提供必要的物质技术基础。

---

① 《毛泽东选集》第1卷，人民出版社1951年版，第122页。

2. 科技实力是军队质量建设的技术基础。

武器装备现代化是军队质量建设的重要标志，而武器装备现代化的关键是科学技术现代化。由于武器装备实质上是各种科学技术成果的物化，武器装备的发展水平是整个科技水平的综合反映，所以要实现武器装备的现代化，从根本上加强军队质量建设，就必须首先发展科学技术。

抗日战争时期，毛泽东在分析中日双方力量对比时指出，敌以不及我数之兵力，而能节节深入者，除了我之政治原因外，我之技术落后是主要原因。他把提高军事技术，为实行反攻而准备实力作为全民族的一项任务。20世纪50年代，他又指出，我们现在进到建军的高级阶段，也就是进到掌握现代技术的阶段。因此对振兴国防科技事业十分重视，即使是在国民经济困难时期，也毅然做出了发展"两弹一星"等高精尖技术的重大决策。近20年来，科学技术的发展十分迅速，许多重大科学技术成果广泛应用于军事领域，使武器装备发生了革命性变化，军队质量建设也跨入一个新的阶段。邓小平同志指出："四个现代化，关键是科学技术的现代化。没有现代科学技术，就不可能建设现代国防。""不单是尖端武器，常规武器有科研问题，就是减轻战士身上带的东西的重量，同样也有科研问题。"[①] 因此，必须加强技术基础，增加武器装备中的技术含量，提高武器装备的技术性能与质量，使军队质量建设达到一个新的水平。江泽民同志特别强调科技在军队质量建设中的基础作用，明确指出科学技术是第一生产力，也是非常重要的战斗力。国家和军队的现代化，必须依靠科技进步。他一再强调，军队质量建设，"宝"一定要压在科学技术上。

3. 国防工业是军队质量建设物质手段的来源。

国防工业是国防经济体系中的重要组成部分，也是军队质量建设物质手段的来源。武器装备的质量直接关系到军队质量建设，而

---

① 《邓小平文选》(1975—1982年)，人民出版社1983年版，第82、83页。

武器装备的质量高低与国防工业直接相关。党的三代领导核心从军队质量建设和战备的高度，剖析了国防工业、军工生产的重要性。战争年代，毛泽东提出必须在后方建立军事工厂，提高制造能力，以有效地支援战争，提高部队的战斗力。建国初期，毛泽东敏锐地看到新式武器装备对战争样式及军队质量建设的重大影响，提出优先发展重工业，反复强调没有工业就没有国防。"文革"期间，由于政治、经济秩序混乱，国防工业一些行之有效的规章制度被废弛，生产的武器质量严重下降，从根本上影响军队质量建设。邓小平主持中央军委领导工作以后，立即把抓装备列入军事工作的重要议事日程，着手整顿军工企业，提出军工企业要坚持质量第一的原则。他指出，"讲质量就是讲真正的战斗力"，"军队的武器装备有问题，质量不行，要死人的，这是决定战争命运的问题"。根据邓小平的指示，国防工业着手进行调整和改革，逐步建立一套适合中国国情、军民结合的国防工业体制，恢复和建立了一些行之有效的规章制度，生产出许多处于世界领先水平的尖端武器装备。军品质量从总体上有很大提高，从而为武器装备现代化创造了条件，为军队质量建设奠定了基础。

经过几十年的努力，我军的武器装备虽然比过去有很大发展，但与世界发达国家相比，还有很大的差距，这就决定了发展武器装备的任务非常紧迫。为加快发展武器装备，江泽民同志提出要把国防工业摆到突出位置，抓住机遇，加快发展。他指出，中国国防工业虽然总体水平不高，但还是有一定基础的，只要瞄准点正确，政策对头，经过一段时间努力，还是能有所作为的。

4. 高技术人才是实现军队质量建设的决定因素。

军队质量建设，关键在人才。高技术人才既是军队质量建设的重要内容，又是实现军队质量建设的决定因素。毛泽东历来把人的因素视为战争胜负的决定因素，把人才看作是军队质量建设之本，而且十分看重通过提高技术，培养技术人才来充分发挥武器装备的最大效能。

邓小平在科学总结军队质量建设经验的基础上，提出要加强军队质量建设，必须首先加强高技术人才的培养，明确指出："靠空讲，不能实现现代化，必须有知识，有人才。没有知识，没有人才，怎么上得去。""要看到我们各级干部指挥现代化战争的能力都很不够，不要把自己的眼睛蒙住了。承认我们哪些方面有缺点，哪些方面还不足，这就是解决问题的起点，克服弱点，克服缺点的起点。""要承认我军打现代化战争的能力不够。要承认我军的人数虽然多，但素质比较差。"[①] 因此，要打牢军队质量建设的基础，要提高军队的战斗力，就要认认真真．扎扎实实地提高干部战士的科技素质，大力培养高技术人才。

江泽民同志十分重视高素质的军事人才在军队质量建设中的地位和作用。他指出，高技术武器装备的运用，并没有改变战争的基本规律，人仍然是战争胜负的决定性因素。高技术战争仍然靠人来指挥，再先进的指挥自动化系统也不能代替人的创造思维。高技术武器装备仍然靠人来掌握，技术越复杂，对人的素质要求就越高。高技术战争归根到底是人的综合素质的较量，因此必须培养大批高技术人才。

（二）新时期军队质量建设经济技术基础的特点

军队质量建设以经济技术为基础，这是一个普遍规律。但在新的历史时期，军队质量建设的经济技术基础又具有不同的特点。

1. 适应现代高技术战争的要求，军队质量建设的经济技术基础结构逐渐高技术化。

现代高技术战争，对武器装备技术水平的要求越来越高，从而对经济技术基础的要求也越来越高。邓小平指出我们不是唯武器论者，但也不能不正视当今世界新技术战争对武器装备水平要求日益

[①] 《邓小平文选》（1975—1982年），人民出版社1983年版，第37—38页。

提高这一客观事实。江泽民同志根据现代战争的特点、现代国防科学技术和国防工业发展的趋势，郑重指出在现代战争条件下，国家的防御能力和军队的作战生存能力比以往任何时候都依赖于科学技术和现代工业。这说明，军队的质量建设不仅在更大程度上依赖于经济技术基础，而且对经济技术基础结构的要求也越来越高。

在信息技术飞速发展、武器装备不断更新的时代，要保证军队的质量建设，必须努力在国防高科技领域占有一席之地。邓小平指出："发展高科技，我们还是要多花点钱，该花的就要花。""在高科技方面，我们要开步走，不然就赶不上，越到后来越赶不上，而且要花更多的钱，所以从现在起就要开始搞。"[①] 江泽民同志也指出，在国防高科技领域，我们要重视研究开发一些关键技术。掌握这些关键技术，是实现我国新时期军事战略的需要，也是国防现代化建设的需要。

随着科技的迅速发展，研制生产现代武器装备，不仅技术越来越复杂，而且耗资成倍增加。因此，加快高技术工业的发展，必须突出重点，优化经济技术基础结构。1978年，邓小平针对武器装备建设中存在的"太大、太多、太宽"的问题，明确指出"更新武器装备的方针是少而精，少是数量，精是一代代提高，量不要求大，有吓人的力量"[②]。他一再强调，抓科研也要抓重点，集中力量打歼灭战，把技术力量转到急需的方面上来，要精选几件必须办的，一步一步地来，项目不能太宽，花钱要适当，花在点子上。江泽民同志特别强调国防科技工业发展要结合国情，要有所赶，有所不赶。对于高技术的研究一定要集中人力、物力和财力，争取早见成效，力争研制出具有明显遏制效果的尖端武器装备，掌握几手制敌的"杀手锏"。要对重点装备在人财物等方面给予重点保障，同时下决心取消技术水平落后，在未来战争中作用不大的研制项目。

[①]《邓小平文选》第3卷，人民出版社1993年版，第183—184页。
[②]《邓小平关于新时期军队建设论述选编》，国防大学出版社1998年版，第140页。

2. 适应社会主义市场经济的要求，军队质量建设的经济技术基础要形成灵活的运行机制。

1984年，邓小平指出国防经济体制的改革，现在已经提到日程上来。他要求各个科学研究部门和国防工业部门，改变过去纯指令性计划的体制，适应社会主义市场经济的要求，与军队的装备采购部门建立军品"订货"关系。这种订货关系，可以在一定程度上引入竞争机制，哪个研制单位的质量好成本低，军队就订哪个单位的货。

随着社会主义市场经济的发展和逐步完善，军队质量建设的经济技术基础如何适应市场经济的问题更加突出。因此，江泽民同志要求以按照发展社会主义市场经济的要求，坚持平战结合，军民结合，建立和完善国防科技工业运行机制。

3. 适应和平时期经济建设的要求，军队质量建设的经济技术基础要提高军民兼容度。

在和平时期，国家不可能拿出过多的钱来发展军队质量建设的经济技术基础，但又必须保持军队质量建设的经济技术基础的先进性和可靠性。解决这一问题的关键就是提高军民兼容度，建立军民结合型的国防经济技术基础。军民兼容是党的三代领导核心一贯的战略思想。早在20世纪50年代毛泽东就多次谈到在生产上要注重军民两用，学会能军能民，两套本事，两种技术，平时为民用生产，一旦有事就可以把民用转为军用。党的十一届三中全会以后邓小平根据形势的变化进一步丰富和发展了军民结合的思想，提出"军民结合、平战结合、军品优先、以民养军"的十六方针。江泽民同志在党的十四届五中全会上明确指出："提高军民兼容程度，增强平战转换能力，走出一条符合我国国情并反映时代特征的国防现代化建设道路。"这充分说明高度的军民兼容是新时期经济技术基础建设的突出特点。

（三）加强军队质量建设经济技术基础的主要途径

党的三代领导核心不仅全面深入地阐述了军队质量建设的经济技术基础，而且提出了加强军队质量建设的经济技术基础的途径，概括起来，主要有以下几个方面：

1. 加强军队质量建设的经济技术基础，要服从国家经济建设大局。

毛泽东从经济是战争物质力量的源泉的思想出发，认为要保障革命战争的物资供给，必须大力发展经济并具体提出了"发展经济，保障供给"的方针。毛泽东提出的关于军队建设要服从于经济建设，把军队建设和发展建立在经济发展基础上的原则，指明了在经济不发达的中国加强军队质量建设的经济技术基础的根本途径。邓小平结合当代国际形势特点、中国现阶段的主要矛盾和党的基本路线、军队建设的历史经验和现实需要，提出新时期"军队建设必须服从服务于国家经济建设大局"这一科学论断，指出要充分利用短时间内大仗打不起来的和平环境集中力量把经济搞上去，为军队质量建设奠定坚实的物质基础。江泽民同志在党的十四届五中全会闭幕时的讲话中指出，军队建设必须以经济建设为依托服从国家经济建设大局，这是新时期军队质量建设的一条重要原则。军队要考虑当前国家承受能力，体谅国家的困难，服从国家经济建设大局。只有把经济建设搞上去，才有更多财力和物力来充实国防。

2. 国家应在经济发展的基础上支持军队质量建设。

军队质量建设要服从并服务于国家经济建设大局，同时国家也应该从各方面支持军队建设，为军队质量建设提供必要的物质基础。党的三代领导核心都强调党、国家和人民要关心和支持军队建设。毛泽东指出，在以经济为中心任务的同时，在经济许可的范围内，必须重视和适当加强军队质量建设。建国初期毛泽东就提出了"一手抓经济一手抓国防"的方针，明确指出："中国必须建立强大的国防军，必须建立强大的经济力量，这是两件大事。"他把军队建设看作是保卫国家主权独立、领土完整和经济建设正常进行的主要保障。因此，在当时国家经济困难的情况下，仍然拿出大量的财力和物力保障军队建设的基本需要。邓小平也指出，必须随着国民经济的发展和国力的增强，不断提高武器装备的现代化水平，决不能把军队质量建设放在可有可无的位置上，或是等经济建设搞好了再去抓军队质量建设。

在这个问题上，江泽民同志的态度也十分明确。他指出只有加强军队建设，才能有国家安全，才能创造稳定的政治和社会环境，争取有利的国际环境，国家经济建设才能得到顺利发展。因此，军队建设必须放在国家适当的位置上。他历来主张军队要"吃皇粮"，提出党和国家要为军队建设提供必要的物质条件。"国防费也要在生产发展的基础上逐年有所增加，使部队武器装备和生活条件逐步得到改善。"中央和各地区、各部门要根据需要和可能支持和加强军队质量建设。

3. 加强军队质量建设要充分挖掘现有经济技术的潜力。

党的三代领导核心要求军队在国家经济条件不能满足军队建设需要的情况下，把着眼点放在挖掘军队内部潜力上。在现有国力下加强军队质量建设的经济技术基础。邓小平指出："钱就这么多，怎么花是个学问。要好好研究，精打细算，方针要对头，办法要对头，弄得好一些，就可以在现有国力下加速改进武器装备。"江泽民同志也指出，现在军费不多，但需要管理好、使用好，提高效益。

一是军队要消肿。邓小平明确指出：军队人员过多，妨碍武器装备的现代化。减少军队人员，把省下来的钱用于更新装备这是我们的方针。部队臃肿既不利于国家经济建设，又要影响部队战斗力的提高。搞四个现代化也好，把军队搞精干提高战斗力也好，都要消肿……在目前国家经济还不算宽裕、军费不可能有大的增加的情况下，下决心压缩军队员额，挤出经费发展武器装备，这是一项加强军队建设的经济技术基础的战略措施。

二是把有限的军费真正用到加强战斗力上。在国家经济实力还不雄厚国家，对军队的投资不可能大幅度增加的情况下，必须把着眼点放在提高效益上，把有限的军费真正用到加强战斗力上。邓小平指出：军队要考虑的，不是增加军费预算在国家财政开支中的比重的问题，而是在这个已定比例的范围内，怎么用好这个钱，用得更好，用得更合理，真正用在加强战斗力上。

三是艰苦奋斗、勤俭建军。艰苦奋斗、勤俭建军是我军的光荣传统，也是加强军队质量建设的经济技术基础的一条重要原则。江泽民同志指出，我们党和军队是靠艰苦奋斗起家的也是靠艰苦奋斗不断发展壮大的。军队在新时期一定要过紧日子，要勤俭建军、勤俭办一切事业。

4. 自力更生为主积极开展对外交流与合作。

独立自主、自力更生是军队建设的一条重要方针，也是加强军队质量建设的经济技术基础的根本原则。建国之初毛泽东就提出"艰苦奋斗、自力更生"的方针，依靠自己的力量，研制高精尖技术和武器装备，建立门类比较齐全的具有相当规模和水平的国防科技工业体系。邓小平明确指出："独立自主自力更生无论过去、现在和将来都是我们的立足点。""我们要立足自己搞科学研究、自己搞设计。"江泽民同志也指出，我们不能花钱买一个现代化，特别是在军工方面不可能买一个现代化。我们这么大的一个国家，国民经济必须建立在自力更生的基础上，特别是军工和一些关键性的技术，没有人会卖给你。

独立自主不是闭关自守，自力更生不是盲目排外。在经济基础薄弱、科技落后的条件下，外国援助将会促进科技发展，并为自力更生创造更有利的条件。毛泽东非常重视引进国外先进军事装备和技术。邓小平也十分注重向国外学习科学技术，并适当引进一些先进的军事技术和武器装备。他指出，主要依靠自力更生，同时不放松外援之争取才是正确的道路。要加强军队现代化建设，不开放不行，不加强国际交往不行，不引进发达国家的先进经验、先进科学技术成果和资金不行。对如何利用外援，邓小平提出一系列原则：要把引进外国的新技术作为起点，主要是引进尖端技术和先进武器装备；引进的方法和形式可以多种多样，引进产品要考虑周到，要配套、搞全，要同技术制造的资料结合起来；引进武器装备要与吸收、消化和我们的创造相结合。

5. 造就一大批国防高科技人才。

培养和造就国防高科技人才是加强军队质量建设经济技术基础的又一项战略举措。邓小平把造就一支又红又专的国防科技队伍，作为摆在我们面前的一个严重任务，提出要尊重知识、尊重人才，敢于破格、不拘一格选人才，特别是注意培养一批年轻的有发展前途的科技人员，要为国防高科技人才创造比较好的条件，要改革科技人员管理制度，要解决用非所学、学非所用、用非所长等问题，要建立竞争机制，要建立健全科研成果奖励制度，等等。

第四章
军品生产*

军品生产是生产军事消费品的生产活动，其中主要是武器装备的生产活动。它在社会再生产活动中有着重要的地位。

一、工业布局的国防原则

军品生产与整个国家工业的发展和布局紧密相联。工业布局是生产力布局的一个部分。生产力布局包括农业布局、交通运输业布局等各个部分。在现代战争中，对军队来说，工业有着特别重要的意义。几乎所有的军需品都直接来自工业生产。为了简明起见，在此我们着重分析工业布局问题。其他的如农业和交通运输业等，就原则来说，大同小异。

新中国建立以来，我们逐步克服了旧中国工业布局的极端不平衡性、工业结构的片面性、工业基础的脆弱性，基本上建立了一个新兴的社会主义的工业体系。为我国今后的经济建设和国防建设的发展打下了良好基础，也积累了许多关于工业布局方面的经验。

---

* 本章内容前五部分摘自湖南人民出版社1986年11月出版的《国防经济学概论》一书。该书由时任国防大学校长的张震将军作序，由著名经济学家于光远题词。《中国图书评论》杂志1987年第四期、《解放军报》1988年3月13日等报刊均发表评论，称该书为新中国第一本正式出版的国防经济学专著，填补了该研究领域的空白。第六部分摘自国防大学出版社2004年出版的论文集，原名为《邓小平国防科技工业调整的理论和实践》。

（一）工业布局的经济原则

工业布局首先要考虑客观经济规律的要求。也就是说，在一定的自然、地理、经济、社会等条件下，工业怎样布局才能取得最大的经济效果。要做到着一点很不容易，至少需要考虑如下几个方面：

第一，工业企业尽可能均衡地分布于全国各地区，以便在全国范围内发挥工业的主导作用，促进各地区经济的普遍发展。充分开发和利用一切地区的物力资源和劳动力资源。

第二，工业企业尽可能的接近原料、燃料产地和市场，以便充分的利用自然资源，缩短原料、燃料和产品的运输距离。有利提高劳动生产率，降低产品成本，提高经济效益。

第三，工业企业尽可能做到生产专业化，搞好企业之间的分工协作，搞好产品之间的成龙配套。充分搞好企业的电能、热能、原材料的综合利用。防止"大而全""小而全"的"全能"企业，防止企业之间互不衔接、互相牵制。只有这样，才做到用尽可能少的原料、燃料、劳动力，生产出更多的符合社会需要的产品。

第四，评价企业的经济效果，有一系列指标，有各种不同的计算方法。有单项的，也有综合的；有企业和部门的，也有社会的；有近期的，也有远期的。而我们评价工业布局的经济效果，第一位是要看综合的、社会的和长远的经济效果。也就是平时所说的"顾大局、算大账"。

（二）工业布局的国防原则

工业布局不仅要遵循经济规律的要求，而且要考虑国防安全，遵循国防原则。这是人类用鲜血换来的经验。第二次世界大战中，尽管苏联最高统帅部对德国法西斯的侵略有一定认识，建立了乌拉尔工业基地。但准备仍很不足。工业布局西重东轻，特别是生产钢材、有色金属、武器装备的大型重工业企业，大部分集中在西部地区。战争一开始，这些重要企业，有的被迫仓促东迁，有的来不及东迁就落入敌手。结果给苏联的国民经济带来极其惨重的损失。1941年的6—11月，苏联工业总产值减少了52%。1941年12月的轧钢产量比6月减少了68%，有色金属轧材减少了99.77%，滚珠轴承减少了95%。① 生产的急剧下降，给战争的物资保证带来了极大的困难。

陈云同志总结了历史上工业布局的经验之后指出："有些同志愿意把工业企业集中建设在现有的一些大中城市。他们的理由是，这样可以速度快、投资少。我们认为，企业的布点，应该接近原料、燃料产地和消费地区，以便能够用尽可能少的投资获得最大限度的经济效果。当然，也要考虑到国防安全的要求"。② 所以，在进行工业布局时，要把经济原则与国防原则结合起来。遵循工业布局的国防原则主要应考虑如下几点：

第一，有利于建立一个独立的完整的工业体系。在党的第八次代表大会上，曾提出了把我国"建成一个基本上完整的工业体系"的经济建设方针。周恩来同志后来在说明这一方针时指出："我们的工业化，就是要自己有一个独立的完整的工业体系。任何一个国家建设社会主义总要有一点独立能力，更不用说像我们这样一个大国。太小的国家，原料很缺，不可能不靠旁的国家。而我们这样的大国，就必须建立自己的完整的工业体系，不然一旦风吹草动，没有任何一个国家能够支援我们完全解决问题。"③ 这一方针，从长远来看，既有利于提高经济效益，又有利于巩固国防。在国内进行工业配套，运输距离短，调整比较容易，不受世界市场的价格、政治风云等因素的影响，生产不易因外来因素所打断。因此，从长远和整体来看，

---

① 沃兹涅先斯基：《苏联卫国战争期间的军事经济》，国家政治出版社1948年版，第27页。
② 《陈云同志文稿选编》（1956—1962年），人民出版社1981年版，第89页。
③ 《周恩来选集》（下卷），人民出版社1984年版，第232页。

建立独立完整的工业体系，有利于提高经济效益。更重要的是，独立的完整的工业体系，是巩固国防的基础。

第二，有利于在战时保护和发展工业生产能力。战争中要消耗大量武器、弹药、燃料、食品等军用物资。它们主要靠工业来提供。据统计，平均一个士兵一昼夜的物资、技术器材的消耗量，在第一次世界大战时是6千克，第二次世界大战时是20千克。苏联在卫国战争期间，仅弹药消耗就高达1000余万吨。第四次中东战争，只打了18天，双方的物资消耗就高达100亿美元，并用掉了大部分战略储备。目前，一个陆军师（教学编制）进行一分钟的火力射击，各种武器弹药量达65吨，一个摩托化师则达125吨。从经济决定战争的角度来看，能不能保障战争取得最后胜利，很重要的一点是工业能不能提供足够的军用物资，以保障军队作战的需要。现代战争的物资消耗量那么大，对工业生产提出了很高的要求。所以，保护和发展工业生产能力是一个民族生死攸关的大问题。如果在未来战争中，连企业本身的生存都保证不了的话，那么，也就无法谈及产品的数量和质量，更谈不上经济效益的问题了。

因此，从原则上讲，国家的工业布局要做到均衡、多点，防止过于集中。以免敌人进攻时很轻易的使我们的工业陷入瘫痪。特别是生产武器装备的骨干企业，尽可能离开第一线，向纵深发展，加强战略后方。有人认为，现代条件下的核战争，工业企业无论布局在什么地方，都逃不脱战略核导弹的攻击。所以，工业布局不应考虑战略纵深问题。实际上，即使是核战争，也有战略纵深问题。因为被攻击目标距离敌人越远，敌方导弹的命中精度就越低，我们反击敌人战略导弹的时间也越长，击毁敌人导弹的概率就越大。更何况核大战并不是唯一的战争样式，有较大可能的毕竟还是常规战争。如果重要工业企业靠近前沿，还有可能来不及毁掉就被敌人所利用。当然，我们讲防止集中，不是主张过去那种"山、散、洞"的形式。因为"山、散、洞"的布局，往往难以形成较好的生产能力，并不一定符合战备要求。

第三，有利于工业的战争动员。军用物资，特别是武器装备，在战时与平时的需求量相差极为悬殊。现代武器装备更新的周期越来越短，国家对战略物资的储备是有限度的。因此，一经国家最高决策机关判明国家将受到敌人的大规模的进攻，就应立即进行某种形式（秘密、公开；局部、全国）的战争动员。在工业中及时进行战争动员，是保障战争取得胜利的重要一环。现代战争的特点之一，是战争初期的时限较短，对战争结局的影响作用增大。因此，工业动员必须尽可能在最短的时间内转入战时生产体制。否则就会像苏联卫国战争初期那样吃大亏。要使工业动员快速及时，一开始就要从工业的布局上考虑这个问题。

工业布局有利于战争动员，这包含相互联系的三层意思：（1）完成动员的时间要短。时间过长，生产损失太大，影响支援前线。（2）尽量做到有条不紊，以保持和发展企业的生产能力。如果东抓一把西抓一把，顾此失彼，就会造成要么原料燃料不足，大量窝工，形不成生产能力；要么产品不配套，半成品堆积在仓库中，不能保证前方的物资供应。（3）尽量减少战争动员中的经济损失。动员过程中，从生产民品转入生产军品，一般会造成一些经济损失，如有设备闲置，有些原材料一时用不上，造成资金积压，有些熟练工人变成非熟练工人等。因此，要有利于战争动员，就应该在工业布局时，科学安排企业的产品种类、生产工艺、原材料供应等事项。使民品和军品尽量有机的结合起来。

在社会主义条件下，工业布局的经济原则和国防原则是矛盾的统一。从根本上来说，它们是一致的，都是为了国家的兴旺富强，民族的繁荣昌盛。但它们也有矛盾的一面，主要表现在遵循国防原则时，有时会影响经济效益。除了经济原则和国防原则之外，工业布局还要考虑政治因素，例如为了搞好民族团结，促进少数民族地区工业的发展，即使是经济效益差些，也要在这些地区布点。因此，工业布局，必须站在整个国家利益的高度，从全局出发，系统分析各种因素，反复比较各种方案，从中选出兼顾各种因素的最优方案。

(三) 搞好工业布局必须正确处理好几个关系

工业布局问题极其复杂，各方面互相牵制，需要处理的关系很多。其中最主要的是应该处理好下面几个关系：

第一，正确处理各经济地区之间的关系。毛泽东同志1956年4月在《论十大关系》中就提出了沿海和内地的关系问题。在一定程度上，这也是国防经济学所要研究的关于如何建立战略纵深的问题。我国过去的基本建设投资，沿海与内地的比例，1952—1978年平均是0.74:1。其中，"一五"时期是0.87:1，"二五"时期是0.79:1，"三五"时期是0.46:1，"四五"时期是0.74:1。总的说来，由于内地的工业基础比较薄弱，基本建设投资多一些是应该的。但是"三五"时期，内地投资有些偏大，造成了一些不必要的浪费。

在处理沿海与内地的关系时，要考虑各种因素。内地自然资源比较丰富，工业基础比较薄弱，又是战略后方，所以积极发展内地工业是必要的。沿海地区工业技术力量雄厚，基础设施一般较好，交通电讯比较发达，便于对外贸易。所以充分利用和合理发展沿海工业，也是必要的。这二者可以互相支援，互相促进。毛泽东同志说："新的工业大部分应当摆在内地，使工业布局逐步平衡，并且利于战备，这是毫无疑义的。但是沿海也可以建立一些新的厂矿，有些也可以是大型的。至于沿海原有的轻重工业的扩建和改建，过去已经做了一些，以后还要大大发展。好好地利用和发展沿海的工业老底子，可以使我们更有力量来发展和支持内地工业。如果采取消极态度，就会妨碍内地工业迅速的发展。"[①] 因此，在进行工业总体布局时，不能片面强调某一方面，忽视另一方面。

经过几十年的建设和发展，我国经济分布在当前客观上存在着东、中、西部三个经济地带，并且在发展上呈现出由东向西推进的

---

① 《毛泽东选集》第五卷，人民出版社1977年版，第270—271页。

客观趋势。因此,《中共中央关于制定国民经济和社会发展第七个五年计划的建议》确定了这样的方针:"正确处理我国东部、中部、西部三个经济地带的关系,充分发挥它们各自的优势和发展它们相互间的横向经济联系,逐步建立以大城市为中心的、不同层次、规模不等、各有特色的经济区网络。"三大经济地带各有优势,又各有不足。我们必须把各地区的发展很好的结合起来,使它们能够互相支持,互相促进,使全国经济振兴,人民共同富裕。把经济原则和国防原则结合起来,防止过去片面强调某一方面的倾向。

　　第二,正确处理集中和分散的关系。工业企业如果过多的集中在大城市,虽然对于企业本身来说可以节省一些社会设施的投资,但对大城市来说,则增加了土地占用、副食供应、入托上学、交通运输、环境保护等各种负担。城市过于臃肿,对城市的发展和战备不利。工业过于分散,又会过多地增加企业的基本建设、交通运输费用,增加产品成本,给生产和生活带来诸多不便。所以,工业布局应当贯彻"相对集中和适当分散"相结合的原则。适当分散,就是一般不在大城市中新建大型企业,特别是消耗能源、原材料多的钢铁、水泥、化工等大型企业。而把它们分散到原料产地去。大城市集中力量发展那些原材料、燃料消耗少的、知识技术密集型的企业。这样有利于战备,也有利于城市建设。

　　相对集中,就是对于内地的一些分散的小企业,按照专业化分工的原则,扩大厂际协作,使产品成龙配套。对于"大三线"中的一些国防企业,则以较大的骨干企业为中心,建立小城镇,组织社会服务,与当地居民一起发展工农业生产。对于少数没有发展前途、厂址存在严重问题的国防企业,需要在国家的统一规划下,分别采取转产、合并、迁移等措施,进行企业布局调整。以便充分发挥人力和设备的作用。总之,处理集中和分散的关系,要根据各种不同的实际情况,按照有利生产、方便生活、保护环境、考虑国防安全的原则,确定城镇和工业基地的规模和布局,以利于经济的发展和国防建设。

第三，正确处理军品生产力和民品生产力的关系。在和平时期，军品需求量少，军工企业必须在保证军品生产的前提下，大力发展工艺相近的民品生产。民用企业也要考虑，如果一旦打起仗来，如何为战争第一线服务，为民族的生存发展服务。要做到这一点，必须从建厂开始就考虑生产力的配置问题。从宏观角度来说，有军品生产基地与非军品生产基地的布局问题。它们之间要能相互协调，才能充分发挥生产能力，提高经济效益。否则就会互相牵制，造成生产能力的浪费。例如，在军品生产基地布局时，不仅要考虑它的安全，而且要考虑它投入产出的平衡，即要使它的投入有来源，其产品有出路，并且运输距离越近越好。在企业内部军品与民品布局时，要使二者的工艺尽量接近，可以互补。如果工艺完全不同，则易造成生产能力的闲置。

总之，工业布局要处理的关系很多。其中最主要的是经济效益和国防安全的问题。这二者必须兼顾。但在不同的历史条件下，强调的侧重点会有所不同。在和平时期，在国际形势较缓和时期，一般考虑经济效益多一些；在战争时期，在国际形势较紧张时期，一般考虑国防安全要多一些。

二、军品生产是特殊商品生产

（一）军品生产的含义

按照马克思的社会再生产理论，社会产品按其最终用途，可以划分为生产资料和消费资料两大类。相应地，生产部门可以划分为生产生产资料的第 I 部类和生产消费资料的第 II 部类。从军事活动的角度，我们需要把社会产品分为"军用品"和"民用品"，简称"军品"和"民品"。相应地，生产军品的生产就是军品生产，生产民品的生产就是民品生产。

在社会再生产中，怎样划出军品生产的范围或界限呢？按照企业所属的部门来划分，或按照产品的自然形态来划分都是不大可能的。因为如果按照企业所属的部门来划分，其困难在于：和平时期很多军工企业生产民品，而有些民用企业往往又生产军品。在战争时期则会有很多民用企业生产军品。如果按产品的自然形态来划分，其困难在于：有些产品既能供民用，也能供军用，如汽车、汽油等等。因此，划分军品和民品的界限，只能是按其最终的用途。柴油用于军队开坦克，它就是军品；用于开拖拉机耕地，它就是民品。

不过，问题并不那么简单。因为军品的产出，有一系列中间环节，应从哪个环节划分界限呢？有一种观点认为，军品不仅包括武器装备和军人的个人消费品，而且还应包括生产军品的生产资料和工人的个人消费资料。这种看法有一定的道理。因为没有生产资料的消费和工人的个人消费，武器装备是生产不出来的。因此，从广义的角度来理解，军品包括：（1）武器装备和军事设施；（2）军人的个人消费品；（3）生产军品的生产资料；（4）生产军品的工人的个人消费资料。相应地，军品生产就应包括上述四个方面的生产。但是，上述四项中，只有（1）和（2）是与军事直接相关的。从严格的意义来理解，从产品的最终用于军事消费的角度来理解，军品只应包括（1）和（2）。相应地，军品生产也只应包括（1）和（2）的生产。

（二）军品是殊特的商品

过去，我们在理论上否认社会主义经济是商品经济，在实践中限制商品生产的发展。对于这种特殊产品，就更不用说了。否定军品是商品的理由主要有以下几点：

第一，军工企业是全民所有制企业，生产资料归全国人民的代表者——国家所有，这是毫无疑义的。但在我国社会主义现阶段，军工企业也与其他全民企业一样，是相对独立的经济实体，有自己独立的经济利益。企业要有自己独立的经济核算。

第二，军品生产今后也要在一定的范围内实行指令性计划。但是，与民品生产的指令性计划一样，军品生产也要自觉运用价值规律，要用社会劳动的尺度去统一衡量军工企业的生产效果。企业在补偿成本之后，要有一定的利润。如果完全不顾价值规律的作用，不讲成本、利润，这对于相对独立的经济实体来说，是无法接受的。过去那种不讲价值规律，不讲成本核算的做法，不仅给国家造成了巨大的经济损失，而且企业和军队都感到不满意。军工企业总感到固定的5%的利润太少，是"大锅饭"。而军队总感到军品的价格太高，质量不好。因此，军品生产按照价值规律办事势在必行。

第三，对于相对独立的军品企业来说，它所生产的产品既具有价值，又具有使用价值。这个使用价值不是为了满足本企业的需要，而是为了满足军队的消费需要。它生产军品的价值，在转给军队之时，也要求消费者给予价值补偿，实行等价交换。尽管这种交换形式不同于一般的市场交换，但其实质内容还是一样的，仍然属于商品交换的范畴。

第四，我国社会主义经济是有计划的商品经济，不能在整个有计划的商品经济中，出来一块非商品经济。从军工企业本身来说也是如此，军工企业大部分都生产民品，而且民品占的比重相当大。对于同一企业、同一部分工人，生产的民品是商品，生产的军品就不是商品，也难于理解的。因此，在我国社会主义现阶段，军品仍然是商品，至少应该把它当作商品来对待。

不过军品这种商品与一般的商品相比，又有某些特点。一是它的使用价值的特殊性。军品是用于战争，用于防御敌人的侵略。特别是武器装备，既不能进入个人消费，也不能进入生产消费。二是交换形式的特殊性。军品在国内的唯一买主是军队，其生产规模和结构完全由国家来决定。交换是执行指令性计划，而且不进入一般的市场。价格也往往不是在竞争中形成的。三是军品生产的数量主要受战争与和平的因素的制约。

承认军品是特殊的商品，对于国防建设和经济建设都有着重要意义。一是可以发挥价值规律的作用，改善企业的经营管理，克服企业之间吃"大锅饭"的弊病；二是有利于冲破国防工业的封闭状态，加强国防工业与整个国民经济的联系；三是可以提高企业的劳动生产率，降低军品的生产成本，有利于国防建设。

三、军品生产现代化

30多年来，我国的军品生产，无论从数量、质量还是从品种规格等方面来看，都有了很大的发展。有的生产技术例如航天技术，已达到世界第一流水平。但是，由于受到我国经济发展水平和科学技术水平的限制，从总体来看，我国的军品生产技术水平还不高。我们必须大力发展科学技术，使我国军品生产不断地向现代化迈进。由于各国的国情不同，军品生产现代化的道路也会有所不同。根据我国的社会政治制度、经济发展水平和战略指导方针，我国军品生产现代化的道路具有以下特点：

1. 在顾全国家经济建设这个大局的前提下不断前进。

集中力量进行社会主义经济建设，这是我国新的历史时期的总战略。一切其他工作都要服从经济建设这个大局。国防科技工业的发展，武器装备的现代化，也必须服从这个大局。军品生产的现代化，既要大量资金，又要先进技术，还要精良的工业生产能力。国家的经济发展了，工业生产能力提高了，军品生产才有坚实的基础。因此，军品生产的现代化要在顾全国家经济建设这个大局的前提下发展。

2. 制定"高科技"发展战略，走发展"高科技"之路。

微电子技术、激光技术、航天技术等高科技领域，对于武器装备的现代化，对于夺取未来战争的主动权，有着极为重要的作用。美国战略学家柯林斯说："落后的巨大危险在于敌人在技术上的突破，特别是在冲突光谱上端部分技术突破（例如空间活动、核武器、崭新的动力推进系统、生物战或细菌战、计算机方面的新成就、气相控制、激光应用等），可能使世界力量对比立即发生惊人的变化。"柯林斯的观点，反映了很多军事家政治家的看法。

我国在科学技术上比较落后，如果不在高科技领域中有所突破，那么我们不仅无法缩小与先进国家的差距，甚至连保持现在的差距也办不到。因此，无论如何我们要集中国防工业中的精兵良将，集中有限的资金，有选择地对某几个方面进行攻关，力争在今后若干年中有新的突破。例如我国的航天技术比较成熟，我们可以以航天工业为龙头，组织和带动一批先进技术的发展，为将来国防科学技术的全面发展打下良好基础。

3. 重点放在防御武器上。

我国的战略指导方针是积极防御。与此战略方针相适应，我国武器装备体系的发展，侧重点要放在防御上。例如，多生产些反坦克武器、防空武器等等。常规的防御性武器，一般来说，比进攻武器的价格要便宜。例如，反坦克导弹要比坦克便宜很多倍。这也比较适合我国经济发展水平不高的特点。当然，我们的防御不是消极的，而是积极的。所以，在重点发展防御性武器的同时，也要适当生产一些核武器和尖端武器。

4. 采用多研究、多测试、少生产、少装备的方针。

现代科学技术的发展，使现代工业的生产力成几何级数增长。而现代工业的发展，却使武器装备的价值和使用价值成几何级数下降。这是资产阶级工业革命以来，兵器史和经济史共同证明的规律。恩格斯在1878年就指出："事情成了这样：再没有谁像暴力即国家那样感到苦恼的了，国家现在建造一艘军舰要花费像以前建立一整个小舰队那样多的金钱；而且它还不能不亲自看到，这种贵重的军舰甚至还在下水以前就已经过时，因而贬值了；……在装甲和火炮之间的竞赛中，军舰达到这样的技术的高峰，以致它造价昂贵又不适于战争。"① 恩格斯 100 多年前的话，被我们现时的大量事例所证实。例如，第二次世界大战之后，坦克和飞机已经发展了四五代。地空、空空导弹和反坦克导弹，也在不断推出新秀，淘汰老朽。相形之下，原来体积大而笨、技术落后的武器装备，其价值和使用价值就大幅度地贬值了。而且随着科学技术的进步和工业水平的提高，武器装备从生产、到贬值、再到淘汰的周期，还在不断缩短。

　　正是由于上述原因，我们应该采取多贮备技术，少贮备武器，少装备部队的方法。因为大批量的装备部队，既浪费资金，又耽误时间，没等部队装备完，这种武器又过时了。在研究试制新武器的问题上，也必须抓住某些重点，防止面面俱到。这样做可以跟上时代，而又不过多地花钱。

　　5. 坚持独立自主、自力更生的道路。

　　在军品生产方面，我们并不排除尽可能地吸收外国的先进技术，扩大军事技术的交流。但是，军品特别是军事专用品，不同于一般的商品，在战争时要买到大量先进而适用的武器装备是极为困难的。而且由于战时国际关系的变化，交通运输线路的阻塞等等，都会给进口武器带来困难。特别是对于十亿人口的大国，靠进口武器来保卫国家是极其危险的。因此，在军品生产的问题上，我们的基点一定要放在独立自主、自力更生之上。

四、军品升级与军队有机构成

　　军品升级，特别是武器装备升级，会促使军队有机构成不断提高。武器装备一方面表现为物质形态，另一方面又表现为价值形态。

---

　　① 《马克思恩格斯选集》第 3 卷，人民出版社 1972 年版，第 212—213 页。

（一）军队有机构成的含义

马克思在《资本论》第 1 卷第 7 篇中，阐述了资本有机构成的科学原理。他认为，资本的构成有双重的意义：从价值方面来看，资本的构成是由生产资料的价值与劳动力的价值的比率来决定的；从在生产过程中发挥作用的物质方面来看，资本的构成是由生产资料的数量与使用这些生产资料的劳动力的数量之间的比率决定的。这个比率的大小，反映了生产技术水平的高低。如果机器设备先进，自动化程度高，那么，操纵这些机器的工人就会少，反之就会多。马克思把资本的前一种构成叫资本的价值构成，后一种构成，叫资本的技术构成。这两者之间有着密切的关系。为了表示这种关系，马克思把由资本技术构成决定的并且反映技术构成变化的价值构成，叫做资本的有机构成。例如某资本家拥有资本 6 万元，其中 4 万元是购买生产资料的不变资本，2 万元是支付工人工资的可变资本，则资本的有机构成是 2:1。资本主义社会存在着资本有机构成提高的趋势。

在军队中，也存在着这种关系。随着科学技术水平的提高，工业生产的发展，军队武器装备的技术水平日益提高。武器装备技术水平的提高，引起作战方法和编制编成的变化，从而改变着人与武器之间的关系。从总的趋势来看，武器装备的技术水平和自动化程度越高，相对应的军人数量就会越少。因此，我们可以把武器装备的数量与使用这些武器装备的军人的数量之间的比率，叫军队的技术构成。把武器装备的价值量与军人个人消费的价值量之间的比率，叫军队的价值构成。由军队技术构成决定并且反映军队技术构成的价值构成，叫军队的有机构成。

我们像上面这样下定义，是不是牵强附会地简单套用呢？会不会歪曲了马克思的原意呢？不会的。马克思本人就是把武器装备和军人的组织问题，与生产资料和劳动力组织问题联系起来研究的。

表 4—1　美国国防预算按项目分类（亿美元）

年份	军事人员	活动保养	武器装备采购	研究、发展实验、鉴定	军事建筑	家属安置	其他	总计
1951	74.69	67.15	39.76	16.02	4.40	…	-4.37	197.65
1953	119.13	103.79	171.23	23.36	19.13	…	-0.54	436.10
1955	110.62	79.05	129.97	23.49	15.82	…	-3.64	355.31
1957	114.09	94.87	134.88	24.06	19.68	…	-3.23	384.35
1960	117.38	102.23	133.34	47.10	16.26	…	-4.16	412.15
1964	141.95	119.32	153.51	70.21	10.26	5.80	-3.45	497.60
1965	147.71	123.49	118.39	62.36	10.07	6.19	-6.48	461.73
1966	167.53	147.10	143.39	62.59	13.34	6.47	3.67	544.09
1967	197.87	190.00	190.12	71.60	15.36	4.82	4.89	674.66
1968	219.54	205.78	232.83	77.47	12.81	4.95	20.35	773.73
1969	238.18	222.27	239.88	74.57	13.89	5.72	-15.74	778.77
1970	258.80	216.09	215.84	71.66	11.68	6.14	-8.71	771.50
1973	275.27	215.40	156.00	76.22	10.68	2.44	7.86	742.00
1974	292.41	238.62	174.67	81.95	16.95	11.36	33.97	849.92
1975	312.51	262.59	173.56	86.16	19.14	11.76	24.21	889.93
1976	327.56	288.48	212.99	95.20	22.23	12.86	15.79	975.11
1977	344.48	322.14	279.47	105.96	23.56	12.57	13.73	1101.90
1978	367.20	349.51	351.43	121.37	14.94	14.11	12.94	1231.50
1980	429.79	463.65	352.83	135.61	22.93	15.26	6.14	1426.21
1982	577.69	620.11	641.06	201.03	48.81	22.19	3.50	2114.38
1983	616.40	668.17	818.79	228.05	44.87	25.64	2.63	2404.55
1984	647.52	740.06	940.88	296.22	59.73	28.36	28.02	2740.78
1985	705.35	814.16	1076.08	340.15	71.67	31.62	10.97	3050.00

注：上表是根据不同资料综合计算出来的，所以与某些书刊的数字略有出入。个别年份是预计数字；"其他"一栏之所以出现负数，是因为周转基金或信托基金等是负数的缘故。

资料来源：R. A. 法拉马江：《美国军国主义与经济》，美国《国防报告》1976 年、1978 年、1984 年、1985 年。

他在 1866 年 7 月 7 日写给恩格斯的信中,首先分析了当时步枪发展和战争的有关情况,然后说:我们的关于生产资料决定劳动组织的理论,在哪里能比在杀人工业中得到的更为光辉的证实呢?当然,我们也要看到,资本有机构成和军队有机构成,在研究的对象、范围、目的上都是不同的。但这并不影响我们对军队有机构成理论的分析和概括。

(二)军队有机构成的发展趋势

军人个人消费,包括维持军人生活以及部分家庭成员生活的物质资料的价值。它主要是以薪金、津贴、服装、伙食等形式提供给军人的。这部分价值,随着社会的发展,生活水平的上升,一般也呈现上升的趋势。而武器装备研制和采购的费用,随着军事技术的进步,则上升得更快。因此,从总的趋势来看,军队的有机构成是在不断提高的。下面我们主要以美国为例来具体分析一下这个问题。

根据前面的分析,我们可以着重来探讨一下军费中的军事人员费和采购费两项。军事人员费,包括军事人员工资、津贴和退役费等内容,主要是供军事人员个人消费之用。军人的个人消费还有一部分给养费包括在活动保养费当中。由于比较复杂,而且对我们所要研究的问题影响不大,所以暂不计算它。采购费是军队用于采购武器装备的费用。这两项费用,既占了军费的主要部分,又是有代表性的费用。因此,我们来分析它们在军费中所占的比重及发展趋势。

从表 4—1 和表 4—2 可以看出,采购费与军事人员费在军费总额中所占的比例,受战争和国际环境的影响很大。20 世纪 50 年代初的朝鲜战争,使美国的采购费由 1951 年的 39.76 亿美元,猛增到 1953 年的 171.23 亿美元,增加了 3.3 倍。其采购费在军费中所占的比重,由 1951 年的 20%,上升到 39.2%。除了战争和战略的因素之外,其总的发展趋势是,随军事技术的发展,采购费用在军费中

表 4—2　美国军事人员费和采购费在军费中的比重　（单位:%）

年份	军事人员费占军费	采购费占军费	年份	军事人员费占军费	采购费占军费
1951	37.8	20.0	1973	37.0	21.0
1953	27.3	39.2	1974	34.4	20.6
1955	31.1	36.6	1975	35.1	19.5
1957	29.7	35.1	1976	33.6	21.8
1960	28.5	32.4	1977	31.3	25.4
1964	28.6	30.8	1978	29.8	28.5
1965	32.0	25.6	1980	30.1	24.7
1966	30.8	26.3	1982	27.3	30.3
1967	29.3	28.2	1983	25.6	34.1
1968	28.4	30.1	1984	23.6	34.3
1969	30.6	30.8	1985	23.1	35.3
1970	33.5	28.0			

资源来源：笔者根据表 4—1 综合计算而成。

的比重上升，军事人员费在军费中的比重下降。从 70 年代中期以来，这种趋势非常明显。如 1973 年的军事人员费占 37%，而装备采购费只占 21%。自此之后，军事人员费所占比重不断下降，采购费所占比重则不断上升。进入 80 年代，采购费所占比重则大大高于军事人员费所占比重。1985 年采购费已占 35.3%，军事人员费只有 23.1%。

另外，我们还可以分析一下各项费用的增长速度。根据美国国防部长温伯格 1985 年国防报告提供的资料，按 1985 年的不变价格计算，美国军事人员费用（包括退休金），1972 年是 689.35 亿美元。以后各年中，不仅没有增加，反而减少了。只有 1985 年略有上升，为 705.35 亿美元。1972 财年的采购费是 465.71 亿美元，1985 财年上升到 1076.08 亿美元。增加了一倍多。从 1972—1985 年的 13 年中，军事人员费平均每年递增 0.18%，而武器装备的采购费却平均每年递增 6.65%。

上述情况并不是偶然的,据美国和北约估计,苏联武器装备的购置费,在全部军费中的比重,在 20 世纪 60 年代初占 1/4,70 年代一直保持在 1/3 的水平上。1980 年度苏联的军事投资(包括采购费、研究试制费、军事工程建筑费)约占军费的一半。

五、建立"军民结合型"军品生产体制

我国国防科研和生产体制,是在整个国民经济的建设和发展中,学习苏联国防科研和生产管理方法的基础上逐渐建立起来的。它在历史上曾经起过积极的作用,其突出的优点是能够集中优势的人力、财力和物力,在某些重点项目上予以突破,国家对国防科研和生产较容易控制。但由于国际国内形势的发展,这套体制已越来越多地暴露出自身的弱点,影响国防经济的现代化,也阻碍了科研生产体制自身的现代化。因此,现代化的国防科研和生产体制,只有在改革中才能形成。

(一)"单一军品型"的科研和生产体制,不适应现代化国防经济的发展

随着国民经济的发展和国防需要的扩大,参照苏联的模式,我国相继建立了核工业部、航空工业部、电子工业部、兵器工业部、船舶工业部、航天工业部等国防工业专业部。它们隶属于国防工业委员会和国防科学技术委员会。各部门内部实行垂直领导,或由部直接管理,或由部派出机关——专业局、生产基地进行管理。

以前,由于我们过分强调军品科研和生产的特殊性,形成了一种"单一型"的科研和生产管理体制,严格地独立于民用科研和生产之外,出现了两个科研系统,两个机械加工系统,两套领导班子。

在国防工业内部的各部之间，不同部门的各企业之间，也是相互隔离的。国防科研和生产企业，只搞军品，不搞民品。虽然在20世纪50年代，朱德等同志就提出要搞军民结合，但由于各种原因，直到80年代初，基本上还是单一军品的科研和生产体制。在军民结合的问题上，没有真正走出一条适合中国国情的路子来。

我国30多年的实践证明，在科研和生产上搞单一军品、军民分离，弊病很多：人为地割断了经济的内在联系，影响企业自身的专业化和开展经济合作；不利于企业技术进步和产品质量的提高；不利于发挥企业的生产能力和综合利用自然资源；不利于企业提高经济效益等等。总之，单一军品型的科研和生产体制，不适应现代化大生产的客观要求，不利于我国四个现代化的发展。必须在改革的基础上，逐步建立"军民结合型"的军品科研和生产体制。

（二）"军民结合型"的概念，是在实践中逐步形成的

关于"军民结合"的问题，早在1952年中央军委兵工委员会就提出来了。以周恩来为主任，聂荣臻、李富春为副主任的兵工委员会，要求兵工企业贯彻"军需与民用生产相结合"的原则。[①]

1956年6月，毛泽东同志在关于第二个五年计划的谈话中，曾提出要学两套本事：在军事工业中练习民用产品生产的本事，在民用工业中练习军事产品生产的本事。1957年4月，朱老总在《外出视察的报告》中说："这次看到的最突出的问题，是兵工生产如合同民用生产相结合的问题。这个问题不仅在重庆、成都、云南、广州等地存在着，而且是一个全国性的问题。……我认为这个问题要及早解决，否则损失更大。"并向中央提出建议：把原来的几个部合并，统一调度，"平时可以多生产些民品，战时主要生产军用品"。[②]

[①] 中国经济年鉴编委会：《1982年中国经济年鉴》，经济管理杂志社1982年版，第V—181页。

[②] 《朱德选集》，人民出版社1983年版，第352页。

根据这一原则，军工系统在第一、二两个五年计划期间，曾组织制定了第二产品即民品生产规划。到 1960 年，兵器工业部所属企业的民品产值已经占总产值 3/4，取得了很大成绩。后来由于各种原因，这个方针受到干扰。

1975 年 4 月，国务院和中央军委召集会议，对国防工业和科研机构提出了整顿意见。要求军工生产切实做好"军民结合、平战结合"。1978 年，党中央、国务院进一步全面提出了"军民结合、平战结合、以军为主、以民养军"的方针，简称"军民结合"的方针。此后各部门都迈出了贯彻这一方针的步伐，并取得了一些成绩。1982 年把"以军为主"改为"军品优先"，更加适合我国当时的实际情况。1984 年 11 月 1 日，邓小平同志在中央军委座谈会上进一步指出：军队要服从国家建设这个大局。"国防工业设备好，技术力量雄厚，要把这个力量充分利用起来，加入到整个国家建设中去，大力发展民用生产。这样做，有百利而无一害。"[1]

1985 年，党中央、中央军委重新确定了国防建设的方针，决定我军建设要由临战状态转变到和平时期发展的轨道。根据国防建设的这一重大战略转变，国务院于 1986 年 2 月正式提出了"军民结合型"的概念。"军民结合型"概念的提出，使我们对军民结合问题的认识，发生了质的变化。军工企业搞民品，没有涉及到体制问题，没有触及企业的性质问题。军民结合型企业及与军民结合型企业相适应的体制，既不是军工企业和军工体制，也不是民用企业和民用生产体制，而是具有"军民结合型"的两用性质。只要不发生大的战争，这种企业的性质就不会发生变化。这种体制具有以下五个特点：生产目的的双重性，既生产军品，又生产民品；对内对外的开放性，不仅对国内市场开放，而且对国外市场开放；联合协作的多边性，不仅在国防科工业系统中搞联合协作，而且与全国各地不同性质的企业合作，甚至与外商合作；经营发展的灵活性，企业在生

---

[1] 邓小平：《建设有中国特色的社会主义》，人民出版社 1984 年版，第 71 页。

产经营上，享有较大的自主权；综合管理的统一性，采取由国务院和当地地方政府统一管理的体制。

当然，如何进一步贯彻和落实这一方针，尚需要在实践中进一步摸索。当前，在建立"军民结合型"科研和生产体制的问题上，我们着重应抓好四个方面的工作：（1）在管理体制上，改变现在军民分割的现象，实行由国家统一领导的军民一体化的管理体制。要把企业的生产、经营、原料、能源、资金等全部纳入政府计划，统一管理。（2）生产能力上，从基本建设和技术改造起，就注意实行两种生产手段的结合。（3）在生产技术和生产工艺上实行结合，即生产民品的工艺尽量接近原来军工产品的工艺，以免工艺差别过大造成浪费。（4）在产品用途上进行结合，尽可能开发一些军民通用的新产品。在这四个方面结合得越好，生产潜力就越大，经济效益就越好，越能适应现代化大生产的发展。

（三）建立"军民结合型"科研和生产体制的重要意义

军品的需求，在平时和战时有很大的差别。因此，我们既不能"临渴掘井"，等到打起仗来再慌忙组建军工企业，也不能在平时把大量军工企业的生产能力闲置起来。为了既保证将来的战争需要，又使企业获得最大的经济效益，就必须建立"军民结合型"的国防经济体制。这样做既能有利于战备，又有利于建设。具体来说，有如下几个方面：

第一，可以充分发挥企业的生产能力，提高经济效益。过去由于军民分割，很多军工企业军品生产任务不足，又不生产民品。一方面人民生活所需的消费品非常缺乏，而另一方面又有大量机器设备和人力闲置。不少企业靠国家贷款发工资，经济效益极差。固定资产与工业总产值的比例，发达国家一般是1∶2或1∶3。我国只有1∶1左右，而军工企业则更低。建立"军民结合型"体制后，生产能力就可以充分发挥，经济效益就可以大大提高。例如，重庆的嘉陵机器厂，搞军民结合之后，生产的军品质量居全国第一。民品产值由 1978 年的 2.4%，上升到 1984 年的 90% 以上。1984 年光民品产值就大大超过了该厂的生产能力。

第二，可以充分发挥科学技术和生产的潜力，促进科技和生产的现代化。军民分割，互相隔绝，国防科技工业的先进技术不能用于民品生产，民用科技工业的先进技术也不能用于军品生产。不利于充分发挥我国现有科学技术的潜力，不能促进生产的迅速发展，最终也会阻碍科学技术本身的发展。军民结合后，科学技术可以得到广泛的应用和推广。例如核工业部把炼铀的淬取工艺移植于炼钨，可以提高回取率 8%。每年生产一吨二氧化钨可以多获得利润 1700 元以上。而且缩短了生产周期 1/3，减少了"三废"，改善了劳动条件。随着国防科技进一步转向民用，今后在核工业方面，是搞核电、核能；在航空方面，是搞民用飞机；在航天技术方面，是搞卫星。在"七五"期间，我们在考虑国防科技发展的同时，就要考虑这些研究成果怎样转为民用，为社会主义建设服务。

第三，可以集中使用人力、物力资源，节省投资。在平时，让一些军工生产民品，那么生产民品的投资就可以节省下来用于更需要的地方。在战时，民用厂可以及时转入战时生产体制，生产军品。据匡算，按军民结合的原则建设新项目，比建设单一用途的专业项目，可节省投资 40% 左右。

第四，有利于做好抵制侵略战争的准备工作。过去有一种误解，认为建一些军工厂放在那里，就是储备了生产力，打起仗来就可以用得上。实际上，这是一种下策。工厂建设起来不生产，设备、劳力闲置，不仅机器生锈，人也会"生锈"。机器设备只有在使用的过程中才能得到不断地更新和改造。劳动者的生产技能也只有在生产过程中才能得到保持和提高。人和机器只有在运转中才能跟上时代。因而，闲置的设备和人力向战时生产转化，是不会快于运转着的设备和人力向战时生产转化的。另外，战争对物资的极大需求，光靠平时的若干军工厂是无法完成的，很多物资要靠民用企业来生产。

第二次世界大战中美军的各种物资，有95%以上是民用企业生产的。苏联也有80%左右是民用企业生产的。因此，在平时搞好军民结合，有利于战备。

在建立"军民结合型"体制方面，有些地方的企业已经在实践中做了一些探索，取得了一些初步成绩，而且发展前景很好。例如，四川的兵器工业，在短短的几年中，从生产小商品，发展到生产日用机电产品、能源机具、交通车辆、民用化工等9个大类，100多个品种。初步形成了重型汽车、微型汽车、摩托车、照相机、电冰箱五大支柱民品。1979年重庆军工企业的民品产值由1979年的11%上升到1984年的48%，1985年头五个月已经达58.6%，而且开创了"部省联合""地区联合"的新路子。

六、调整国防工业结构

20世纪70年代末80年代初，世界进入以"和平与发展"为主题的新的历史时期，党和国家的工作重心实行战略转移，国防科技工业也面临重大调整和改革。正是在这个时候，邓小平科学把握世界军事发展的趋势，认真分析我国国防和军队建设同世界军事强国之间的差距，提出一系列关于国防科技工业结构调整的思想，形成了调整国防科技工业结构必须以军事战略要求为指导、以技术结构调整为基础、以产业结构调整为重点、以产品结构调整为目的和以地域结构调整为依托的系统理论。当前，正在全球范围内兴起的新军事变革，本质上就是决定战争形态变化的物质技术基础由工业时代向信息时代的结构性转变。因此，认真研究邓小平关于国防科技工业结构调整的思想，对于推动中国特色军事变革，加速国防和军队现代化建设，具有重大意义。

（一）坚持以战略要求为指导，从根本上理清国防科技工业结构调整的思路

以国防发展战略的要求来指导国防科技工业的结构调整，是邓小平的一个突出思想。20世纪70年代末，中国经济社会面临巨大变革，国防发展战略即将进行重大调整。邓小平反复思考，怎样以国防发展战略为指导，组织和调整国防科技工业结构，以推动国防科技工业结构升级和发展。1977年10月，邓小平在一次讨论会上指出：要按照战略要求指导科研和生产。要提出一个装备战略要求的目标，分清先后缓急。这样，科研和生产就有了方向。邓小平的这一思想反映了国防科技工业发展的规律，是国防科技工业健康发展的前提，特别是在科学技术日新月异、军事变革迅速发展的时期，尤为如此。按照邓小平的这一思想，我国在20世纪80—90年代，对国防科技工业进行了大规模的结构调整。国防科技工业的总体规模大大压缩，结构优化，水平提高，能力加强。

在进入21世纪的新的历史时期，世界主要国家都在依据国际局势和各自的军事战略，实行"军事转型"。美国的"军事转型"进展得最为迅速。美国国防部《2002年国防报告》中指出：军事转型在新的防务战略中处于核心地位。它包括军事理论创新、战争形态转型、军事技术转型、装备体系转型、军队组织体制转型、国防工业转型等若干方面。美国的军事战略和技术装备转型，对国防科技工业的结构调整产生了巨大的影响。美国陆军的信息化装备已经占全部装备的50%，海、空军则占到70%左右。更加值得关注的是，具有不同杀伤机理的新概念武器，其研究取得不同程度的进展。美国前海军军事学院院长、"网络中心战之父"、退役海军中将阿瑟·塞布罗夫斯基指出：军事转型不仅需要条令和编制体制的重大调整，而且军事采购也要做重大调整，相应地，国防工业也面临着转型。因为信息化战争使用的技术和武器装备发生了重大变化，它将作为

原动力,"扰乱"现有的国防科技和国防工业的秩序,建立起新的国防科技和工业生产体系。军事采购系统将与某些旧供应商的关系发生"断裂",而与某些新的供应商建立新的供求关系。

上述美国的事例进一步印证了邓小平关于要以战略要求为指导谋划国防科技工业结构调整的思想。目前,我国国防科技工业结构仍然不尽合理,一些高技术产业的科研、生产任务饱满甚至完不成,而有些传统产业的生产能力大量闲置,无事可干。更为重要的是,有些国防建设亟需的研究和开发项目,无人能够承担,或者承担了却长期达不到预定目标,严重阻碍了国防现代化进程。这种情况要求我们,必须从根本上理清国防科技工业结构调整的思路。一方面,要按照新军事变革的要求,进一步科学确定我国新世纪国防发展战略;另一方面,要依照战略要求来谋划国防科技工业发展道路,优化国防科技工业结构。

(二) 积极抢占科学技术发展的制高点,大力优化国防技术结构

优化国防科学技术结构,是调整国防工业结构的前提,也是整个国防经济发展的技术基础。当前,高新技术在军事领域的广泛应用和武器装备的高技术化,构成了这场新军事革命的最基本内容。一个国家,如果不想在这场革命中被淘汰,就必须大力发展现代国防科学技术。这是追赶世界军事发展时代潮流的必由之路,对像我国这样国防科技发展相对落后的国家来说尤为如此。

邓小平高瞻远瞩,早在20世纪70年代末就指出,要大力发展国防科学技术,以加快国防现代化的步伐。"四个现代化,关键是科学技术的现代化。没有现代科学技术,就不可能建设现代农业、现代工业、现代国防。"[1] 邓小平不仅指出了发展国防科技的重要性和

---

[1] 《邓小平文选》第2卷,人民出版社1994年版,第86页。

必要性，还就如何发展国防科技提出了具体要求。这些思想为加快我国国防科技发展和武器装备现代化建设指明了道路。

优化国防科学技术结构，关键是大力发展高技术，抢占世界科技发展的制高点。邓小平特别重视军事高科技，提出把高科技作为国防科技发展的重点。他在视察北京正负电子对撞机工程时指出："过去也好，今天也好，将来也好，中国必须发展自己的高科技，在世界高科技领域占有一席之地。""中国不能安于落后，必须一开始就参与这个领域的发展。搞这个工程就是这个意思。还有其他一些重大项目，中国也不能不参与，尽管穷。"[1] 国防科学技术是个庞大的体系，在我们科技水平总体上落后于发达国家并且科研费用有限的情况下，必须集中力量，重点突破，有所为，有所不为；有所赶，有所不赶。什么是重点？军事高科技就是重点。

发展国防高科技，要正确处理好"引进技术"和"独立自主"的关系。邓小平一贯主张，只要可能，就要积极引进国外先进技术，缩小我们与国外的差距。他说："提高我国的科学技术水平，当然必须依靠我们自己努力，必须发展我们自己的创造，必须坚持独立自主、自力更生的方针。在经济全球化条件下，国防科研合作效益与分工效益越来越突出，据西欧国家研究表明，两国合作研制武器比一国独自研制可以节省30%的费用，而多国联合研制则可节省50%左右的费用。我们必须充分利用这一有利的形势，积极开展国际军工技术交流与合作，大力引进国外的先进技术。只有这样，才能真正实现我国国防科技和国防建设的跨越式发展。同时，我们也应看到，独立自主不是闭关自守，自力更生不是盲目排外。科学技术是人类共同创造的财富，任何一个民族、一个国家，都需要学习别的民族、别的国家的长处，学习人家的先进科学技术。我们不仅因为今天科学技术落后，需要努力向外国学习，即使我们的科学技术赶

---

[1] 《邓小平文选》第3卷，人民出版社1993年版，第279页。

上了世界先进水平，也还要学习人家的长处。"① 在 20 世纪最后的 20 年中，我们在国防科技领域，购买了不少先进技术，学习了不少先进经验。但是，国防科技，尤其是国防尖端技术，从外国是买不来的，即使能够买到，也要付出极大的代价并受制于人，对我们这个社会主义大国来说更是如此。发展国防科技，推进中国特色军事变革，必须把立足点放在自己的力量上。过去是这样，现在是这样，将来也必须是这样。然而，强调自力更生绝不是要把自己封闭起来

大力发展国防高新技术离不开人才队伍的优化。造就一批高水平的国防科技人才是发展高科技、优化国防科技结构的关键。邓小平指出："发展科学技术，不抓教育不行。靠空讲不能实现现代化，必须有知识，有人才。没有知识，没有人才，怎么上得去？"② 为此，我们必须尽快建立起符合国防科技发展特点、与市场经济体制相适应的人力资源开发与管理的新体制和运行机制；紧紧围绕国防科技发展目标和战略重点，以培养、吸引和稳定年轻科学技术带头人及骨干科技人才为重点，优化科技人才队伍的人员结构、知识结构、领域分布结构，建设一支专业配套、结构合理、素质精良、具有国际水平的科研队伍。

（三）努力发展高新技术产业，推动国防产业结构不断升级

国防建设的一个重要发展趋势是，在各军种中，海、空军所占比重越来越大，陆军所占比重相对下降。这主要是因为，制空权对夺取现代战争的胜利具有决定性的作用；对海洋资源的开发与争夺日趋激烈，各国都需要有强大的海、空军作后盾。这就要求生产先进飞机、舰船、导弹的相关产业有更快、更好的发展。对于这一趋势，早在 20 世纪 70 年代末，邓小平就已经看得十分清楚。1979 年

---

① 《邓小平文选》第 2 卷，人民出版社 1994 年版，第 91 页。
② 《邓小平文选》第 2 卷，人民出版社 1994 年版，第 40 页。

1月，他在听取有关部门汇报后强调指出："我倾向把投资的重点放在航空工业和发展空军上，要取得制空权。"

我国是海洋大国，有300多万平方公里的海域。近几年来，南海争端、东海争端、钓鱼岛争端不断升温。随着能源供给对进口依赖的加深，海上运输线安全问题日益突出。更为重要的是，近几年来"台独"势力日益猖獗，对我统一大业构成极大威胁，以武力收复台湾的可能性在增大。这些特殊的国情，使得拥有强大的海、空军力量对维护我国国家利益更显重要。然而，现实的情况是，我们的海空军力量还相对薄弱，不能有效地维护国家利益。因此，我们必须以邓小平关于优先发展海、空军，优先发展航空、舰船产业的思想为指导，加大对重点国防产业的资金投入，推动重点产业快速发展。

航天、航空、舰船、兵器等工业的发展，都离不开信息产业的发展。信息产业是与其他军工产业部门关联度大、对整个国防科技工业发展和结构升级具有强大拉动作用并由此导致军事领域发生重大变革的产业。近年来，随着信息产业为核心的军事高技术产业的高速发展，以及以信息技术为核心的高技术向海、陆、空、天等战争的所有领域和全部要素的渗透，军事信息产业已经成为军事主导产业。20世纪90年代以来，几场高技术战争充分说明在现代战争中，军事的各种装备必须依赖信息技术才能发挥作用，信息技术成为制胜的关键因素。顺应信息化这一新军事变革的发展趋势，我国国防科技工业必须把信息产业放在优先发展的位置，以信息化带动、提升机械化，拉动整个国防科技工业产业结构全面升级。

（四）瞄准武器装备发展前沿，大力优化军用产品结构

调整军工技术结构和产业结构本身不是目的，目的是优化产品结构，研究和生产符合军事战略要求的先进的武器装备。在1980年10月召开的一次重要会议上，邓小平指出："现在可以肯定一条，我们那个步枪，再不能生产了。步枪、机关枪、小迫击炮，现在已经超过那么多的储备了，搞那么多干什么?"与此相对应，他在许多场合反复强调，要大力发展飞机、导弹以及激光等先进武器装备。将来空中战争是激光时代，空间激光时代，要用激光打飞机、打卫星。邓小平的这些论述，体现了一个十分鲜明的思想，就是瞄准武器装备发展前沿，大力调整军品生产结构，努力提高武器装备现代化水平。

优化产品结构的另一项内容是简化型号、加强产品的通用性。邓小平指出："型号要简化，凡是能通用的就要通用，不要太繁杂，这个方针要定。"提高产品特别是零部件的军民通用性，是装备发展的方向，是军品结构调整的重要内容。这有利于节省经费，带动民用经济发展；从长远看，也有利于增强武器装备发展的后劲和可持续发展的能力。

邓小平不仅提出了优化军品结构、提高武器装备现代化的要求，还就如何实现这一要求提出了一系列方针原则。首先，邓小平指出："军队人员过多，也妨碍军队装备的现代化。减少军队人员，把省下来的钱用于更新装备，这是我们的方针。"[①] 其次，要有科学的规划。邓小平指出，"军队装备也要有规划。"淘汰什么装备，上什么装备，哪些装备先上，要有个顺序。他特别强调：在国家能力有限的情况下，不可能摊子铺得很大。因此，武器要更新，方针是少而精。少是数量，精是一代一代提高。量不要求大，有吓人的力量。再次，要打破部门、行业和地区界限，优化企业组织结构，各地都不能搞全能厂，把各方面的力量组织起来，很好地进行专业协作，做到全国一盘棋。

（五）及时调整国防工业布局，努力改进国防工业地域结构

国防科技工业结构除了技术结构、产业结构、产品结构之外，

[①] 《邓小平文选》第2卷，人民出版社1994年版，第285页。

还有地域结构。"地域结构"也可以叫"空间结构",或叫"战略布局",是从空间的角度来研究经济结构。空间布局结构不仅是国防科技工业结构的重要内容,而且是国防科技工业技术结构、产业结构、产品结构的依托。建国后,我国国防科技工业布局主要在早打、大打、打核战争思想指导下,于20世纪六七十年代形成的。这种布局的问题主要是战线太长,钻山太深,远离城市和工业发达地区,交通不便,协作困难,使国防科技工业的技术、产业、产品结构优化在一定程度上失去经济区域的优势,特别是在改革开放和发展市场经济条件下,进一步制约了整个国防科技工业的发展。邓小平十分关心国防科技工业布局的调整问题。20世纪70年代末,国际局势发生了重大变化,我国国家发展战略和国防发展战略都面临着重大调整,国防科技工业的地域结构调整也提上日程。在1985年召开的军委扩大会上,邓小平指出:"过去我们的观点一直是战争不可避免,而且迫在眉睫。我们好多的决策,包括一、二、三线的建设布局,'山、散、洞'的方针在内,都是从这个观点出发的。"[①] 在这里,邓小平既对"三线"建设的历史作用做出了正确评价,又结合新情况、新形势,提出了国防科技工业地域结构调整的必要性。

根据邓小平关于调整三线建设的指示,国家有关部门对国防科技工业的现状、问题和发展趋势做了全面的调查研究。根据调查的结果,把国防科技工业的各个企事业单位分成三类:第一类是符合战略布局的要求,建设达到设计水平,产品方向正确,经济效益较好的企业;第二类是在空间布局上基本符合要求,但厂址较为分散、交通不便,产品方向不太符合军事发展和社会主义市场经济的要求,经济效益不好的企业;第三类是厂址有严重问题,地域偏远,泥石流等自然灾害不断,交通不便,生产科研无法正常进行,经济负担沉重。对于第三类企业采取关、停、并、转的方式,从总体上压缩国防科技工业的数量,丢掉那些沉重的包袱,可以大大改善国防科

[①] 《邓小平文选》第3卷,人民出版社1993年版,第126—127页。

技工业的地域结构。对于第一类企业，采取就地完善、发展的办法，继续为国防建设和经济建设服务。对于第二类企业则区分不同情况，有的加以改造，有的部分搬迁，有的在沿海等发达地区建立技术窗口等。空间结构优化也是一个长期的课题。随着时间的延续，随着科学技术的发展，新的国防工业企事业将不断出现，国防科技工业地区布局结构还将不断地进行调整。

总之，邓小平关于国防科技工业结构调整的思想是一个丰富而完整的系统理论，这一系统理论是在实践中产生的，又是随着实践的发展而发展的，它充分体现了国防科技工业结构演变的一般规律，又充分反映了当今世界新军事变革和市场经济发展的普遍要求，是我国国防科技工业结构调整的长期理论指导。

第五章
潜力与实力*

一、战略与国防经济潜力

关于经济对战争和战略制约的认识,古已有之。孙子曰:"凡用兵之法,驰车千驷,革车千乘,带甲十万,千里馈粮,则内外之费,宾客之用,胶漆之材,车甲之奉,日费千金,然后十万之师可举矣。"(《孙子兵法·作战篇》)公元前约400多年,希腊著名思想家色诺芬曾指出:战舰出征,耗费甚大。16世纪后期,英国重商主义者托马斯·曼曾经提出,金钱积累是军事实力的表现,是"战争的中枢神经"和"主要支柱"。

第一次工业革命以后,这种认识又深进了一层。古典经济学大师亚当·斯密曾说:由于现代战争中的军火消耗庞大,因此那种有更大的力量承担这种消耗的国家就占有显著的优势。马克思、恩格斯则更加明确地指出:"一句话,暴力的胜利是以武器的生产为基础的,而武器的生产又是以整个生产为基础的,因而是以'经济力量',以'经济情况',以暴力所拥有的物质资料为基础的。"[①] 列宁

---

* 此章内容主要摘自国防大学出版社1992年5月出版的《各国国防经济潜力比较研究》一书。

① 《马克思恩格斯选集》第3卷,人民出版社1972年版,第206页。

也深刻地指出:"战争是对每个民族全部经济力量和组织力量的考验。"①

关于战略与经济潜力关系的研究,在第一次世界大战后,引起各国的重视。第一次世界大战向人们表明:从战略的角度来考虑,战争已不只是两支军队之间简单的交锋,而是多种潜力的冲突。第二世界大战进一步肯定了这一结论:潜力对战争的进程和结局,具有极其重要的作用。

因此,第一次世界大战后,军事潜力的概念流行起来。在战略研究中,形成了一股"潜力热"。例如,1929年德国的斯太因梅茨在莱比锡出版的《战争社会学》中,巴黎大学教授威廉·瓦里多、德国和平主义者沃都·列曼·鲁士比尔在1931年出版的《未来战争为怎样的东西》的文集中,苏联军事经济学家莎维兹基在1935年出版的《战争经济学》中,都对军事潜力及其内涵进行了广泛的探讨。

第二次世界大战之后,专家们纷纷著书立说,总结经验,探讨战略与潜力的关系问题。美国著名国防问题专家克劳斯·诺尔(Klaus Knorr)认为:"现有的种种资料证实,德国和日本的领导人是指望在对方尚未来得及变潜力为实力以前,用闪击战来取得胜利。在战争准备时,德国和日本采取了'着眼于当前'而不'着眼于未来的方针……'"②不能不看到,德国的"闪击战"和日本的"速决战"战略,是从它们的国防经济潜力状况出发的。1939年美国的国民总产值是965亿国际单位(1国际单位表示1925—1934年1美元的平均购买力),日本是148亿国际单位,只有美国的1/7左右;德国1938年是352亿国际单位,也只有美国的1/3。③因此,日本学者中原敏认为:"我国必须倾注全力于经济上的安全保障,……我认为

---

① 《列宁全集》第30卷,人民出版社1985年版,第131—132页。
② 克劳斯·诺尔:《国家的战争潜力》,(美)普林斯顿大学1956年版,第69—70页。
③ 克拉克:《经济进步的条件》,伦敦麦斯米兰公司1950年英文第2版,第3—4页。

这就是第二次世界大战,……给予我国的最大教训。"①

美国前海军参谋长卡尼上将（Adm R. B. Carney），对战略曾下了一个新奇但又深刻的定义：战略是"一种对于资源作最好的使用，以求达到目标的行动计划"。② 美国著名国际问题和战略专家詹姆斯·R. 施莱辛格，在肯定卡尼定义的基础上，也给战略下了一个具有同样内涵的定义："所谓战略者，其本身的设计就是如何从有限的资源中，以求获得最大成就，所以在本质上也实在具有经济性的意义。……进一步说，当战略问题愈向未来延伸时，则经济因素的重要性也就愈形增大。"③ 他们的定义都把战略与经济资源的有效使用紧密地联系起来，从经济力和经济潜力的角度来研究战略。进入20世纪七八十年代，在战略研究中，人们又提出了"国力""综合国力"的概念。美国战略家克莱恩的"国力方程"是这种研究的代表作之一。

从上面的叙述和分析中我们不难看出，国防经济潜力的研究，是在战争、战略研究中产生和发展起来的。而现代战略的研究，更无法离开国防经济潜力的研究。

二、国防经济潜力的内涵

在第一次世界大战之后，国外的一些学者曾广泛使用了"战争经济潜力""军事经济潜力"的概念。潜力的内涵开始一般只包含经济因素。后来又使用"战争潜力""军事潜力"的概念，在原来经济因素的基础上加进了政治精神因素的内容。

---

① 中原茂敏：《大东亚补给战》，解放军出版社1984年版，第339页。
② 施莱辛格：《国家安全的政治经济学》，（台）军事译粹社1975年版中译本，第14页。
③ 施莱辛格：《国家安全的政治经济学》，（台）军事译粹社1975年版中译本，第14页。

施莱辛格说，军事理论界通常认为，"国家经济潜力的定义就是在一个特定的时间段落中，对于货物与劳务的最大生产量，换言之，也就是'最大'的 GNP（国民生产总值）。"① 而战争经济潜力的"定义就是国家经济潜力减去了那个应为民用保留的部分"。② 他认为，对于"战争经济潜力"这一概念的"最完善研究，应首推克劳斯·诺尔所著的《国家的战争潜力》一书"。克劳斯·诺尔认为，国家战争潜力（苏联译作"军事潜力"）"就是指能被国家在战时或国际局势紧张时动员起来构成军事实力的资源的总合。它的基本组成部分是经济能力、经济管理能力、精神因素或国民对战争的思想准备"。③ 很显然克劳斯·诺尔关于国家战争潜力的概念，包含了精神因素，比战争经济潜力的含义要宽泛些。

苏联军事理论界对军事经济潜力曾有过不少研究。拉戈夫斯基把军事经济潜力定义为：国家可以利用的一切经济资源。波扎罗夫则认为，它是一国或国家联盟能够用来巩固国防和进行战争的客观能力。④ 他的观点与《苏联军事百科全书》的说法是一致的，与其他定义不同的是，这里着重强调的是经济能力的可能性。

我们认为，相对于"战争经济潜力"的概念来说，在和平时期研究与国防相关的经济潜力，使用"国防经济潜力"的概念更为确切，为了深入研究这一范畴，我们还需要说明与之相关的几个概念：潜力、国家经济实力、国家经济潜力、国防经济实力等。

潜力，是潜在的能力，表示能力达到某种程度的可能性。潜力的英文是"potential"，源自拉丁文"potenia"（力量）。西方军事家使用这一词的含义是：指可动员起来用于达到某一目的的能力。它

---

① 施莱辛格：《国家安全的政治经济学》，（台）军事译粹社 1975 年中译本，第 43、62 页。

② 施莱辛格：《国家安全的政治经济学》，（台）军事译粹社 1975 年中译本，第 43、62 页。

③ 克劳斯·诺尔：《国家的战争潜力》，（美）普林斯顿大学 1956 年版，序言。

④ A. Y. 波扎罗夫著，中国人民解放军总后勤部译：《社会主义国家国防实力的经济基础》，解放军出版社 1985 年 3 月第 1 版，第 110 页。

与实力不同的是,评价它的指标,应包含从可能向现实转化的能力。

国家经济实力,是一个国家现实存在着的物质财富和生产能力。它包括社会生产所具有的自然条件、生产手段和已经达到的社会生产水平和规模等。国家经济实力说明一个国家物质财富的拥有量,说明一个国家的现实生产情况。

国家经济潜力,是一个国家生产物质财富所具有的潜在能力。它包括社会生产能够获得的自然条件、生产手段、社会生产水平和规模以及社会生产发展的趋势。不同的国家,社会经济发展有着不同的趋势:有的大幅度增长,有的停滞甚至萎缩。国家的经济潜力,说明一个国家社会生产有可能达到的程度。

国防经济实力,是国家直接用于国家安全需要的现实经济能力。它包括国防经济活动中人力、物力、财力和经济组织管理能力。它是国防经济潜力转化而来的现实形态。

国防经济潜力是一个国家可能用于国防需要的经济能力(本章简称"潜力")。它包括可能用于国防活动的人力、物力、财力、经济组织管理能力和经济动员能力。国防经济潜力存在于国家经济潜力中,是国家经济潜力减去民用最低需求量的剩余部分。用公式表示则是:

国家经济潜力 − 最低民用需求量 = 国防经济潜力

如何确定"最低民用需求量"?这是一个值得研究的问题。一般说来,它是指维持民众生存的最低需求。但是,这一概念中包含了一些不定因素。这些因素包括:国民过去的生活水平;国民的政治素养和毅力;进入战争状态的时间长短;战争的性质以及国民对政府当局政策的合作程度等等。因此,不同的国度,或同一国度的不同历史时代,"最低民用需求量"是不同的。必须联系各国的具体情况,实事求是地综合分析各种因素后才能确定。

国防经济潜力和国防经济实力,作为可能和现实,既有联系,又有区别。国防经济实力是从现实的角度、相对静止的角度来考察国防经济情况。而国防经济潜力则是从可能的角度、发展的角度来考察国防经济情况。国防经济实力是由国防经济潜力通过一定的转化机制转化而来。转化的程度如何，不仅取决于经济资源的多少、经济水平的高低，而且取决于社会经济的组织管理能力和经济动员能力。这是研究国防经济潜力的关键所在，也是人们易于忽视的问题。

应当指出的一点是，我们所讲的国防经济潜力与西方学者讲的战争潜力和苏联东欧学者讲的军事潜力有所不同，它不包含精神、政治因素，只从经济的角度来考察。

另外，当前我国很多学者开展了对综合国力的研究，这与本书研究的出发点和内容都不尽相同。综合国力是从国家的各个方面出发，是各种力量的全方位的分析和比较；国防经济潜力则是从国防的角度来分析各国的经济力量对比。综合国力的要素包括经济、军事、政治、外交、精神等各个方面；而国防经济潜力比较则主要以经济为基本内容，面较窄，但较细、较深，避开了某些不好确定的精神因素。

三、国防经济潜力的构成要素

美国普林斯顿大学教授克劳斯·诺尔1956年在他的《国家战争潜力》一书中，把战争潜力分为三个部分：经济能力、经济管理能力和国民对战争的思想准备。与众不同的是克劳斯·诺尔特别强调经济管理的因素。显然，这是现代经济管理思想在军事领域中的反应。

美国乔治敦大学战略与国际研究中心主任克莱恩（Ray S. Cline），从更广的角度提出了"国力方程"。他认为国力由五个因素决定：C——基本体积，包括国土面积和人口等，E——经济能力，M——军事能力，S——战略目标，W——国家意志。前三项为"硬国力"，后两项为"软国力"。软国力对于硬国力可以起倍加或

倍减的作用。决定国力的五因素有一定的构成模式,用公式表示为:

$$Pp = (C + E + M) \times (S + W)$$

这就是有名的"克莱恩国力方程"（Pp 表示综合国力）。

受日本经济计划厅委托，日本综合研究所 1987 年对本国综合国力进行了调查，并发表《日本综合国力》一书。该书提出测定综合国力的三大要素：一是国际贡献能力，包括经济实力、金融实力、科学技术实力、财政实力、对外活动的识极性、在国际社会中的活动能力等六个因素；二是生存能力，包括地理、人口、资源、经济实力、防卫实力、国民意志、友好同盟关系等七个因素；三是强制能力，包括军事实力、战略物资和技术、经济实力、外交能力等四个因素。精神和政治因素在国防中作用是巨大的，它与经济因素也有着千丝万缕的联系，但是为了集中精力更深一步地分析问题，我们只从经济潜力的角度来考察，一般不涉及政治和精神因素。

从前面的考察中我们不难看出，关于"战争潜力"或"军事潜力"构成的要素，说法五花八门。如果我们把精神因素暂时置于视野之外，那么，构成战争潜力的就主要是经济因素，它包括物力、人力、财力资源。克劳斯·诺尔与众不同，加进了经济管理能力因素，这是经济资源能否充分利用的重要因素之一，是当代经济管理思想的体现，说明他对战争潜力的理解深进了一层。但是，我们认为，这仍不够，还应加上经济动员能力。因为经济资源和平时的经济管理能力，能在多大程度上转化为国防经济实力，取决于转化机制的有效程度，而这本身也是一种能力，即经济动员能力。另外，国防经济结构是国防经济潜力中的重要因素，它既能在一定程度上体现物力数量的分布，也能在一定程度上反映经济管理和经济动员能力。如果把上述几种经济因素综合起来，就可以构成我们称之为国防经济潜力的东西。

因此，根据中外国防经济学家们多年研究的经验和我们对国防经济潜力的理解，可以把国防经济潜力分解为八项要素：

第一，自然资源。它包括一国的国土面积大小、土地肥沃程度、森林面积、林木蓄积、主要矿藏储量、河流长度及水量、海洋海滩面积、海岸线长度等项。另外还要考虑这些项目的增减趋势。国土海洋面积等项在短期内不易改变，但森林矿藏等项，其数量却呈现上升或下降的趋势，这对国防经济潜力的评估有重要影响。自然资源不仅有量的因素还有质的因素。这里讲的"质"，主要是"自然资源结构"，即自然资源构成是否合理。合理与否的标准：一是能源、金属、非金属矿藏自然资源的品种是否齐全；二是这些自然资源在空间布局上是否合理；三是它们的自给程度。

第二，科学技术能力。自然资源能在多大程度上转化为实物资产，科学技术是重要的中介因素之一。现代科学技术具有极其巨大的创造力。没有先进的科学技术就没有现代工业和现代国防。

第三，生产能力。生产能力中带有综合性的价值指标是国民生产总值（GNP）。它是一国在一年中劳动者新生产出的总产品和提供劳务的价值总和。从国防经济潜力的特点出发，生产能力的指标，我们除了采用国民生产总值外，较多地采用了实物指标，以增强可比性。实物指标主要是工农业产品的产量、交通运输能力等。显然，这些指标也有增减趋势的因素。上述自然资源、科学技术、生产能力三项，构成国防经济潜力的物力资源。

第四，人力资源。从量的方面来看，人力资源涉及一国的人口数量、劳动人口数量、兵员潜力。人口数量是一个国家全体人口的数量。劳动人口数量则是具有劳动能力的人口数量。根据国际上通行的作法，一般是把15—64岁的人口作为劳动人口。兵员潜力则是人力资源中适合服兵役的那部分人口。兵员潜力估算的方法和标准，各国不尽相同，平时和战时也不尽相同。一般来说是以士兵预备役年龄的男性公民的数量为准。如我国平时士兵的预备役年龄为18—35岁，则18—35岁的男性公民为最大兵员潜力。为了便于对世界各国进行比较，我们根据伦敦国际战略研究所的统计，把13—32岁的男性公民作为兵员潜力来估算。它表明一国在未来的五年，兵员的最大数量界限。从质的方面来看，人力资源还涉及人口结构，即性别结构、年龄结构、文化知识结构、职业结构、地域结构等。对于人力资源的考察，不仅要从静止角度来考虑，还要从动态的角度来考察。例如，可以作为国防人力的数量当年是多少，在未来的若干年中发展趋势如何？显然，这种动态分析对于国防经济潜力的分析是很有用处的。

第五，财力资源。财力资源主要包括国家的财政收入、财政支出、收支差额、国防费及其在国民生产总值中所占比重、国际商品贸易、国际收支差额和国际储备等指标。

第六，经济资源结构。不同的经济资源，可以形成国防经济力量的程度是不同的。尽管化妆品和火药、轿车和卡车的生产都创造国民生产总值和国民收入，但它们在国防中的作用大不相同。因此，国防工业及其相关的冶金、机械、化工和高科技工业（航天、航空、电子等）在整个工业中的比重，是国防经济潜力的标志之一。国防工业及相关工业的地域布局，对国防影响极大。布局合理，战时可以充分发挥其作用，否则，其作用发挥将受到限制。另外还有人—物结构、人—财结构等，都将对国防经济潜力产生巨大影响。

第七，经济管理能力。一个国家的国防力量的大小，不仅取决于经济资源的多少，而且取决于发挥它们作用的经济管理能力的高低。因此，经济管理能力本身也构成国防经济潜力的一个要素。在经济资源数量相同的条件下，某国的经济管理能力越强，其国防经济潜力则越大。一国的经济管理能力，涉及管理机构、体制、方式及管理人员的水平等因素。

第八，经济动员能力。有人把它与经济管理能力混为一谈。实际上，它与经济管理能力虽有密切联系，但也有本质区别。经济管理无论是在平时还是在战时，无论是民用经济还是国防经济，只要有经济活动，就有经济管理和经济管理能力问题。而经济动员，则只存在于战争准备之中，存在于平时的经济动员准备和战时的经济动员实施。经济动员能力是在经济动员准备和经济动员实施中体现出来的能力。它包括经济动员机制、法规、人员工作的有效性、准备的充分性等因素。把动员能力作为国防经济潜力的一个因素是很有意义的。一个国家的物力、人力、财力并不能自动地为国防服务，也不能自动地为战争服务，中间有一个转化过程。这一过程是由经济动员来完成的。在其他条件相同的情况下，动员能力越强，动员的速度就越快，转化的程度也就越大。

四、国防经济潜力评估

我们研究任何事物，都必须以正确的观点认识事物及其与其他事物的联系，必须遵循分析的基本原则，把握分析的基本方法。

（一）基本原则

正确比较或评估有关国家的国防经济潜力，并不是一件容易的事。国家防务问题同各个方面都有紧密的联系。国防经济潜力既涉及社会经济体制，又涉及国防秘密，因此，既纷繁复杂，又难以取得充分准确的资料。为了从复杂、多变、隐蔽的事物中清理出清晰的线条，我们必须遵循下列基本原则。

第一，系统原则。国防经济并不是一个孤立的实体，它作为社会经济系统中的一个子系统，具有相关性、结构层次性和动态平衡性的特点。国防经济子系统中的任何一个因素，都与社会经济大系统息息相关。它在任何地方、任何时候都不能孤立地存在。国防经济的相关性特点，决定我们评估国防经济潜力时，必须从整个社会经济系统着眼，把握决定国防发展的社会经济全局，从更广的范围内设置评估指标。国防经济又是分层次的，它不仅作为社会经济系统的一个层次而存在，而且，它自身又分为若干层次，具有耗散结构的特点。耗散结构型的经济系统均具有结构功能，这是我们准确把握国防经济潜力的一个重要手段。从这一特点出发，我们不仅要考察国防经济潜力的物力、人力、财力要素，而且还要考察它们发挥作用的制约因素—结构功能。国防经济作为一个运动的事物，不断地从社会经济系统中吸收能量，又不断地向社会经济系统排放能量，始终处于动态平衡之中。这一特点要求我们把国防经济的各基本要素，与社会经济系统中相应的要素联系起来，从平时、战时等不同的时空中，对比起来做动态考察。总之，我们只有遵循系统的原则，把握国防经济的基本特点，才能较准确地把握和评估国防经济潜力。

第二，发展原则。事物的运动和发展是绝对的，静止和平衡则是相对的，这是马克思主义哲学的基本观点之一。过去，有不少人在评估实力或潜力时，并不顾及这一原则，只是静止地选用一个或几个现在的数量指标，据此而评估实力或潜力。实际上，任何指标都是变化发展的，潜力则更是如此。国防经济潜力是一个国家可能用于国家安全需要的经济能力，是从可能的角度和发展的角度来考察国防经济情况，因此，我们除了要计算和评估现实的经济指标之外，还要考察、评估经济指标变化的趋势。例如，假定某两个国家某年的国民生产总值都为3000亿美元，从这一项指标来评估的潜力是一样大。但如果我们进一步考察，这两个国家国民生产总值的增长趋势可能不一样，甚至可能相去甚远：甲国每年以10%速度增长，而乙国只以1%的速度增长。如果我们在评估各国国防经济潜力时，不从发展的原则出发，那么，其结论肯定是很不准确的。所以，我们必须遵循发展的原则，既分析经济指标的现实数量关系，又考察它发展变化的趋势，把两者结合起来。

第三，优化原则。评估各国的国防经济潜力，必须对国防经济潜力的各要素进行计量、分析、评判。可是，无论是大国还是小国，无论是物力资源还是人力、财力资源，都有浩如烟海的数量和质量指标。我们在评估的过程中，不可能也无必要把所有的要素都列出来加以分析和评估。如何才能免去繁杂的统计和运算程序而又得到比较准确的结果呢？这就必须遵循优化原则，将最有代表性的数、质量指标优选出来进行比较。意大利经济学家巴累托（Pareto）提出的 ABC 分析法，就体现了优化原则，并在实践中收到很好的效果。其基本思路是，为了管好繁多的物资，提高效益，可以从数以万计的物资品种中筛选出几种数量大、占用资金多的物资进行重点管理，抓住重点带动一般。在评估国防经济潜力时，我们也必须抓住重点，优选出若干有代表性、与国防经济潜力关系较大的数质量指标，进行计算、分析和评判。在各经济资源要素中，到底哪些指标具有代表性，这需要经济专家、军事专家反复论证后得出。我们在本章选出的各项指标，是在综合第一次世界大战以来各个历史时期各战争潜力专家们的指标体系的基础上，从现代战争和经济发展特点出发而确定的。

（二）基本方法

方法是体现原则、达到目标的手段。没有科学的方法，也就无法体现原则并达到我们的目的。力量评估的方法很多，我们在此使用的基本方法有：

第一，把定性分析和定量分析结合起来。定量分析是通过各种经济指标的数量统计、指数计算和分数评定等手段，来衡量某要素的数量大小或重要程度。如果没有这种分析，就无法达到国防经济潜力比较的目标。然而，定量分析必须建立在正确的定性分析的基础之上。否则，定量分析就是盲目的不准确的。定性分析，一般是指对事物的性质、特点及与其他事物的联系等进行考察并得出判断。就国防经济潜力比较而言，定性分析的目的主要是选择要素，并确定其地位、作用。例如，在定量分析之前，要选择适当的要素或指标，在千千万万的要素中，为什么只选这几项，而不选那几项，这要靠定性分析来确定其重要程度。在选出的要素或指标中，我们给分或分配权重系数时，并不是平均分摊的，有的要素给分低、权重系数小，有的要素给分高、权重系数大。再例如，不同的要素可能具有不同的性质，不同性质的东西用同一种手段，肯定无法计算，或者能计算而不能真正反映事物的数量关系。倒底运用什么计算手段，不能不依据定性分析的结果。

第二，把评定分数和确定结构系数、动员系数结合起来。从经济学的观点看，经济结构是一个至关重要的范畴。经济结构中的经济资源（物力、人力、财力）结构，在国防经济潜力中有着重要地位。经济资源结构是否协调、合理，对资源效用的发挥有极大的制约作用。过去不少国防经济学家，在评估战争经济潜力时，往往只是依据各实物要素的数量打分，并将各项简单相加，甚至有的只用国民生产总值一项来衡量战争经济潜力的大小。不可否认，根据专家的意见打分评估，是可行的基本方法之一。但是，国防经济是一个相互联系、相互作用的开放的有机的系统，各要素都处于系统之中，仅用静态和孤立的方法，不易把握住它的整体力量。耗散结构论认为，功能→结构→波动之间的相互作用，是理解社会结构及进化的基础。国防经济作为国民经济中的一个开放系统，它的功能也是在一定的结构中，通过调节、控制（波动）而产生的。国防经济潜力的各要素之间，是相互制约、相互影响的关系。它们的功能并不是各自功能的简单相加。由于系统结构的影响，既可能使各要素的功能产生"内耗"，部分抵销，形成"1＋1＜2"的情况；也可能使各要素的功能相互协调，产生结构功能，形成"1＋1＞2"的情况。这里的关键是经济资源结构的合理程度。在此我们可以使用"结构系数"这一范畴，它表示经济资源结构合理的程度。合理程度高，结构系数就大，反之则小。结构系数一般为1，结构不合理或不甚合理时，可小于1，结构合理并能产生结构功能的则结构系数可大于1。作为不断发展运动中的经济资源结构，必须运用适当的经济管理机制和动员机制进行调控，才能使之从不合理（或不太合理）→合理→不合理→再合理，以使之向更高级的结构形式发展。至于何为合理、何为不合理，要根据不同的结构内容分别考察和评估。

从国防经济学的观点来看，动员能力对于一个国家经济能力的发挥有着重要作用。在世界历史上，曾有不少这样的事例：富国、大国被穷国、小国打败。其中一个至关重要的原因，是富国、大国没有有效地组织和动员本国的人力、财力、物力用于国防。一个国家的经济能力强，并不等于它的国防力量也强，其中有个转化机制的问题。

第三，把部分国家的综合分析与世界各国的横向比较结合起来。世界上的国家很多，不可能也无必要对每个国家的情况都进行详尽的综合分析，只能根据战略研究的需要选择若干个国家，对其国防经济潜力的各个方面加以综合考察。对部分国家的综合分析，其目的有两个：一是对若干关心的国家的国防经济潜力，有一个比较系统的详尽分析和介绍，以便向读者提供更多的情况；二是从理论上为横向比较奠定基础。横向比较是将世界各国的物力、人力、财力，分门别类地列表进行比较和计算，以便确认我国及有关国家在世界上的大致地位。

综上所述，我们实际分析的就是物力、人力、财力三大"硬要素"，加上经济资源结构和经济管理动员能力两个方面的"软要素"。国防经济潜力实际上就是一国的物力、人力、财力中可以动员出来为国防服务的那部分能力。

具体评分是个复杂的过程，简单说来，我们求出物力评分合计数后，乘以产业结构系数，得物力总分 M；求出人力评分合计数后，乘以人力结构系数，得人力总分 H；求出财力评分合计数后，乘以财力结构系数，得财力总分 F；以 a 来表示经济结构系数（即人口与自然资源、国民生产总值、财政收入、国防费的关系）；我们以 m 表示动员系数（根据经济管理能力和经济动员能力的大小来确定）；最后可得国防经济潜力总积分 P，其总公式为：

$$P = (M+H+F) \times a \times m$$

五、增强国防经济潜力的战略思考

我们面临的时代，是经济全球化、政治多极化、科技信息化的时代。美国成为世界上独一无二的超级大国。我们在经济、政治、科技、军事等各个方面，都面临异常激烈的竞争。在这激烈的竞争中，发展道路的选择是至关重要的。根据世界各国国防经济潜力比较的若干情况和我国国防经济潜力发展的具体实践，我们认为，在我国经济建设和国防建设的发展道路上，至少有以下四个问题值得深思。

（一）以经济建设为中心，着眼"深度军备"

据 1989 年的数据，11 亿人口、960 万平方公里土地的泱泱大国，其国民生产总值不到美国的 8%，只比 0.39 亿人口、51 万平方公里国土的西班牙稍多。人均国民生产总值则排在世界各国的 100 位之后。即使排除国民生产总值计算的一些不合理因素，我国的经济仍相当落后。这是一个事实，是长期衰败、腐朽的旧社会留给我们的事实。

为了改变旧中国经济落后的事实，中国共产党人前仆后继，不断摸索建设新中国、发展社会经济的道路——有中国特色的社会主义道路。在中国共产党十一届三中全会以后的整个 20 世纪 80 年代，全国各族人民在共产党的领导下，坚持以经济建设为中心，坚持四项基本原则和改革开放，全面开创了社会主义现代化建设的新局面，提前实现了我国国民经济和社会发展的第一步战略目标，使我国的经济实力大为增强。

强大的经济实力，是便亿万人民摆脱贫困、走上社会主义富裕之路的基本条件，是中华民族自立于世界民族之林的坚实基础，是强大社会主义国防事业的物质技术源泉。正因如此，我们必须坚持把发展社会生产力作为社会主义的根本任务，专心致志地搞好现代化建设，这是我们数十年经验教训的总结，是我们走向 21 世纪必须坚持的基本原则。在提前实现我国国民经济和社会发展的第一步战略目标之后，我们必须不屈不挠地为实现第二步战略目标奋斗。从

1990年开始，到2000年的10年中，国民生产总值如果以每年6%的速度递增，则2000年的国民生产总值可以达到31100亿元（按1990年不变价格计算）的水平。那时我国的经济实力将比现在有较大幅度的提高。不过，要做到这一点也不是轻而易举的，必须始终坚持把发展社会生产力作为根本任务来抓。失去这一点，就将失去与世界大国竞争的资格。

集中精力搞社会主义经济建设，并不是不要国防建设，问题是国防建设应采取什么样的方针。在国防经济学中，我们把那种不注意发展基础工业，而竭尽现有能力，急剧扩大军火生产的军备方针，称作"宽度军备"，把那种注重长远工业建设，保持较强动员生产能力的军备方针，称作"深度军备"。在和平建设时期，我们必须以经济建设为中心，同时兼顾国防建设。毛泽东同志早就告诫我们："只有经济建设发展得更快了，国防建设才能够有更大的进步。"[①] 邓小平同志也曾多次谈及此问题，他说："如果我们有一万亿美元的国民生产总值，拿百分之一来搞国防，就是一百亿，如果拿百分之五，就是五百亿。一百亿美元，能够办很多事情，要改善一点装备容易得很。"[②] 防止外敌入侵的军事准备，首要的是建立独立自主的强大的基础工业和繁荣的国民经济，否则国防就是无源之水，无本之木，一旦备战，可供动员的工业生产能力和财力十分有限。与此同时，拨出适当的资金发展，必需的国防科学技术、建立必要的国防生产能力，把精干的常备军品生产能力与强大的后备生产能力结合起来。要着眼潜力，着眼长远，走具有中国特色的国防经济的建设道路。

（二）发展高技术产业，优化经济结构

和平时期的军事竞争，日益表现为军事技术的竞争，尤其是高

[①] 《毛泽东选集》第5卷，人民出版社1977年版，第271页。

[②] 邓小平：《建设有中国特色社会主义》增订本，人民出版社1987年版，第74页。

技术的竞争。高科技，不仅是综合国力的重要因素，是国防经济潜力的重要因素，同时也是改造传统产业、发展新兴产业的源泉。

目前，值得注意的一个新的动向是高技术的双向流动不仅从军事领域转向经济领域，而且也从经济领域转向军事领域。因此，大力发展科学技术，开发高技术产业，优化经济结构，既可以促进社会经济的迅速发展，又可以为军事工业的发展打下坚实的基础。从日本国防经济潜力的综合分析中我们可以得到一点启示：日本现有的军事工业只占整个工业产值的0.6%，由于其电子工业、原材料工业、钢铁工业、机械工业、造船工业十分发达和先进，动员潜力十分雄厚，转产军品易如反掌。难怪石原慎太郎夸口："不管美苏如何继续扩充军备，只要日本说声停止出售尖端部件，他们就会陷入一筹莫展的境地。"[①]

为了争夺21世纪的科学技术优势，从而争夺经济发展和军事技术的优势，各国纷纷采取措施，调整发展战略，大力发展科学技术。例如，美国在进入20世纪90年代后采取了发展科学技术的六大措施：加强科技事业的宏观管理。把总统的科学顾问升格为总统助理级，增加科技政策办公室人员；增加科研投资。1989年达1292亿美元，比上年增加3.4%，1990年在政府预算削减2.4%的情况下，研究开发费仍增加7.4%；实施规模空前的大型科研项目，带动一般科研项目发展。20世纪90年代实施"自由"号太空站、观测卫星系统等18个大项目，研究开发费用600亿美元；振兴、改革教育，广揽外国科学技术人才，加速大学和工业界的科学技术合作等。英、法、德等西欧国家，在资金、人才等方面不能与美、日相抗衡，则采取"集中资源，携手发展，联合对外"的方针。从1990—1994年的研究和开发总体计划，有57亿欧洲货币单位的科研投资，集中在五个最有发展前景的领域，以与美、日一争高低。

---

① 石原慎太郎等著，军事科学院外国军事研究部译：《日本可以说"不"》，军事科学出版社1990年8月第1版，第4页。

中国的科学技术在新中国成立后已有长足的发展，不少领域已居世界前列。但从总体来看，水平还不高。我国的工业发展也有一定水平，不少产品总量居世界第一。不过，由于我国的高科技产业发展较慢，技术比较落后的传统产业比重很大，产业结构不甚合理。目前，我国农业的产值在国内生产总值中所占比重高达32%，而工业技术发达国家一般只有5%左右。在工业中，技术密集型的新型产业较少，劳动密集型的传统产业较多。在1969—1984年间，日本的实际经济增长率为5.9%，其中科技进步对其增长的贡献为58.6%，近几年已达63%。预测到1995年可达到65%以上。西德在20世纪80年代的经济增长，有55.6%靠科学技术的进步，同期法国为50.8%，韩国为42.3%。我国在1952—1985年间，经济增长率高达6.7%，但靠科技进步的贡献只有19.4%，经济增长主要是靠资金和劳动力的大量消耗。

这说明我国急待发展高新技术和高技术产业，使经济结构不断优化。正因如此，七届人大四次会议通过的《中华人民共和国国民经济和社会发展十年规划和第八个五年计划纲要》中，把"积极调整产业结构，……促进产业结构合理化并逐步走向现代化",[①] 作为今后10年主要任务的第一条。实施的具体方法是积极跟踪世界新技术革命的进程，努力在生物工程、电子信息技术、自动化技术、新材料、新能源、航空航天、海洋工程、激光、超导、通信等高技术领域取得新的科技成果。继续推进"火炬计划"的实施，办好高新技术开发区，推进高新技术成果商品化和产业化，并加快向传统产业的扩散和渗透，使我国的经济结构适应未来经济发展的需要，更具有生命力和竞争力。

（三）控制人口增长，发挥人力资源优势

从一定的意义来分析，人既是"人手"，又是"人口"。作为

[①] 《人民日报》，1991年4月16日。

"人手",他可以劳动;作为"人口",他必须吃饭。中国人口达11亿,著称世界。然而,人口多使各方面都显得拥挤。首先是人均占有资源量少。过去我们总说日本是资源小国,中国是资源大国。如果从人均自然资源来分析,中国相当低。在可比较的58个国家(地区)中,人均自然资源指数超过40的有澳大利亚、加拿大等4个国家,超过10的有苏联等22个国家,中国只有1.2,仅比印度的0.9多一点,居58个国家(地区)的倒数第2,还不及孟加拉的1.4和日本的2.10。其次是人均占有的生产资料少,就业较难。人作为"人手"参加社会劳动,必须有一定的生产工具和资金。人手过多,生产工具和资金有限,有机构成低,人均国民生产总值上不去。第三是人口多吃饭的嘴也多。新中国解决了11亿人口的吃饭问题,是中国历史的一大进步,也是世界的一大创举。但同时也应看到,我的"吃饭"的水平还是相当低的。这些都要求我们严格控制人口,防止人口的过快增长。如果我们不能在这方面取得成功,那将会严重制约我国国防经济潜力的增长,严重削弱我国在21世纪时的竞争力。

在严格控制"人口"的同时,我们还要充分挖掘"人手"的潜力,为社会主义建设事业服务,为增强国防经济潜力出力。当前,我国在"人口"和"人手"的问题上,人口负担重的悲观情结多了些,充分发挥劳动力潜力的办法少了些。我们应当面对现实,在控制人口增长的同时,把丰富的劳动力资源利用起来,为国力的增强添砖加瓦。

实际上,我国一方面存在着大量劳动力闲置的情况,一方面来存在着大量工作无劳力去干的现象。荒山、荒滩、荒坡绿化,农田水利建设,道路、航道开辟等生产活动,既是大量吸收劳动力的工作,又是造福万代、增加社会财富的途径。只要有关部门认真组织并提供必要的资金,是可以收到较好经济效益的。

（四）建立和完善经济动员机制

经济动员机制是否完善，是经济潜力转化为国防实力的关键。许多西方发达国家，经过了长期的战争实践，深深懂得动员机制的功能和作用，从而非常注重动员机制的建设。从国防经济潜力综合评估的情况来看，动员因素的作用也充分显示出来。有些国家三大要素积分较高，排位在前，只是因为动员系数较小而使总积分大大下降，排位也大幅往后靠。

从我国的具体情况来看，虽然有优越的社会主义制度，有集中统一管理的体制，但我国动员机制不完善、功能不健全的状况，严重地制约着潜力的发挥。首先，我国至今仍无一部《国防动员法》，动员工作，特别是经济动员工作还是"44人治"，而不是法治。这与美、西欧及苏联等国的情况差之甚远。它们不仅有《国防动员法》之类的动员"母法"，还有与之相配套的《民船动员法》《民用飞机动员法》《战时劳工法》《物资储备法》等之类的"子法"。其次，我国至今尚无一个统管经济动员工作的机构，经济动员工作混沌无序。美国过去有国防动员局，20世纪70年代末又成立紧急动员署，不仅管兵员动员，也管经济动员；不仅管战争动员，也管自然灾害、国内暴乱等紧急情况下的动员。紧急动员署可以在总统的领导下协调军队和政府各部门的动员工作。其他不少国家也有类似的机构。第三，经济动员准备工作不足。原来建立的军工生产动员线，撤并后剩下来的已不太多。常备军工企业数量也大幅度调整。一旦有情况，哪些工艺相近的民用企业可以动员？哪些民船、民机、车辆可以动员？均需要及早研究。

针对上述问题，我们必须下大力气建立和完善经济动员机制。首先是制定必要的经济动员法规，使经济动员从"人治"转向"法治"；其次是建立一个统一的、属中央军委和国务院双重领导的权威机构，统一管理和调度动员工作，使经济动员从"无序"转向"有序"；第三是制订必要的经济动员预案，把经济动员准备的重点从"硬件"，（动员生产线）建设转向"软件"建设，把经济动员准备与国民经济建设有机地结合起来，增强国防经济的弹性。

六、国防经济潜力调查

国防经济潜力调查与国民经济动员准备是紧密相联的。它是一项复杂而艰巨的系统工程，需要投入大量的人力、物力和财力。由于前面所述的潜力要素，实际就是国防经济潜力调查的内容，所以，这里只就意义和原则等问题做些说明。

（一）国防经济潜力调查的重大意义

国防经济潜力的研究，是在战争、战略研究中产生和发展起来的。而现代战略的研究，更无法离开国防经济潜力的研究。因此，研究国防经济潜力，进行国防经济潜力调查有着十分重要的意义，具体来说可以概括为如下几点：

第一，进行国防经济潜力调查是正确评估本国或敌国战争潜力的重要方法。

孙子早就说过："知彼知己，百战不殆。"只有进行认真的调查，才能正确估计自己和敌人的力量。世界上第一个社会主义国家诞生不久，革命导师列宁就以其特有的深邃的目光洞察世界，并意味深长地说："严肃地对待国防，这就是说要切实准备并精确地估计力量的对比。"[①] 我们研究国防，不能只看到兵力兵器的对比，还要看到人力、物力、财力、科技力等因素的对比。

第二，进行国防经济潜力调查是国民经济动员工作的重要前提。

---

① 《列宁全集》第27卷，人民出版社1990年版，第306页。

在和平时期，经济动员准备有着十分重要的意义。保障安全和促进发展是国家的两项根本任务。而国防建设是保障国家安全的基本措施，是国家在和平时期的一项基本活动。国防经济潜力是国民经济中能转化为国防力量的潜在因素。这种潜在的因素到底有多大？能不能转化出来？这都要经过潜力调查才能完成。

另外，经济动员准备和潜力调查还是显示力量、慑止侵略的重要手段。国家安全在一定程度上取决于一个国家的经济动员潜力。因此，它不仅是国家反对敌对势力侵犯的政治意志的表现，而且是一种反击侵略的力量显示，是一个国家经济力和国防力的综合反映。因而经济动员潜力常常被人们看作是估价一个国家力量大小的重要因素。而要做好这些方面的工作，必须通过调查掌握情况。同时，国防经济潜力调查本身就是动员准备的内容之一。因此，国防经济潜力调查是国民经济动员准备的重要前提。

第三，进行国防经济潜力调查是预测敌国或潜在敌国战略企图的重要手段。

任何战略行动都要有必要的经济手段支持，战略企图和行动的变化，必然会有相应的经济条件的变化。不断地对敌国或潜在敌国进行跟踪调查，往往可以发现战略企图的某些变化，提前做好防御准备。

当然，也可以将这种手段反过来用。夸大一个国家的动员潜力，制造威胁论。1998年6月14日，美国兰德公司高级研究员、研究生院院长威尔夫博士，用PPP法（购买力平价）计算出，中国1994年的GDP为5万亿美元，军事投资为1490亿美元。2006年，中国的GDP与赶上美国，大大超过日本、德国。军事投资接近美国的水平，达到2000多亿—3000多亿美元。这实际就是为"中国威胁论"杜撰提供了理论依据。

第四，进行国防经济潜力调查是制定本国发展战略的重要依据。

制定发展战略需要各个方面的情况，本国和敌对国家或潜在敌国的国防经济潜力是重要的依据之一。

一个国家的经济资源是有限的，人们既需要一个安全的生活环境，又希望经济不断发展、生活水平不断提高。这样就有一个问题：国防建设所需的资源，在整个国民经济中到底占多大比重？这是任何国家都必须慎重处理的一个大问题。国防建设占用的资源多了，影响经济建设的速度和人民生活水平的提高；占用的资源少了，又影响国防实力的增强，危及国家安全，酿成大祸。处理好这之间的关系，是一门大的学问。这里很重要的一点，就是通过国防经济潜力调查来摸清家底，为正确制定发展战略提供依据。

苏联的教训是深刻的。苏联解体的原因是多方面的，但其中一个重要的原因是长期把大量的经济资源投入到国防部门，使人民的生活长期得不到改善。这种状况一两年可以，三四年也还行，但时间一长，人们就要问：到底是社会主义好还是资本主义好？再加上其他原因，苏联就解体了。

表5—1 苏联实际军费支出占国民生产总值、财政支出的比重

（单位：亿美元,%）

年份	实际军费	实际军费占 GDP	实际军费占财政支出
1970	552.4	9.4	32.2
1975	1048.5	12.3	35.3
1980	1443.7	13.5	32.9
1985	1499	16.2	32.5
1986	1836.5	16.2	31.0
1987	2044.7	15.7	30.0
1988	2133.9	14.9	28.5
1989	1230	8.5	15.6
1990	1090	7.5	18.7

资料来源：据西方研究机构有关推算资料综合而成。

在和平时期，国防部门的"摊子"不能过大。例如，常备军的

数量不能过多，多了养不起；国防工业和国防科研的规模不能过大，多了会挤占国民经济建设的人力、物力、财力。但是，国防部门的规模小了，又使人不放心，担心国家安全受损失。那么，只有采用"小常备、大动员"的模式。而要建设这种模式，就要经过潜力调查，做到心中有数。

（二）国防经济潜力调查应把握的主要原则

面对新的形势和新的事物，我们必须更新观念、改变思路、完善方法。我们在国防经济动员潜力调查时应该着重把握如下几点：

第一，调查内容知识化，把握潜力结构优化原则。

知识经济时代的经济动员潜力，其内容发生了革命性变化。现在的"知识军事""硕士战争"等一类的新词，令人眼花缭乱。美军中拥有硕士学位的军官达10万以上。有人预言：未来的战争是硕士对硕士的战争。这说明了一个值得重视的趋势——知识经济时代的战争是信息战争；信息战争要由有知识的人掌握和操纵。

近几场高技术局部战争充分说明了这一点。海湾战争中，美国为了摸清伊拉克的各种军事部署情况，动用数十颗卫星，24小时在伊上空转，从不同的角度把伊军士兵的活动拍摄得一清二楚。至于大型军事目标的掌握情况，就不言自明了。

科索沃战争中所使用的高技术兵器的比例更是空前增大。这些高技术兵器的参战，给经济动员提出了新的课题：如何才能发动力工业部门，在数量和质量上保障军队高技术兵器的使用和维修？很显然，加大经济动员的技术含量，是高技术战争的基本课题之一。

我们研究知识经济，不在于知识经济本身的特点，而在于知识经济对经济动员准备的影响，特别是对潜力调查的影响。最根本的是动员潜力的结构发生了很大变化。美国人认为，知识经济对国防建设的影响是空前的。在知识经济的作用下，以后陆军、海军、空军、导弹部队之间的界限模糊不清；军工企业与非军工企业之间的界限模糊不清；前方和后方的界限模糊不清。这一说法可能言过其实，但不无道理。因此，我们经济动员和国防经济潜力调查的范围，不仅仅着重于军工集团，而是着重于全国的高技术企业。

第二，调查手段信息化，把握多种调查手段并用原则。

第二次世界大战结束，在关岛一带积压了几百万美元的作战物资。而在海湾战争结束后，战场仍积压了上百亿美元的作战物资。为什么会大量积压和浪费？因为哪儿有物资，有多少，哪儿需要物资，需要多少，都不是很清楚，都不透明。如果通过网络建设，做到"一网了然"，后勤就变成可视后勤了。

我们的动员体系，特别是国民经济动员体系也应该是这样。如果我们将所有信息都用计算机存起来，人力资源、物力资源、财力资源、信息资源等，在网上展示得一清二楚。这个国民经济动员体系就变成了"可视动员体系"。而要建立"可视动员体系"，就要从现在进行国防经济潜力调查时开始，将所有调查资料变成计算机能够认识的数字，建立"数字化动员体系"，或者叫"可视动员体系"。

第三，资料变动经常化，把握数据整理动态化原则。

事物的运动和发展是绝对的，静止和平衡是相对的。这是马克思列宁主义哲学的基本观点之一。过去，我们在研究和统计国防经济潜力时，并不注意潜力和数据的发展和变化，而是静止地独立地看问题，影响了潜力大小和数据的准确性。1998年开始的国防经济潜力调查，是工作的第一步。大家都很清楚，我们所收集的数据是经常变动的，今年与明年不一样，这个月与上个月的也不一样。要使数据具有可靠性，就要不断地跟踪，不断地更新。这就要使数据系统动态化。当然，数据动态化首先要建立起一个开放式、动态化的统计数据系统。要做到这一点，必须在总体设计时就要考虑到，而且，一开始就要投入一定的人力、财力和物力。

表 5—2 1938—1943 年交战国军火生产总值（%）

年份	1938	1939	1940	1941	1942	1943
同盟国	39	45	48	58	64	70
轴心国	61	55	52	52	36	30
合计	100	100	100	100	100	100

资料来源：美国军事生产委员会计划统计局。

第四，资料评估综合化，把握综合分析原则。

我们进行国防经济潜力调查，不是为了调查而调查，而是看看我们的潜力有多大？与潜在敌国相比，我们有多大的差距？我们应该从哪些方面去做工作？要想达到这样的目的，就要在调查统计数据的基础上进行综合分析和评估，而分析和评估是很有学问的。

国防经济动员潜力作为国民经济中的有机组成部分，是一个开放的系统。它的功能是在一定的结构中通过调节、控制而产生的。国防经济动员潜力的各要素之间是互相制约、互相影响的。由于系统结构的因素，既可能使各在素的功能产生"内耗"，形成"1＋1＜2"的结果，也可能使各要素的功能互相协调、互相促进，形成"1＋1＞2"的结果。

第六章
经济动员*

这里所称的"经济动员",是"国民经济动员"的简称,是研究国民经济从平时向战时转化的理论,是国家按照新的要求和新的方向重新配置经济资源的活动。一般包括平时的经济动员准备、战时的动员实施和经济管制以及经济复员等。

一、经济动员的内涵和特点

(一)经济动员的内涵

经济动员,也称国民经济动员,是国家为了保障战争的需要、赢得战争的最后胜利,有计划、有组织地使国民经济由平时状态向战时状态转换的一系列活动。这一概念包含了十分丰富的内容。它至少可以包括如下五个要点:第一,国民经济动员的主体。全国性的国民经济动员,除了拥有政权、掌管国民经济的国家之外,谁都无法担此重任。至于局部战争中的局部动员,一般也是由中央政府做出决策,至于具体实施,可由中央负责,也可由地方负责。由地

---

* 本章前五部分内容摘自长征出版社1995年4月出版的《国民经济动员——基本理论和历史经验的研究》一书。时任中央军委副主席的张震将军、时任国务院副总理的邹家华同志分别为本书题词。第六、八部分内容摘自《中国国防经济研究》2006年第4期、2008年第5期。第七部分摘自国防大学出版社2006年9月出版的论文集,原题目为《以科学发展观为指导,努力创新国民经济动员建设思路》。

方负责，也是国家行使职权的一种具体形式。因此，国民经济动员的主体是国家。第二，国民经济动员的客体。国民经济动员所要动员的是国民经济领域中的一切要素，即国民经济的各个部门；部门中的各企业、单位；各种产品和劳务等等，是它们的重新配置。第三，国民经济动员的目的。最终目的是赢得战争的最后胜利，动员的直接目的是通过转变国民经济的体制和运行机制，重新配置资源，充分调动国家的经济能力，扩大生产，为战争前线提供尽可能多的人力、物力和财力。同时维持后方的必要需求，以保障后方的稳定和安全。第四，国民经济动员的时间。从最窄的意义上讲，动员时间是动员令下达、国民经济实行转换时开始，到转换完成时结束。但从更广的意义上讲，在国民经济开始转换之前，要有长期的准备过程；动员开始后，也要有一个展开和延续的过程。如果考虑到再从战时状态转入平时状态，则还有一个复员过程。我们认为，经济动员和经济复员是国民经济平战转换的一个完整过程，但动员和复员又是相对而言的，是有区别的。因此，一般而言，经济动员包括平时的经济动员准备和战时经济动员实施。当然，实施本身还包括动员令发布时的转换高潮、战时的动员延续及经济战。第五，国民经济动员的空间。当大规模战争爆发，国民经济动员的范围涉及到全国一切经济领域，一切与经济活动有关的人、物、事。因此，其活动空间是十分广阔的。

关于国民经济动员的内涵问题，还有几个有代表性的认识问题应当加以分析：

首先，"经济动员"和"国民经济动员"的内涵问题。有的同志认为，应该用"经济动员"，而不应用"国民经济动员"。其理由是：经济动员的概念大，包括民用经济动员和国防经济动员两个部分。国民经济动员只是民用经济动员，不包括国防经济部分。我们认为，国民经济既包括经济部门，也包括经济活动。经济部门中应该包括国防工业和国防科研部门，即国民经济包括国防经济。如果排除了国防经济这一块，国民经济部门是残缺不全的。经济活动也应该包括军品生产和流通，包括国防科研活动。如果经济活动不包括这一块，显然也是不可想象的。我们认为，国民经济动员应包括民用经济和国防经济两个部分的动员。它是一个整体，不能把国民经济动员与"国防经济动员"割裂和对立。"经济动员"只不过是"国民经济动员"的简称。

其次，国民经济动员是否包括战争以外的突发事件的问题。一个国家在面临大的战争时，要进行国民经济动员，这是毫无疑义的。但有的国家，如美国，在发生大地震、大灾荒等突发事件之后，即宣布进入紧急状态，也进行动员。这算不算国民经济动员？我们认为，从原则上讲，这也应该算。尽管它的目的不同、范围不同，但其动员的方式、程序是大致相同的。如果将这种动员也包含在国民经济动员之中，那么，其定义可以这样下："国民经济动员是国家为了应付突发事件的需要，有组织、有计划地把国民经济从平时的正常状态转入非正常状态的一系列活动。"这里所说的"非正常状态"也可以包括"战争状态"。这是一种含义较为宽泛的国民经济动员。不过，自然突发事件导引出的经济动员，范围往往有一定局限。为了使研究更有目的性，这里着重从战争的角度来研究国民经济动员。

第三，国民经济动员的大、中、小概念问题。由于各人对经济动员的理解不同，经济动员可以分为三种不同的观点："小概念动员观"，即把动员仅仅理解为发出动员令时的动员实施，这是内涵最狭窄的动员；"中概念动员观"，即动员从平时的动员准备算起，到动员实施。动员实施还包括发布动员令时的经济体制的转换高潮、战时动员延续及经济战等；还有一种观点是"大概念动员观"，即把平时的动员准备直到战后的复员，都作为动员过程的不同阶段。大概念的动员，把动员看作一个完整的运动过程——从平时的动员准备，临战动员实施，战时经济管制，再到复员结束。即转换从平时经济开始，再回复到平时经济。我们主张把平时的动员准备也包含在动员之中，因为，平时的动员准备是动员实施的前奏；同时，它不涉及整个国民经济，不影响国民经济的"平时"性质，但又是动员的一个组成部分。

第四，国民经济动员的着眼点是"措施"还是"活动"的问题。原苏联的《军事百科全书》对"动员"所下的定义，其着眼点是"措施"。《中国军事百科全书》给国民经济动员所下的定义是：国家将经济部门和相应的体制从平时状态转入战时状态所采取的措施。在此，国民经济动员的"落脚点"是"措施"。其他还有些专著和论文也取这一看法。我们认为，国民经济动员并不能仅仅归结为"措施"。因为措施是"静态"的事物，不能包容国民经济动员的一切活动。国民经济动员涉及一个国家的所有经济部门、人员、所有经济体制、运行机制、所有经济活动，是千百万人参加的一系列活动的总体，是事物运动的综合。而"活动"是有主体、有客体、有运行方式和方法等，其中当然也包含"措施"。所以国民经济动员的着眼点应该放在含义更加宽泛的"活动"上。

（二）经济动员的领域和特点

从经济部门的角度来考察，动员的基本领域有工业动员；农业动员；交通运输动员；邮电通信动员；商业物资动员；科学技术动员；财政金融动员；劳动力动员等等。而这些部门又有各自的具体动员领域。例如，工业动员就有工业设备动员、工业原材料动员、工业劳动力动员等等。农业动员则主要包括战略农产品种植面积动员、农产品征缴、收购动员、农业劳动力动员等等。

从地域的角度来考察，一个国家的不同地区，经济动员的领域是不相同的。某些地区是工业发达地区，动员的重点是工业，是工业品，是原材料、燃料等等。而另一地区可能是农业发达地区，动员的重点是农产品、农业原料、劳动力等等。有的地区可能是交通枢纽，动员的重点在交通保障和交通安全等方面。另外，不同的国度，经济动员的侧重点也不相同。有些国家农产品极为丰富，暂时不做动员也能维持一段时间，而工业原料极其贫乏，那么，它就必须加强工业原料的动员，或加强交通动员，以便从海外输入更多的原料。

无论是从部门的角度还是从地域的角度来考察，国民经济动员的基本领域既是广阔的、复杂的，又是各有区别的。

国民经济动员，由于其本质的规定性，同其他活动相比，有它自己的一些特点。这些特点主要表现在如下几个方面：

第一，"价值"的政治性。国民经济动员是经济活动，其直接目的是获取经济资源。但这一经济活动的最终目的是保障战争的需求和社会稳定。国民经济动员的最终"价值"取向，主要的并不是经济，而是政治。这与其他性质的经济活动，有所区别。这一特点决定了我们在国民经济动员过程中，特别是在动员实施过程中，首先考虑的是政治因素，而不是经济因素；首先衡量的是政治标准，而不是经济标准。

第二，运行的时效性。在和平时期，经济运行必须讲究时效。这是毫无疑义的。但是，这与战时国民经济动员所要求的时效性，还不是同一概念。战争是关系国家存亡、民族兴衰的大事，对抗性、时效性极为强烈。一个战机失去，往往会导致全局的失败。因此，动员有着强烈的时间要求。

第三，活动的广泛性。国民经济动员作为一种活动，涉及各个经济部门、经济领域，关系每个集团、每个企业、每个个人。这种活动不仅要保障战争前线的物资需求，而且要保证全国的经济稳定和社会安定。这就涉及物价、金融以及物资的生产、流通、分配等一系列领域。所以，国民经济动员活动涉及的范围是十分广泛的。

第四，实施的强制性。在战争时期，为了国家整体利益的需要，从动员行为来说，往往带有强制性。不论企业、个人是否愿意，你必须先按国家的动员要求办，其他的话留待以后再说。这与平时市场经济机制的要求大不相同。市场经济条件下的企业，有较大的自主权，可以自主地处理生产、流通、分配等问题。因此，经济动员必须考虑这种因素，做好工作，防患于未然。

第五，行为的对抗性。国民经济动员作为一种政治性的经济活动，带有强烈的对抗性。它是国家与国家、民族与民族之间的生死搏斗，是国家与国家、民族与民族之间综合实力的反复较量。这种较量不仅是个人的事，也不仅是某一阶级的事，而是整个国家和全民族之间的政治、经济、军事、文化、意志等各种因素的大较量。因此，本质上是对抗性的。

（三）经济动员的等级

国民经济动员的等级主要是分总动员和局部动员。

国民经济动员的目的是为了战争的需要，重新组织经济工作，以夺取战争的主动权并最终赢得战争的胜利。能否根据战争的不同规模和样式，在不同时机进行不同等级的经济动员，这既是一个重大的理论问题，又是一个重要的实践问题。国民经济动员等级，可以划分为国民经济总动员和局部经济动员。

首先，国民经济总动员。国民经济总动员是指国家对国民经济全局进行的动员（以下简称"经济总动员"）。经济总动员通常是在大规模战争即将爆发时开始实施。经济总动员，要求国民经济运行机制转入战时轨道，全国经济活动都围绕保障前线所需的作战物资而展开，形成以战争的经济保障为中心的格局。国民经济的常态运行被破坏，平时状态下形成的国民经济各重要比例关系、经济结构都发生了重大变化，表现出了不同于平时经济的一系列特征：

第一，国家战略重心转移。在和平时期，国家战略的重心是经济建设，是各经济部门、企业的发展兴旺，是人民的生活水平不断提高；而到了需要经济总动员时，国家战略的重心已经转移到一切为了国家安全，为了防止国家灭亡，为了社会经济的稳定，为了保护人民的生命财产安全。这个变化是深刻的、广泛的，是不以人的意志为转移的。经济乃至一切领域的变化，都是以这一根本变化为前提的。

第二，产业结构调整。一旦进入经济总动员，和平时期的国民经济结构就要做重大调整，取而代之的是战时经济计划。在战时经济计划中，军品生产比重急剧增加，民品生产的规模和数量受到了严格的限制，其生产能力和劳动力向军事工业生产部门转移。两者的变化，导致了国民经济的产业结构和产品结构发生深刻变化。第二次世界大战中，苏联在战争爆发后一周通过的国民经济动员计划中，军工产品的产量比战前增加了26%。机器制造和金属加工业在整个工业中所占比重由1940年的36%上升到1942年的57%。美国1943年军火生产占工业总产量的比重达65%以上。希特勒德国在1933—1939年，消费资料的生产只增加了43%，生产资料的生产却增加了2.1倍，军需生产则扩大了11.5倍。

第三，投资重点变化。国民经济从平时转到战时以后，原有各产业之间、各产业内部各单位之间的有机联系，都受到转轨的影响遭到破坏，直接影响到国民经济的运行效果。不少产业资本积累减少、熟练劳动力大量转移，收益下降。国家投资和技术力量主要集中在建设军事工业企业，投向高科技产业，电站、铁道运输等基础产业。第二次世界大战期间，各参战国的军费预算占国家总预算的比例一般都超过了一半以上，苏联从1941年7月至1946年1月，工业基建投资高达759亿卢布，其中重工业占93%。美国在战争期间政府和私人投资达750亿美元，新建军工厂1690个，扩建军工厂970多个。

第四，经济运行机制转化。和平时期的常态经济运行机制被迫中止，国家和军队的最高领导机关授权经济动员组织机构，依据经济动员计划和有关法律、法令，对国民经济实行广泛的统制和干预。这种统制和干预带有广泛的强制性特点。平时经济中起调节作用的价格机制、竞争机制等受到广泛限制。各级经济动员领导机构，统一组织、指挥、协调全国各经济产业的生产，努力增加军事预算和军工生产，统一粮食和其他农副产品的供应，并指令商业、外贸部门采购和储备战备物资，抑制物价。实行配给，保障基本生活需要；

增加税收、发行公债，动员居民捐献资财以支持战争，开展节约运动，降低生产成本，对交通运输、邮电通信和医疗卫生等部门实行统一的指挥。

经济总动员引起的这一系列变化告诉我们：国民经济总动员是一项牵涉面极广，影响力极大的系统工程。它主要是根据战争的规模和国家的战略意图确定，目的在于将国家的经济实力转化为军事实力，是国家在特殊条件下对国民经济的宏观领导和管理。为了战时顺利地进行国民经济总动员，平时就必须有一套完备的经济动员措施。

其次，国民经济局部动员。局部经济动员是相对于国民经济总动员而言的，是国家在部分地区或某些部门进行的经济动员。它是一种有限范围的动员，主要是在受战争威胁的地区或进行作战的地区和负有支援保障任务的部门、企事业单位中进行的经济动员。

局部经济动员是有限目标的动员。局部上的实战应用和全局上的备而不用是局部经济动员的一大特点。一旦实施局部经济动员，局部地区经济转换的速度要快、爆发力要强，在最短时间内发挥出最大威力；要在战前做好作战物资的足够储备，并合理地调整储备结构，以高质量代替多数量，保证在短时期内提供达成战争目标的经济资源。

局部经济动员是不稳定的动员。从发展的趋势来看，它随时处于发展变化之中。这种发展变化存在三种可能趋势：一是战争威胁依然存在，但形势逐渐趋于缓和，这时局部经济动员即可终止；二是战争爆发，一直只限于局部地区以内，没有再发展扩大，这样，局部经济动员就一直持续到战争结束；三是战争逐渐扩大，由局部地区的战争而发展成为全面战争，这时局部经济动员就发展为国民经济总动员。因此局部经济动员时，必须对战争的发展趋势做出准确的判断，察明敌之企图，以便有所准备。一旦情况危急，有向全面战争扩大的趋势，应迅速组织实施国民经济总动员。第二次世界大战以后，世界各国都非常重视局部战争动员准备，很多国家在参与的局部战争与武装冲突中都进行过局部的经济动员。

局部经济动员有时是国家威慑战略的一个组成部分。通过特定地区的经济动员，使可能的敌手感受到这种强大的军事经济实力所具有的能量，从而估计自己贸然进攻将面临的后果，最终不得不放弃进攻的企图，这就达成了经济动员威慑功能的目的。经济动员若不足以使敌人改变原有企图，威慑功能不能实现时，则可能遭敌进攻的地区已做好了准备，不致于为敌所乘而措手不及。经济动员的威慑功能就转换为支撑反侵略战争的功能，实现由经济实力向军事实力的转化。

世纪之交的几场局部战争，呈现出高技术发展的趋势，人们对高技术局部战争的研究更加深入。因此，高技术局部战争条件下的经济动员，已经成为人们研究的重点。

国民经济动员除了可以划分等级外，还可以区分为不同的方式。从方式来分，可以分为公开经济动员和秘密经济动员。

公开经济动员是由国家公开发布经济动员令，宣布全国或局部地区处于紧急状态的经济动员。公开经济动员的最大特点在于它的公开性。通过公开经济动员，一方面可以向敌显示我之坚强不屈、决心抵抗到底的立场，使其产生震撼和畏惧心理；另一方面可以借此激起全体国民保卫国家、克服困难的勇气，调动一切可以调动的因素参加战争。公开经济动员往往还是支援联盟作战的一种手段。公开经济动员的公开性不是无条件的。发布经济动员令，宣布国民经济转入战时状态，实行战时国民经济管理体制这一层次的重大战略决策可以公开，但实施国民经济动员的具体措施，如国民经济动员指标，针对敌国反动员的措施和方案，国民经济动员的体制、计划以及有关重要生产基地的布局、设施、搬迁预案等资料，则属于国民经济和国家军事战略的核心机密，在任何情况下也不能泄漏。

秘密经济动员是为达成进攻的突然性或预防敌人突然袭击而采取秘密方式进行的经济动员。它往往是战争爆发前或战争初期采取的动员方式。当战争爆发以后，秘密动员也就转为公开动员，不再具有秘密性质。当然，在公开动员时也不排除动员过程中的某些时间、某些阶段、某些地区、某些部门仍然处于秘密动员状态。它要求在组织和实施经济动员的全过程中严格保守机密，力争隐蔽自己的企图，以取得经济动员的先机或避免己方在经济动员过程中遭敌反动员措施的破坏。

二、两次大战时期和高技术时代的经济动员

随着战争和经济的发展，国民经济动员在战争中的地位和作用，逐渐为人们所认识。国民经济动员在第一次世界大战前后已经发展得相当成熟。

（一）第一、二次世界大战时期国民经济动员概况

第一次世界大战前，为了夺取战争主动权，各国统治者纷纷进行战争准备。在战争过程中，又进行了大量的国民经济动员。德国政府于1914年8月8日成立了"战时工业动员委员会"，在其下成立了几家信贷银行，筹集战时公债，以给各大军工厂贷款。随后又成立了"战时原料管理处"，下设59个军需公司，负责全国主要原料的征集和分配。英国政府为了应付战争，在1914年将铁路收归国有并进行军事化管理。1915年3月，国会通过《国防法案》，授予政府管制国民经济的全权，成立各种机构分头管理各种军需生产。宣布冻结工人工资，禁止工人罢工，限制工人离业和转业，强制妇女儿童参加劳动。对于军火工业企业所需的原料、材料、运输、劳动力、贷款等，一律给予优惠。主要参战国奥匈帝国，于1916年4月17日颁布"敕令"，设立"战争经济科学委员会"，下辖人口、财政金融、农林、食品、交通运输等10个组，负责全国的经济动员。美国也于大战中成立了"战时工业局""协约国采购委员会"

"战时金融公司"等经济动员机构，组织全国的军需生产，并供协约国的盟国使用。美国的军事工业垄断集团也因战争而大发横财。

在第一次世界大战中，由于经济条件的发展和战争规模的扩大，物资消耗空前增加，参战各国在战前储备的战争物资很快消耗殆尽，不得不大规模在全国范围内进行经济动员。由于国民经济动员的巨大作用，军火生产突飞猛进。主要参战国共生产飞机18万多架，火炮15万多门，机枪100多万挺，炮弹10多亿发，子弹近500亿发。耗费的直接军费达2080亿美元，比以前113年所有战争经费总和还多9倍。著名军事家索普在其1917年出版的《理论后勤学》中总结第一次世界大战的经验后说："在现代战争中，交战国家在资源动员方面的竞争空前激烈，看来只有最能经济地使用其资源的一方，也就是谁最能从其资源的耗费中获得最大效果，最善于选择最经济的武器（即以一定成本生产的武器，能最大限度地破坏敌人的战争资源）等等，谁才能赢得战争。"[①] 这说明，如何有效地动员经济资源，已经成为现代战争的重要课题。

第二次世界大战中，各参战国在更广、更深的范围内进行了国民经济动员。德国法西斯为了达到霸占世界的目的，早在1933年希特勒上台时就着手改组国民经济，实行国民经济军事化。首先秘密制订了一个扩军备战的"四年计划"，重点发展军事基础工业。1935年成立"战时经济全权总办"，负责全国经济转轨工作。1936年又制订了规模更加庞大的"四年计划"，使经济得到了空前的发展。到1939年大战爆发时，德国的工业生产能力已经超过英国、法国。在整个战争期间，德国共用军费6220亿马克，占国家预算的92%。苏联为了反击德国的侵略，也在全国范围内进行了广泛的国民经济动员。1941年6月战争爆发，苏联被迫大搬迁、大转移，同时改组国民经济。到1942年6月，整整花了一年的时间，才将国民经济转向战时轨道，从此军火生产突飞猛进地增长。美国在二战中也进行了

---

① 索普：《理论后勤学》，解放军出版社1986年中文版，第90页。

大规模的国民经济动员。成立了国民经济动员的最高领导机关——"战时生产管理局",下设各种专业"工业委员会",1944年这种委员会竟多达1009个。其战时军费支出达3250亿美元,占国家财政支出的80%以上。

中国为了反对日本帝国主义的侵略,也在抗日战争初期进行了国民经济动员。毛泽东同志代表中国共产党向全国发表了《抗日救国十大纲领》,号召全国:"废除苛捐杂税。减租减息。救济失业。调节粮食。赈济灾荒。""没收日本在华财产,否认对日债务,废除与日本签订的条约,收回一切日本租界。"[①] 这些主张极大地激发了人民的生产积极性和抗日热情。消极抗日的国民党政府,在全国人民抗日浪潮的推动下,也不得不在1937年7月21日进行国民经济动员,成立了全国"工矿调整委员会""厂矿迁移审查委员会"等机构,负责全国的经济动员。在向内地搬迁的工厂中,不仅有生产武器装备的军工厂,也有生产钢铁、电力的基础工业。内迁的厂矿在生产军需物资、发展内地经济、改善内地生活条件等方面,起了一些积极作用。据国民党政府经济部统计处统计,从1938—1944年的6年中,西南后方地区工业产值增长了4.3倍。四川省的工厂数量从战前的115家增加到2382家,资产总额从214.5万元增加到254252.2万元。

第二次世界大战的消耗空前增加,国民经济动员规模也空前扩大,各交战国所需的武器装备和军需物资,90%左右是通过国民经济动员筹措的。与第一次世界大战相比,第二次世界大战期间主要参战国生产的飞机增加了3倍,坦克和自行火炮增加了29倍。当时几乎所有的有色金属,大部分原料、材料、燃料都用于军工生产。直接用于军事需求的费用,约占国民收入的2/3,全部军事费用约达1万亿美元。

---

① 《毛泽东选集》第2卷,人民出版社1991年6月第2版,第354、356页。

(二) 第一、二次世界大战中国民经济动员的特点

第一次世界大战进行的过程，就是经济动员成熟的过程。自此以后的国民经济动员，反映了大工业时代国民经济动员的基本特点。

第一，经济动员的执行者，由分散的小生产者转化为集中的大公司。在农业、手工业时代，动员的执行者是祖祖辈辈在自己小块田地上耕种的小农，是凭借小手艺吃饭的手工业者，或是以小本经营为生的小商小贩。其经营范围比较狭小，经营思想比较狭隘，生活习惯崇尚分散……这不能不在各个方面制约经济动员活动。机器大工业时代，动员的执行者是大工业公司、大金融公司、大农业公司。这些大公司的领导者，在经营范围、经营思想、生产能力等各方面都不同于小生产者。一旦他们认为经济动员是为了自己的国家，或一旦认为参与经济动员活动有钱可赚，那么，他们会形成巨大的生产能力，以满足军事需求。

第二，经济动员的资源，重点由粮食、草料转变为弹药、武器器材、油料等。过去的口头禅是"兵马未动，粮草先行"。现在先行的当然也有粮草，但它们已经不是重点，而作为重点的则是武器装备、弹药、油料等大宗物资装备。例如美军把补给物资分为十大类：给养、被服及各种辅助器材、油料、工程建筑器材、弹药、个人消费品、大型整件装备、医药器材、修理零配件、非军用物资等。在第一次世界大战中，由于大量机器装备参战，主要交战国的油料消耗达1300多万吨。第二次世界大战中主要参战国的油料消耗达到3亿多吨，是第一次世界大战时的20多倍。美国仅油料的补给量就占物资补给总量的50%左右。

第三，经济动员的方式，由相对分散转化到形成一整套生产、储备、前运等完善的体系。从动员产品的生产方式来看，在机器大工业生产阶段，由于武器装备或器材设备都比较复杂，每件产品的生产都要涉及很多工业企业。这就要求必须有事先预备好的、相互

衔接的生产预案，有动员时各工业部门和企业的协调一致的行动，否则无法生产出适用的、合格的军需产品。从物资供应的方式上看，农业手工业时代，军队自己"携行式"和"就地取给式"较多，后方供应式少些，供应的线路相对较短、携量相对较少。机器大工业时代的军队个人携行量，相对于物资供应总量来说，其比重大大减少，后方供应的比重大大加重了。后方物资供应不足会给作战带来极大影响。前美国陆军参谋长马歇尔曾深有感触地说：物力不足是最困难和最恼人的问题。海军船舶吨位问题，从印度向中国空运补给品的运输问题，为在诺曼底登陆而运入英国的军队数量不断增加的问题，以及西太平洋岛屿作战所需的登陆舰问题，都必须根据物力不足这一点逐一加以考虑。这说明，物资供应充足与否，对作战指挥起着重要的制约作用。从动员的运输方式来看，动员人力物力的运输在农业手工业时代主要是依靠自然力，即人力、畜力、水力、风力等。肩挑人扛，是最简单、最原始的运输方式。后来发展到人拉、人推的木轮车，再发展到畜力拉的车和靠风力、水力推动的船舶进行运输。而机器大工业时代的运输方式，则是依靠机械动力带动的汽车、火车、轮船、飞机、管道等。这些运输方式快捷、量大，适应现代战争的需求。如苏联在第二次世界大战中成立了以斯大林为首的"运输委员会"，周密组织，精心计划，建立起了以铁路为骨干的空中、地上、水上纵横交错的综合运输体系，较好地完成了卫国战争的运输任务，其中铁路约承担了总运量的一半左右。

第四，经济动员的运行，涉及整个国民经济运行机制的转化。关于平时和战时国民经济转化的问题，经济学大师大卫·李嘉图曾经说过："长期和平以后开始战争或长期战争以后开始和平，一般都会在工商业上产生很大的困难。它会大大改变各国资本以前投入的行业的性质。这些资本在新环境使之成为最有利的投资场所中稳定起来以前，需要一段时间，在这段期间中，很多固定资本将得不到使用，也许会完全损失，工人则不能充分就业。这种困难时期的长短要看大多数人是不是愿意放弃他们长期以来已经习惯的投资行业。"①

第一、二次世界大战的实践证明，国民经济动员运行机制的转化，是一个十分复杂而又十分重要的问题。它涉及到国家经济机构的重新设置，经济机构功能的转换，经济计划的重新调整，经济资源的重新配置，经济布局的重新安排，某些法律规章的颁布和实施，民众思想和社会舆论的引导等等。这些都涉及社会深层次的各种问题。为了解决好这些深层次的问题，做好国民经济的转化工作，各国纷纷建立严密的动员机构，以法律的形式规范经济动员机构的组织形式、功能、职责、相互关系、运行程序等等，从而使国民经济转化达到预期的目的。

（三）海湾战争中经济动员概况

曾经有人预言，核战争条件下不可能进行经济动员。理由是时间太短，还不等动员起来，战争就结束了。后来，也曾有人以同样的理由推定高技术战争条件下难以进行经济动员。但是，作为高技术战争典范的海湾战争，不仅处于进攻一方的、科学技术先进的美国进行了经济动员，而且处于防御地位的、科学技术比较落后的伊拉克也进行了广泛的经济动员。为了寻找高技术条件下国民经济动员的某些特点，我们不妨先"解剖"一下海湾战争这个典型。

海湾战争发生的根本原因是经济利益。伊拉克为了夺取科威特的丰富石油资源和南方出海口，于1990年8月2日入侵科威特；美国为了控制号称"世界油库"的中东地区、从中渔利，打着"维护和平"的旗号，掀起了"沙漠风暴"。从1991年1月17日7时（北京时间）到2月28日停止军事行动，历时43个昼夜，以美国的胜利而告终。海湾战争是世界上发生的最近的一次高技术局部战争，

---

① 王亚南主编：《资产阶级古典政治经济学选辑》，商务印书馆1979年版，第548页。

其国民经济动员的内容相当丰富。从美国一方来看，着重进行了交通运输动员、工业动员和财政动员，并在战争中运用了多种经济战手段。

1. 交通运输动员。为了完成"历史上最大规模的军事运输行动"，把40多万人的部队、18600万吨装备和物资运往1.5万公里以外的战区，美国除动用海军、空军的大部分运输力量之外，还动员了相当多的民用运输力量。1990年8月17日，军队征召第一类民航预备役的17架客机、21架货机服现役。随着战争的展开，又征用了30家民航的200多架大型运输机，并要求德国派出数十架飞机帮助空运。在海运方面，民用船只的动员也是空前的。首先，征召了43艘第一类预备役船参加海运，其中有17艘滚装船、13艘散装船、3艘驳船、4艘修理船、2艘火车渡船、2艘油船和2艘起重船。其次，征用或租用了130多艘民船。这些船只中，除美国自己的外，还租用了挪威、沙特、塞浦路斯、英国、荷兰、巴拿马、希腊、丹麦等国的商船。

2. 工业动员。美国针对中东的特殊条件，动员一些工厂生产净水装置、防化衣、伪装网等等。生产"爱国者"导弹的雷声公司和生产"鄂式"直升机的贝尔公司，由于产品需求量大增而实行全员动员，并紧急扩产，取消了休假，昼夜加班。为了节省费用和时间，很多军用物资是动员新加坡、韩国、日本等国的100多家公司生产或供给的，品种达200多个，价值达数亿美元。

3. 财政动员。美国采取与过去大不相同的做法：自己少拿甚至不拿钱，而借助盟国的财力来打仗。因此，战争还没开始，国务卿贝克、财政部长雷迪等人分头出访欧洲、亚洲，以筹措战费。据美国预算局计算，海湾战争中美国共花战费610亿美元。后来沙特、科威特、日本等国承担了其中的大部分费用，共约545亿美元，其中科威特大约提供了160亿，沙特提供了168亿，日本提供了108亿，德国提供66亿，阿联酋提供40亿。这笔费用对于美国更新武器装备和国防工业生产，无疑都是一个"福音"。

美国在海湾战争中的经济动员取得了较大的成功，但也不是没有问题，有些问题还比较严重。例如，海上运输力量不足、运输工具陈旧，动员相当困难。在"沙漠盾牌"行动中征集的43艘一类预备役船中，有26艘由于船龄太大（30年以上）、船体破旧、青年船员不会操纵老机器等原因，未能按时出航。在美国的商船队中征集商船，由于适合的船少、价格太高等原因，只征集到10艘，其他大部分商船是从外国征集而来的。

伊拉克为了一举占领科威特并防止美国、沙特等国的干预，在战前进行了广泛的经济动员准备。准备的内容主要包括下述几个方面：

第一，大规模购买和储存武器装备及零部件。据美国官方调查，伊从法国、英国、苏联等国约购买了460亿美元的武器装备。这对于一个国民生产总值每年只有400多亿美元的落后国家来说，确实是一个不小的数字。进口的装备，从飞机到计算机，从反应堆到"杀虫剂"，应有尽有。仅从法国进口的"幻影"式战斗机就达328架，直升机达180架，空地导弹4248枚，反坦克导弹近万枚，坦克700余辆。

第二，将部分重要工厂迁进山沟、山洞，进行经济防护。美国把伊的重要工厂，其中特别是一些军工厂和炼油厂，几乎无一例外地作为攻击目标，并已输入计算机程序。但有些迁移了的工厂却安然无恙，例如，伊中部地区的巴吉练油厂被炸得面目全非，而事先搬进该厂以北约9公里处一个山洞中的炼油厂却完好无损，战后每天可以处理原油约2万桶。在美国"卷地毯"式轰炸之后，伊尚有每天处理15万桶石油的能力，显然得益于战前的动员准备。

第三，大量进口农产品和药品，增加食品和药品的储备。为了准备战争，伊于1989年进口农产品达30亿美元之巨，平均每人176.5美元，数量相当可观。在进攻科威特之前几周中，还进口了55吨药品，大大增加了库存。

在战前，美国已经知道伊做了大量的经济动员准备，为了达到使伊屈服或者削弱伊力量的战略目标，多国部队首先采取了经济封锁的办法，切断了伊的石油出口运输线，使其外汇来源基本断绝；切断伊的食品进口来源，制造社会恐慌；实行武器禁运，使其得不到武器装备和零、配件的补充；冻结伊在海外的一切资产，削弱伊的经济防御能力等等。

针对美国的经济封锁，伊在战时经济动员方面做了许多工作：第一，进行工业动员。具体措施是：将消费品生产转向军需生产；集中财力，为军事工业生产提供足够的资金；统一调整所有工业部门的工程技术人员，充实军工企业；集中使用机器的零、配件和原材料，保证重点需要。第二，不惜重金，竭力开拓海外物资补给线。在海上封锁时，伊利用空中通道向也门、利比亚等国进口武器装备和零配件；当空中通道也被堵死后，即利用伊约（约旦）边境、伊伊（伊朗）边境的走私路线，用几倍的价格进口物资，以打破美国的封锁。第三，实行战时经济统制，动员民众与政府一起克服困难。对粮食等战略物资实施专卖制度，发给"配给卡"，定量供应大米、面粉、油、糖、土豆等。对石油也实行了配给制。大力宣传鼓动民众以枣代粮。尽管最终伊拉克未能挡住美国的进攻，但对其争取时间、扩大防御能力，仍是起过积极作用的。

（四）高技术条件下国民经济动员的特点

通过海湾战争这场高技术战争，并结合过去的第四次中东战争和马岛战争等现代化战争，我们可以大致总结出高技术战争中经济动员的一些特点。

其一，经济动员的技术含量不断增加。高技术战争虽然离不开一般的物资动员和供应，但更为重要的乃是高技术兵器、装备的动员和保障。不少战略专家认为，海湾战争是一场反映现代高技术水平的现代战争，它证明高技术常规战争已经成为现代战争的基本模式；高技术"空地一体战"已经成为现代战争的主要形式；高技术

"人工智能系统"已经成为武器装备发展的基调；高技术"软系统战斗力"已经成为战场的关键因素；高技术"智能思维"已经成为现代军事决策的重要基础。美国为了摸清伊拉克的各种军事部署情况，动用数十颗卫星，24小时在伊上空转，把伊士兵吃柑桔的情况也从不同的角度，拍摄得一清二楚。至于其他军事目标的掌握情况，就不言自明了。其他高技术兵器如E-3A预警飞机、F-117A隐形战斗机、"爱国者"导弹、激光制导炸弹等不胜枚举。这些高技术兵器的参战，给经济动员提出了新的课题：如何才能发动工业部门，在数量和质量上保障军队高技术兵器的使用和维修？很显然，加大经济动员的技术含量，是高技术战争的基本课题之一。

其二，经济动员初期的速度和力度不断加大。现代高技术战争的速度加大，烈度加强，这就给经济动员提出了更高的要求。伊拉克入侵科威特当天，美国即召开国家安全会议，决定对伊进行封锁和制裁；4天后即进行经济动员并实施"沙漠盾牌"计划，交通、财政、工业等经济部门也迅速动员起来。在"沙漠盾牌"计划签署5个小时后，第82空降师的数千名的先头部队即登机起飞。足见其动员速度之快。国防采购部门与公司签订合同的3周之内即生产出20万套沙漠战斗服；到9月13日，即已动员了货船130余艘、油轮27艘、医疗船2艘。另一方面，高技术战争在单位时间内的军事打击力、破坏力，成倍成几十倍地增加，物资消耗量和破坏量大得惊人，这就要求在一定的时间内，聚集更强的军事力量、更多的保障物资。在这种情况下，战争要求经济动员更加有力，即在单位时间内的动员量明显加大。

其三，经济动员的范围更广、方式更多。尽管海湾战争总体规模并不大，但经济领域的各个部门基本都涉及到了，各种方式都基本用到了。动员范围从军内到军外，从联邦政府到企业，从国内到国际；动员内容则涉及人力动员、交通动员、工业动员、物资动员、财政动员等等各个方面。反伊联盟中的国家多达33个，参加军事行动的国家多达27个，总兵力达到70余万。执行作战任务的海军舰只多达150余艘，仅航母就达6艘。为了筹措战争经费和动员物资，美国许多高级官员四处活动。为了保障作战前线的物资供应，美国不惜从万里之外的本土大量运输。这次战争的物资、装备动员，涉及太空、天空、地面、水上、水下等各个领域。

其四，经济动员要求有更强的应变力和灵活性。高技术战争十分灵活，打击目标忽东忽西；打击对象捉摸不定；打击手段千变万化。这就要求经济动员也十分灵活，才能适应其变化。在开战之前，美国使用了"秘密动员""公开威慑"相结合的灵活策略。在己方拥有高技术优势的条件下，美国首先是"立足威慑、以压促变"；后来继之以"准备实战、迫其就范"；在正式开战后，太空、地上、空中、海上等各方向的各种兵器，根据预先设计好的程序实施灵活攻击。面对这种战争，只有加强应变能力和灵活性，经济动员才能起作用，否则，物资、人力动员量再大，也用不到点子上。

其五，经济动员对产业结构的要求更高。在高技术战争条件下，高技术武器装备的作用明显提高。在其他条件一定的情况下，战争的结局往往不决定于一般武器装备和物资的动员量，而决定于高技术武器装备和物资的动员品种、数量和质量。高技术武器装备和物资，主要来自高技术产业，很自然，在其他条件一定的情况下，产业结构优的国家，经济动员就占优势。这一趋势给各国国防经济建设提出了一个严肃的课题：如何加快国防产业结构调整、加大高技术产业比重？

当然，高技术战争还在不断地发展，很多特点还未充分显现。因而，高技术战争条件下的经济动员还有一些未被认识的领域。对于它的特点和发展趋势，我们还必须在实践中，逐步探索和总结。

三、经济动员的战略地位

国民经济动员作为准备战争和进行战争的保障手段，对战争全局起着极为重要的作用。中国革命史和近代世界战争史以丰富的史料，记录了经济动员在近代战争中所起的巨大作用。当前，完善的国民经济动员不仅是准备战争和进行战争不可缺少的保障手段，而且已经发展成能改变对立双方力量对比和战略优势，乃至改变战争进程和结局的战略手段，当今世界许多国家都不同程度地把国民经济动员问题作为关系国家安危的重大战略问题来对待。因此，提高对国民经济动员战略地位的认识是准备和实施国民经济动员的一项首要任务。

（一）经济动员是国防建设和经济建设的"调节器"

一个国家的经济资源是有限的，人们既需要一个安全的生活环境，又希望经济不断发展、生活水平不断提高。这样就有一个问题：国防建设所需的资源，在整个国民经济中到底占多大比重？这是任何国家都必须慎重处理的一个大问题。国防建设占用的资源多了，影响经济建设的速度和人民生活水平的提高；占用的资源少了，又影响国防实力的增强，危及国家安全，酿成大祸。处理好这之间的关系，是一门大学问。这里很重要的一点，就是通过经济动员准备来调节它们的关系。

在和平时期，国防部门的"摊子"不能过大。例如，常备军的数量不能过多，多了养不起；国防工业和国防科研的规模不能过大，多了会挤占国民经济建设的人力、物力、财力。但是，国防部门的规模小了，又使人不放心，担心国家安全受损失。那么，只有运用"动员准备"的方法来调整这一矛盾，即结合经济建设的一些项目，花很少的钱进行经济动员准备，一旦有事，可以立即转产，以达到既不增加平时的经济负担，又保证国防的紧急需求。这就起到了"调节器"的功能。

在和平时期，经济动员要达到与经济建设、国防建设相辅相成、促进综合国力加速发展的目的，必须坚持下述基本原则：

第一，经济动员准备要遵循经济规律，渗透到经济建设和社会发展中去。经济动员是国家行为，带有较大的强制性，一旦国家认为需要，首先考虑的不是某个单位的经济利益，而是国家安全，动员措施可以强制执行。但是，平时的经济动员准备则不能这样，在社会主义市场经济条件下，动员准备也要遵循经济规律，要考虑企业、个人的经济利益，要从整体经济效益出发，要统筹规划、合理安排，达到社会资源的合理配置。

第二，经济动员准备以增强综合国力为前提。平时的国防建设，不能求大求全，要"有所为，有所不为"，突出重点，加强信息化建设。要做到平战结合、军民结合，以提高整个国家的经济实力、科技实力为前提，发展国家的国防潜力。

第三，运用法制手段进行经济动员准备。经济动员的主体是国家，国家的意志只有通过法律的形式，才更有力量、更有成效。无庸讳言，我国过去运用行政手段较多，而运用法律手段较少。在动员法规建设方面还很不完善，还有大量工作要做。只有动员法规完善、贯彻有力，才能取得好的效果，经济动员准备的调节作用才能更有效。

（二）经济动员是平时经济和战时经济的"转换器"

经济动员对保障战争以及对战争的进程和结局有着重大的、甚至是决定性的影响，它是从平时经济体制到战时经济体制的"转换器"。经济动员是准备战争和进行战争必不可少的环节，古今中外，无不如此。离开了这个中间环节，就会打败仗。古代战争中，在战争爆发前后，通常总要征集民夫，征购马匹，调集舟楫，筹措粮草，打造武器，总要把一部分原本用于社会发展和民众消费的社会经济资源转用来扩大军事力量和保障战争需要。这些把社会经济资源由平时使用方向转变为保障战时需求的措施和活动，就是原始形态的经济动员活动。当然，这里还不是当代意义的"体制转换"。因为自然经济条件下，小农业和小手工业的生产规模相当狭小，经营分散，互相联系不太紧密，粮草、手工业品等可以直接充为军用；另外，经济动员的规模远不如近现代。

近代战争不断扩大经济动员的规模，发展经济动员的形式，提高经济动员的地位。经济动员不断以更完善的形式，更大的规模实行体制转换，以保障战争的需要，影响战局的发展。从总体来看，经济动员这个"转换器"的重要性主要体现在两个方面：一是舍此无法实现平战转换，国民经济就会一片混乱。现代社会的经济，互相联系紧密，专业很强，无论哪个环节遭到破坏，整个经济会大受影响，不实行整个经济体制的转换无法达到目的。二是它对战争的结局有着决定性的影响作用。现代战争消耗量很大，在国民经济中所占比例惊人地增长，不实行国民经济的整体转化，无法取得战争的胜利。

经济动员对战争影响的程度，取决于两个因素：一是取决于经济动员的对象，即取决于国家经济实力和潜力。因为归根到底国家的经济实力和潜力才是战争的物质基础，是赢得战争胜利的物质力量，不能脱离国家经济实力和潜力空泛地谈论保障战争需要，一般说来，经济力量强大的一方，常常是战争胜利的一方。最可靠的经济动员准备就是加快国家经济建设，壮大国家经济实力，增强经济动员的物质基础。二是取决于经济动员机制，即取决于国家机构的动员能力。因为在既定的物质条件下，能否充分发挥客观物质力量的作用，完全取决于国家的主观条件，即取决于国家在和平时期的经济动员准备，取决于国家经济动员机制的完善程度，取决于国家实施经济动员决策的正确、及时、有力。巧妇难为无米之炊，但巧妇可以通过自己的能动作用，充分利用已有的物质条件，做出可口美味的佳肴。

经济动员对战局的影响就是这两种因素综合作用的结果。前者是基础，后者是手段，两者相辅相成。通常经济实力强，经济动员机制完善，战争的物质基础就雄厚，保障战争需要的手段也有力，赢得战争胜利的条件就更充分一些。反之，经济实力较弱，经济动员机制不完善，战争的物质基础就比较薄弱，保障战争的手段就不够有力，赢得战争的条件就差一些。但有时这两种因素也起到相互补充的作用。经济实力薄弱，如果经济动员机制比较完善，措施得力，充分发挥已有经济实力的作用，也可在一定时间内取得相对的经济优势，为争取战争的胜利提供一定的物质保证。或者是经济动员机制不太完善，但经济实力雄厚，强大的经济实力可以弥补一时的经济动员机制不完善的缺陷，争取时间完善经济动员机制，创造夺取战争胜利的条件。

国民经济能否顺利地从平时体制转入战时体制，关键在于经济动员这个"转换器"的"质量"。关于这一方面，我们认为有四点最为重要：一是要有一个健全的经济动员组织机构。这个机构必须由国家最高决策层负责，具有高度的权威性，同时，它又必须完善，具有高度的灵活性。二是要有完善的法律规章制度。法律规章要从"母法"到"子法"成为系列，覆盖社会经济的各个方面，防止只顾一个方面或几个方面，而遗漏另外一些方面。三是要加强军民结合、平战结合，提高国民经济的军民兼容度，增强平战转换能力。在和平时期，国民经济的各行各业都要保障国防建设的基本需求，包括为武装部队提供必要的生活必需品，提供装备等，为国防科研、军品生产做好协作配套，做好必要的经济动员准备。四是要有必要的思想准备。平时必须加强国防教育，使全体国民要有忧患意识。做好了以上四个方面，"转换器"才能顺利地发挥作用。

（三）经济动员是经济社会的"稳定器"

国民经济动员不仅要保障前方战事或应付突发事件的经济需求，而且要保障社会的最低生活需求，保障社会生产的正常运行，否则，就可能造成社会混乱，最终影响战争或处理突发事件的顺利进行。

为了保障经济的正常运行和社会的稳定，经济动员要采取很多措施：商品价格管制；必需品的管制和定量配给；奢侈品生产和进口的限制；社会劳动力的重新组织和使用等等。

四、经济动员体制与法规

国民经济动员体制是为进行国民经济动员而建立的组织体系和工作制度的统称。它主要包含两个方面的内容：第一，国民经济动员体制是国民经济动员机构、职权划分、隶属关系等方面构成的组织系统。这个系统保证国民经济动员中各有关部门、单位，以及这些部门、单位之间各种关系和组织方式、方法的有机联结。第二，国民经济动员体制是国民经济动员制度、手段、程序系统因素构成的管理系统。这一系统将为组织系统的有效工作提供服务和保证。总之，国民经济动员体制是反映和规范国民经济动员系统的组织形式，是实施国民经济动员的组织保障。

（一）经济动员组织体系

国民经济动员组织体系指为适应战略要求和国民经济动员任务的需要而设置的负责组织实施各项动员工作的机关、产业、单位及其组织结构系统。在不同的军事、政治、经济条件下，国民经济动员组织体系有其不同的特点和内容。就一般的组织形式而言，国民经济动员组织体系通常由以下几个部分构成：

第一，经济动员的最高决策机构。国民经济动员是国家战争动员的重要内容，国民经济动员的最高决策机构寓于国家战争动员的最高决策机构之中。国家战争动员的最高决策机构由各国宪法或法律规定。不同社会制度，不同权力性质的国家其形式有所区别，通常为国家最高权力机关或最高领导人。如美国战争动员的最高决策机构是国会和总统；英国是内阁和议会（内阁国防与海外政策委会做出决策，动员令经议会批准后由女王签署发布）；俄罗斯为总统。2004年3月4日，中华人民共和国第五次全国人民代表大会第五届会议通过的《中华人民共和国宪法》规定："全国人民代表大会有权决定战争和和平问题。"在全国人民代表大会闭会期间，人民代表大会常务委员会有权决定战争状态的宣布与战争，决定全国总动员或者局部动员。""中华人民共和国主席根据全国人民代表大会或人大常务委员会的决定，宣布战争状态，发布动员令。""中华人民共和国国务院是国家权力机关的执行机关，也是最高国家的行政机关，负责领导和管理国防建设事业"，"中华人民共和国中央军事委员会领导全国武装力量"。

战争动员的最高决策机构的主要职能是：当国家面临战争的直接威胁时，适时宣布战争状态，决定局部动员或全国动员，发布动员令；根据国家的安全和利益，制定本国的国防发展战略；根据国家的战略、军事战略及国防发展战略的要求，制定战争准备的规划和计划，制定战争动员方案，包括国民经济各系统的动员方案；正确认识国际战略形势发展动向，科学分析国家安全情况及周边环境，及时判明国家面临战争的性质、规模、范围、强度和持续时间，迅速果断地采取动员措施；总揽全局，协调战争动员系统与国家各行各业的关系，协调战争动员内部各大系统之间的关系；监督动员准备工作和动员实施目标的落实；做好动员立法工作，用国家法律保证各项动员和动员准备工作的顺利进行。

第二，经济动员的领导机构。国民经济动员的领导机构，是实现最高决策机构的决定，组织领导开展经济动员工作的机关、部门。通常设有精干的办事机构，由政府部门、社会团体和军队系统等方面的代表组成。目前，世界大多数国家为了加强动员的计划、协调和监督，在最高决策机构之下都建有战争动员的领导机构，国民经济动员领导职能寓于其中。中华人民共和国国民经济动员的领导机构是在革命战争的实践中逐步形成发展起来的。在土地革命战争时期，我党曾在中央苏区临时中央人民政府内设立过劳动与战争委员会，负责军事、经济等方面的动员，并建立了从上到下的组织系统。抗日战争和解放战争时期，各革命根据地和解放区内设立过战时动员委员会和武装委员会或总动员武装部。新中国成立以后，中央人民政府人民革命军事委员会设立了人民武装委员会，负责各项动员工作。这些动员领导机构，对于我国我军成功地组织战争动员，保障作战的胜利，发挥了重要作用。在新的历史条件下，为进一步提高战争动员能力，我国设立了国防动员委员会。国家国防动员委员会作为主管全国动员工作的议事协调机构，负责制定有关动员的行政法规和行政措施；决定国家动员工作方针政策；审定国家动员计划及有关财政预算；检查督促动员法规的实施和动员计划的执行；协调各地区、各部门的国防动员工作；行使国务院、中央军事委员会的其他职权。国家国防动员委员会主任由国务院总理兼任，副主任由中央军事委员会副主席和国务院副总理兼任，委员由国务院、中央军事委员会有关产业领导人组成，下设人民武装办公室、国民经济动员办公室、人民防空办公室、交通战备办公室等办事机构。各大军区也将设立战区国防动员委员会。战区国防动员委员会由大军区和战区内各省、自治区、直辖市人民政府领导人组成。平时指导本战区范围内的国防动员准备工作，战时领导战区动员工作，包括战区经济动员工作。

第三，经济动员的执行机构。国民经济动员执行机构指具体落实经济动员任务的机关和单位。其主要职能是：对经济动员工作实施具体筹划与管理；通过各种动员手段积聚动员潜力和形成对动员潜力的转化能力。国民经济动员的执行机构主要包括政府部门的动员机构和企业单位的动员机构。企业动员机构指工业动员基层机构。

（二）经济动员法规

经济动员法规是国家为实施经济动员而制定的法律规范的统称。包括工业、农业、交通运输、邮电、科技、医疗卫生、财政金融、商业、物资以及劳动力动员等方面的法规。经济动员法律化，是符合现代战争需求和国民经济发展的客观要求，制定完善的经济动员法规，保证社会的有序发展，反映了历史的进步，标志着人们对社会发展规律的进一步认识和积极的能动作用。

经济动员法规是确定经济动员组织机构的职责及相互联系，规范国民经济动员组织体系的依据，是规范经济动员过程，为国民经济动员工作的执行提供必要手段。

经济动员法规是随着战争发展和对经济的需求不断增加而产生和发展的。目前，美国战争动员法规分为四个层次：一是国会通过并颁布的基本法规；二是总统颁布的行政法规；三是国防部长颁布的国防部指令；四是有关部门颁布的条例、条令。其中与国民经济动员联系密切的有10多种，如《国家安全法》《国防生产法》《战略与重要物资储备法》《军事储备法》《国民防卫法》《国防设施法》《军事拨款法》《后备人员建设法》等等。还有一系列法规、规章、条例、条令等，形成一个纵横交错、互相联系、互相制约、结构严谨、体系完整的法规体系。苏联的动员法规是在苏联《宪法》之下分为四个层次：一是最高苏维埃通过并颁布的法律；二是最高苏维埃主席团通过颁布的命令；三是部长会议颁布的命令和决定；四是国防部及各有关业务部颁布的命令。与国民经济动员较为密切的法规有《动员机构组织条例》《关于对国民经济有重大意义的工厂建设双套厂的决定》《政府和有关部门战时成立专门部队的条例和办法》等。英国根据其基本法制定有比较完善的动员法规体系。与国民经济动员较为密切的法规有《动员法令》《紧急状态法》《财产警卫法》《空袭警卫法》《民防法》《民航法》《民航公司法》《运输法》等。法国、德国、日本等国都建有比较完善的动员法规，在基本法之下建立了经济动员，人力动员、通信动员、交通动员、食品动员、卫生动员、供水保障、福利保障等各项专门法规、条例、章程。

中国的国防立法由来已久，并随历史的发展而发展。如战国时期的《司马法》，秦汉时期的《屯表律》，隋唐时期的《厩库律》

《永微律》，宋代的《大元通制》，明代的《垛集令》，清代的《定工部则例》等。国民党政府时期，军队装备有了较大的变化，战争对国家经济的依赖性增大，战争动员立法得到重视，先后制定了《国防总动员法》《防害国家总动员惩罚暂行条例》等。但由于历史条件的限制，没有形成完整的法规体系。中华人民共和国成立以后，国防立法得到重视和发展，在继承历史经验和成果的基础上，相继制定和修订了一大批动员法规，特别是党的十一届三中全会以后，法制建设摆到了国防建设的议事日程上来。1984年，国家颁布了《中华人民共和国兵役法》，1985年颁发了《征兵工作条例》，并陆续颁发试行《民兵工作条例》《中国人民解放军动员工作条例》《人民防空条例》等法规。《中华人民共和国国防动员法》《国防交通条例》《海上民船动员条例》业已定稿送审。这些法规的颁布，为我国战争动员提供了保障。然而，我国战争动员法规建设与发达国家相比还有很大的差距，健全法规体系，实现战争动员法律化、制度化、规范化，仍将是我国国防建设中的重要问题之一。

根据我国《宪法》规定的立法体制与权限，我国国防经济动员法规体系应由三个部分构成。一是国防动员法。国防动员法是保证国家从平时体制转为战时体制，将国家政治、经济纳入战争轨道的基本法，是国民经济动员的母法，是制定其他国民经济动员法规的基本依据。二是国民经济动员的专门法规。国防动员法只是为国民经济动员做了原则规定，规范国民经济各部门、各专业的动员活动，还必须根据国民经济动员活动的特点和要求对各部门各专业的动员任务、行动做出具体规定。如《劳动力动员法》《交通动员法》《物资动员法》《卫生动员法》等。三是国民经济动员条令、条例、规章、制度等。这是国民经济动员法规体系中层次较低的规范性文件，它以国民经济动员专门法规为依据，针对各动员部门和各项任务及主要问题，制定具体的规范和章程，因此它又是国民经济动员活动中对各部门、各执行单位最具有指导作用的规范性文件。上述三个层次相互联系、相互依存，上一层次是下一层次的依据和规范，下一层次是上一层次的具体化和必要补充。

五、经济动员计划

国民经济动员计划是国家预先制定的将经济部门、经济活动和相应的经济体制由平时状态转入战时状态的方案。国民经济动员计划，是在战争消耗增大，靠军队物资储备、国家正常储备和临时筹措已不能保障战争需要的情况下产生的。第一次世界大战后，国民经济动员在战争中的地位和作用得到重视，许多国家在总结第一次世界大战经济动员的经验、教训的基础上，开始编制国民经济动员计划，加强战争准备工作。

（一）经济动员计划的作用和内容

经济动员计划是进行国防建设和国民经济管理的重要手段，是国民经济各部门的平时进行战争准备，战时实施动员的依据，是国家国防管理职能和经济管理职能的综合体现。具体说来，国民经济动员计划的作用表现在以下几个方面：一是国民经济动员计划确立国民经济动员目标，规定人力、物力、财力等方面动员的数量和质量，规定完成任务的步骤方法和时限，从而保证国民经济动员活动有组织、有秩序地进行；二是国民经济动员计划使各级、各部门的任务、责任、分工明确，从而保证国民经济动员各级、各系统统一行动，相互配合；三是国民经济动员计划有利于全国范围内的协调平衡，使军事与经济、作战与生产、前方与后方、军需与民用，平时与战时等方面统筹兼顾，发挥优势，提高效益。

经济动员计划的主要内容包括：统筹安排经济资源、专项生产和军需民用产品；调整国民经济比例、经济布局、军工生产；部署经济防护、民防建设、战略后方建设、战略物资储备、作战物资应急征调、财政金融管制、劳动力分配；确定经济运行机制和不同战争阶段转换的时间和措施等。这些内容分别体现在各动员计划之中。

（二）经济动员计划的制定与执行

经济动员计划，以国家军事战略为依据，在保障作战需要的前提下，兼顾作战消费和社会消费的双重需求。制定国民经济动员计划要从国家全局出发，适应经济发展状况，处理好应急投入和持续生产、支援战争和维护社会安定的关系；发挥综合国力的作用，提高国民经济动员效能。高技术战争对国民经济动员计划提出了更高的要求，制定国民经济动员计划，应更加重视与国民经济和社会发展计划的紧密衔接，注重整体优化，提高计划的科学性。

国民经济动员计划的制定必须具有针对性和适应性。国民经济动员计划必须适应国家军事战略意图和作战行动计划对国民经济动员的要求，适应战争各阶段的战略目的和任务及其可能的发展变化，在数量、质量和时限要求等方面与战争的需求相符合。特别要充分考虑高技术条件下局部战争的作战特点及对国民经济动员的影响和要求，力求使国民经济动员计划具有敏捷性、灵活性和可靠性。国民经济动员计划的制定必须建立在对规划人力、物力、财力可靠把握的基础上，深入进行现状调查，掌握详尽的统计资料，客观评价其动员潜力，认真分析存在问题，保证合理区分任务，并建立有力的实现措施。国民经济动员计划的制定，既要力求计划的准确性，又要保证计划的弹性，以提高其稳定性和适应性。国民经济动员计划制定后，应组织适当的动员演练和模拟检验，针对存在问题及时进行修改完善。国民经济动员计划的制定是一个动态过程，应随国家战略问题、军事需求变化及动员物质技术基础条件的发展，不断地加以修正。

经过国家和上级有关部门批准的经济动员计划具有法规效力，各执行机关、部门必须严格执行。国家动员领导机关部门、各级政府和军队、各行业及各有关部门单位依计划要求各司其职。上级对下级负有督促检查、指导落实计划的责任，对上级负有执行计划和报告执行情况的责任和义务。通常上级机关组织定期或不定期的全面检查或抽查，对存在的问题，按责权范围及时解决。执行部门要及时向上级报告情况，并对需要上级解决的问题提出相应建议，供上级修改计划时参考。经济动员计划是国家的核心机密，各有关单位和个人必须遵守保密纪律，严格按照各项保密规程办事，严禁泄密。

六、信息时代的经济动员新特点

信息技术的飞速发展，使信息化武器装备将大量涌现并逐步装备部队，把工业时代的机械化军队建设成信息时代的信息化军队，使战争形态发生着深刻变化，使作战方法呈现多样和创新的趋势。这一趋势，迫使国民经济动员转型，即由机械化战争时代的国民经济动员，转变成信息化战争时代的国民经济动员。传统类型的国民经济动员正在发生深刻的变化，逐步呈现出一些不同于过去的特点。

（一）信息、知识成为国民经济动员构成要素的重点

战争作为一种力量的对抗，必须有一定的战略资源作为基础，而一定的战略资源又是与一定的社会经济基础相联系的。在传统的战争中，战争资源是由人力、物力和财力组成的。虽然情报、信息在传统战争中已经具有了一定的地位和作用，但由于生产力水平的低下和信息技术的落后，信息只是作为人力、物力、财力的附加物参与到战争中去，它还不具备从物质、能量中独立出来成为战争新要素的品格。因此，国民经济动员中主要是人力动员、财力动员和物力动员，而信息还无法成为一个动员领域。到了信息时代，由于

生产力的飞速发展和信息技术的不断进步，信息在社会生产中的地位不断上升，其对经济发展的作用也在日益增大，继人力资源、物力资源和财力资源之后，信息资源将成为一种极为重要的独立的资源，推动社会经济、军队建设的迅猛发展。更为重要的是，信息不仅在战争系统中成为一个独立的新要素，而且还对整个战争的进程和结局产生主导性、关键性的影响。信息化战争要素构成的改变，必然导致经济动员领域的拓展和结构的调整。首先，信息将成为新的动员对象，信息动员将作为战争经济动员的一项重要内容登上历史舞台。其次，在战争经济动员各要素内部也将出现一些新变化。在人力资源动员结构上，将由以往的"体力、技能型"为主转变为"知识型"为主，"带计算机的士兵将多于带枪的士兵"；信息产业动员将成为产业动员的重心；信息化的武器装备将是经济动员的首选。

(二) 数字化、网络化成为国民经济动员的基本组织方式

随着信息技术的不断发展，信息化武器装备和现代化的情报、通信联络设备在战场中被大量运用，战争对政治、经济和军事目标的打击和毁伤效率空前增大。这就使信息化战争呈现快速、高效性的特点。为了适应战争的这些变化，经济动员的组织方式和主要手段必须逐步实现数字化、网络化。当前，世界上一些发达国家已经广泛采用以信息技术为核心的各种现代化手段来处理动员工作中的各类数据和信息，如各种军用物资的需求量、需求结构、生产能力、运输安排、物资储备量等，并在此基础上，建立起了畅通的通信联络和自动化指挥系统。如美国的"国防部危急处理系统"，可以随时给国防部长和其他主要官员提供决策的必要情报，"联邦资料评估系统"能对可动员的各种资源做出科学的评估，"自动空运装载计划系统"可以在很短的时间内提供空运装载计划和标准装载能力。除此以外，美国早在20世纪80年代就开始在大规模动员演习中运用各

类信息网络实施模拟、仿真动员。如在80年代中期举行的"高尚骑兵""香粉河"等演习中，响应人员通过各类网络在24小时之内回应率达到了50%以上，在48小时之内则达到了90%以上。美国防务储备协会和国家安全工业协会也曾监督完成了一次工业响应的仿真演习，并在演习过程中得到了一组在战时可能成为生产能力扩大的"瓶颈"的相关数据。

随着信息技术的不断发展，经济动员的组织结构将趋向于扁平化、网络化。在工业经济时代，由于动员的物质和能量的流动量都十分巨大，再加上地域广阔和战线过长，战争经济动员形成了多层次、金字塔形的"多层组织型"的动员组织结构。这种组织结构的优点在于有利于集中统一指挥与管理，但它的缺点也十分明显，那就是，中间环节过多，信息损耗过大，生存能力差、缺乏灵活性，已经明显地不适应信息化战争的要求。取而代之的将是网络化的经济动员组织结构。这种组织结构层次少、节点多、线路广，物资流、信息流可以自动寻觅最快捷的路径，流动速度快，抗破坏能力强，经济效益高。

（三）"寓军于民"成为国民经济动员体制的基本形式

信息技术和信息革命不断深入，信息化战争的军民界限日益模糊。信息技术与其他技术不同的特点是"可共享性"和"非排它性"，具有其他技术所没有的"亲和力"和"构造力"，可以使军事系统与民用系统不断融合。许多在工业社会里通常由军队和军事部门独立完成的工作，如军事科研项目的开发与研制、军用物资和设施的生产和建设等，已经越来越多地交由地方来完成。美国国防部和商务部每年都制定高技术发展战略并选择最重要的技术清单，令人难以置信的是，20世纪90年代的几个年份中，它们分别单独列出清单惊人地相似。像计算机技术、激光技术、纳米技术、新材料技术、生物技术等这些高新技术，既是刺激经济增长所需要的，也无一例外恰恰是发展军事力量所需要的。

军人与平民之间的界限也将变得模糊不清。任何一个平民，只要有一台计算机、一条电话线和一定的高科技知识，就有可能加入到网络战的行列中去，成为信息化战争的直接参与者。未来学家托夫勒认为，如果战争的工具不再是坦克和火炮，而是计算机病毒和机器人，那么武装集团就不再单是军人了。这些都对经济动员信息化建设提出了新要求。

信息化战争的另一个特点就是平战界限的模糊性。信息技术的发展提供了进行"非暴力形式战争"的可能性，如通过国际互联网上的黑客攻击方式破坏他国的信息网络系统，导致他国通信系统、货币金融系统及运输系统的混乱与瘫痪；通过对广播、电视等媒体的控制和散布谣言、制造假象，从而从心理上扰乱对方国家的军心、民心；用国际商用卫星在完全合法的情况下对他国的国家情报进行侦察等。在某种意义上来说，经济动员的准备本身也将具有战争的性质。对国民经济安全和信息安全的重要领域和重点空间进行全天候、不间断的保护，随时粉碎敌对国的"信息侵犯"和"软杀伤"已经成为经济动员的重要内容。

（四）信息安全防护成为国民经济动员的重要职能

在信息社会中，信息已经成为人类最宝贵的资源。社会和经济的发展，战争和军队建设，对信息的依赖程度都在与日俱增。在信息和信息技术为人们的生产生活带来巨大便利的同时，人类社会也越来越离不开信息流的稳定循环。各个国家的政治、军事、经济、社会、科技等活动对信息和信息网络的依赖性越来越大，一旦信息流的稳定循环遭到破坏，就可能导致整个国家能源供应的中断，财政金融的瓦解，经济活动的瘫痪，国防力量的削弱以及社会秩序的混乱，其后果不堪设想。因此，国家安全赖以存在的基础也在发生变化，它正在由原来的国土、能源、军队等有形的东西为主转变为以信息和知识等无形的东西为主。信息安全正在逐步上升为国家安全的一个最重要方面。美国为了加强信息安全防护,他们除建立"自动化系统安全事故支持中心"外,还于1994年7月在路易斯安娜州设立了"计算机安全不间断操作中心"。

七、经济动员建设新思路

科学发展观是国防和军队建设的重要指导方针,也是国民经济动员建设的重要指导方针。在国民经济动员领域,如何贯彻落实科学发展观,有很多工作要做,但最根本和最基础的是创新建设思路,统一思想认识。

(一)以整体协调为指引,实现富国与强军相统一的动员目标

胡锦涛同志指出,我们要始终不渝地坚持国防建设与经济建设协调发展的方针,在全面建设小康社会的历史进程中实现富国与强军的统一。这是从国家战略的高度来筹划国防建设的重要战略思想。而从动员建设的角度来思考,富国与强军的统一,也是国民经济动员所追求的理想境界。

富国与强军的统一,是古今中外各国不懈追求的战略目标。《史记·管晏列传》:"管仲既任政相齐,以区区之齐在海滨,通货积财,富国强兵。"清朝大思想家魏源强调,要把学习和掌握西方先进技术,作为富国强兵的重要途径:"尽转外国之长技,为中国之长技,富国强兵。"把实现富国与强军的统一与中华民族全面崛起的特定阶段联系起来,放在全面建设小康社会的历史进程中来把握,体现了我们党对新世纪新阶段富国强兵的新认识,是对国防建设与经济建设协调发展规律的新探索,也是国民经济动员建设所要追求的理想

目标。

在新世纪新阶段实现富国与强军的统一，既是国家发展战略的客观需要，也具有一定的物质技术基础。在全面建设小康社会的过程中，国防安全问题特别突出，这些问题换个角度看又都是机遇，因为它刺激了国防建设的需求，为富国与强军的统一提供了强大的需求牵引力。同时，较快的经济发展，是实现富国与强军统一的基本条件。根据国务院发展研究中心对2020年中国经济增长的预测，按照基准情景，今后15年总体增长水平将保持在7.5%左右，按照2000年不变价格计算，到2020年，GDP总量将达到38万亿元，按现在的汇率约合4.7万亿美元左右，人均GDP将达到3200美元左右。而在未来15年期间，恰恰是我军现代化建设大发展的时期，需要大量投入。从这方面看，实现富国与强军统一的资源供给条件是存在的，也是很难得的。

以科学发展观为指导，充分发挥国民经济动员的调节功能，为实现富国与强军统一的目标铺路搭桥。国民经济动员的重要功能之一是"调节功能"。一个国家的经济资源是有限的，人们既需要一个安全的生活环境，又希望经济不断发展、生活水平不断提高。这样就有一个问题：国防建设所需的资源，在整个国民经济中到底应占多大比重？这是任何国家都必须慎重处理的一个大问题。国防建设占用的资源多了，影响经济建设的速度和人民生活水平的提高；占用的资源少了，又影响国防实力的增强，危及国家安全，酿成大祸。处理好富国与强军之间的关系，是一门大学问。其中很重要的一点，就是通过经济动员准备来调节它们的关系，以达到既不增加过多的经济负担，又保证国防的紧急需求，实现富国与强军的统一。

要想达到富国与强军统一的理想目标，必须以科学发展观为指导，而科学发展观的内在要求是"全面、协调、可持续的发展"。在国民经济动员建设领域贯彻落实科学发展观，实现其本质要求，必须有新的思路：

一是推进整体建设。过去几十年，国民经济动员建设取得了令人瞩目的成绩。但是，由于各方面的原因，体制机制不顺，地区部门工作参差不齐，部分行业动员建设薄弱，法律法规建设落后，整体建设长远规划不足等问题还比较突出。在国民经济动员建设这个整体中，"短板"还较多。忽视整体建设的结果是，气力花费不少，效果却不明显。因此，在科学发展观的指导下，必须加强组织体制、运行机制、法律法规、动员力量等各国民经济动员要素的统筹规划和整体建设。国家及各地方、各部门的国民经济动员"十一五"规划，都不同程度地体现了统筹规划、整体建设的指导思想。但要把这一指导思想坚持到底，是很不容易的。我们必须立足国家全局，纠正本位主义，加强"短板"建设，达到整体建设、提高效益的目的。

二是突出协调发展。协调发展是科学发展观对国民经济动员建设的基本要求，也是国民经济动员建设成败的基本标志。国民经济动员能力建设表现在许多方面：指挥管理能力、军品生产能力、运输投送能力、资金保障能力、卫生勤务能力、信息支撑能力等等。这些能力的建设和发展相对于国防动员整体建设而言，既不能过于落后，也不能过于超前，必须协调发展。从我国当前国民经济动员能力建设的实际来看，由于某些能力如信息支撑能力、军品生产能力、特别是先进武器装备的研究生产能力的落后，严重地制约了国民经济动员总体能力的提高。信息支撑能力的落后，不仅严重制约了信息装备的建设和发展，也严重影响了指挥管理机构的升级和改造，制约了指挥和管理能力的建设和发展。因此，国民经济动员能力建设的协调发展，不仅是个建设方法问题，而且是个发展思路的问题，必须高度重视。

三是实行梯度推进。我国国民经济动员建设在地区之间、部门之间、行业之间、专业之间存在着相当大的差距。这种差距与科学发展观所要求的"整体建设""协调发展"形成了尖锐的矛盾。我们既不能放弃整体建设、协调发展的科学理念，又不能不顾我国经济社会发展和国防建设的阶段性特征，搞超越客观条件的"跃进"。

因此，在国民经济动员建设的指导上，还要强调"梯度推进"。梯度推进就是从我国经济发展的"东、中、西"部地区和经济技术水平"高、中、低"部门的实际情况出发，分类指导，逐步建设。既要突出东南沿海地区、信息部门等重点，又要加快西部落后地区及某些落后部门的动员力量建设。使各个地区、各个部门国民经济动员建设，慢的加快，快的更好，实现整体优化的目标。

四是优化运行机制。充分发挥国民经济动员在国防建设和经济建设中的协调作用，建立现代化的国民经济动员运行机制极为重要。依据国际惯例，建立健全运行机制，必须首先制定有关法律法规。我国现行的国民经济动员，是依据《国防法》进行的。《国防法》是大法，原则性较强，适用性较广，因此必须尽快制定和出台《国防动员法》和《国民经济动员法》。有了国民经济动员法，就可以依据有关法律法规的条文，形成相互适应的组织部门，实行定编定员，规范各部门的职责权限，制定各种运行程序，建立各级各类经济动员的管理部门。

（二）以科技创新为动力，实现动员能力生成模式的转变

科学技术是第一生产力，因此，经济增长方式的转变要以科技创新为动力，军队战斗力生成模式的转变要以科技创新为动力，国民经济动员能力的提高和能力生成模式的转变，也要以科技创新为动力，特别是以信息技术为主要标志的高技术为动力。国民经济动员能力建设有着规模扩大和内涵拓展两种模式。过去，我们比较注重规模扩大的模式，而忽视内涵拓展的模式。相对来说，以科技创新为动力的内涵拓展的模式，往往节约资源、提高效益，对动员能力的提高往往是"跃升式"的。以科技创新为动力，转变国民经济动员能力生成模式，还有很多工作要做。下面仅就一些主要的问题作点探讨。

充分发掘和扶持军民两用技术。发掘和扶持军民两用技术，是

国民经济动员的重要任务，也是提高国民经济动员能力的有效途径。发展军民两用技术是当今世界的基本趋势。在信息化战争条件下，军用技术与民用技术的界限越来越模糊，越来越重合。目前，美国商务部和国防部各自列出的关键技术中，有85%是重合的，纯军事技术只有15%。俄罗斯认为军工系统中70%以上的技术可军民两用。我国两用技术发展起步晚，但近年来发展很快。发展两用技术的好处很多：一是可以用整个国民经济体系中最先进的技术力量研制生产武器装备，同时也可以用最先进的技术力量研制生产高新技术含量的民品，从而大大提高国家综合国力；二是可以提高平战转换速度；三是可以大幅度降低武器装备的研发成本。今后我们要大发展，就必须在国家战略层面上，对发展两用技术做出全面、长远的规划，真正做到寓"国防科技实力建设"于"国防科技潜力建设"之中。

充分运用"技术嵌入"式的方法。把高技术"嵌入"国民经济动员的组织机构、动员对象，是提高动员的水平和能力有效方法。例如，东南沿海某市，以数字化地图为平台，信息网络系统为手段，军需物资储备、投送、分配为内容的动员系统，实现了地区军需物资动员的空间透明化、手段信息化、动员自动化，大大提高了动员能力。科学技术可以改造某些产品，使它们由不可动员的物品变成可动员的物品。例如，大炮弹的药筒，为了保障整体性，过去是用铜锭锻压而成。技术发展成熟后，可以用钢板焊接而成，质量完全可以保障。这不仅大大节约了宝贵的铜材和能源，而且大大拓展了动员生产能力，更好地满足了战争动员的急需。

加快国民经济动员的网络化建设，是技术"嵌入"有效形式，也是转变动员能力生成模式的重要途径。当前，我国经济动员系统的网络化建设已经取得了很大成绩，部分地区的某些部门的动员，已经建立了局域网，经济动员实现了信息化。但发展还很不平衡，建设水平还比较低，还没有形成全国系统的网络系统。由于没有建立起"下情上达、上情下达"的国民经济动员信息的现代化通道，许多调查数据和动员信息都不能及时获取和充分利用，一旦有事，必然是胸中无数、调动乏术。东南沿海的军事演习，就已经暴露出我国信息基础设施及动员系统网络化建设的薄弱，说明了加快动员系统信息化建设的重要性。目前，我国已经初步建成了以北京为中心、多种通信手段相结合，以公众通信网为主体、专用通信网相结合的现代化通信网络系统。在信息技术和系统理论方面，我国开展了大量的研究工作，在一些重要领域，如数据标准化、信息共享、压缩与传输技术、系统兼容技术以及数据库和网络系统建设等，已经取得了丰硕的成果。我国以"金"字工程为代表的信息化建设正迅猛发展，国家准备用3—5年的时间建成覆盖全国、连接中央和各省（自治区、直辖市）首府及所有中心城市的中速传输、开放性交互式的公用信息网。到2010年，将建成我国自己的信息高速公路宽带业务数字网。国民经济动员系统的信息化建设没有必要等民用信息网络建成后再考虑，也不能另起炉灶、自搞一套。比较可行的方法是，及早地介入到国民经济信息化网络建设中去，通过协调军地及各部门之间的关系，使国民经济信息化网络建设有关部门在制定发展计划、资金投入、过程监控、网络加密、使用过程等环节中考虑到经济动员因素，为经济动员系统信息化建设提供强有力的支持和保障。

充分利用军民通用的动员要素和技术标准。国民经济动员是实现国防建设与经济建设"一体化"的"桥梁"和"纽带"；同时，在国民经济动员要素自身的组合上也必须坚持"军民一体化"。对前一方面的认识，现在相对比较统一；对后一方面的认识则并不是十分一致的。国民经济动员要素包括人力资源、物力资源、财力资源、知识资源等。过去我们在动员这些要素时，往往是军民分离的，要增加军品生产能力时，就只想到新建生产线，建成后在平时军品需求不足时，大量设备的闲置造成严重浪费。现在大胆采用建设"动员中心"的做法，借用现有的民用生产能力，在进行潜力调查、制定动员预案的基础上，平时生产民品，战时生产军品由此大大提高了运行效益。

先进科学技术作为一种重要的生产要素,是推动经济发展的重要力量,也是维护国家安全、搞好国民经济动员建设的重要能力。国民经济动员就是要大力发掘军民通用的科学技术,特别是高科技,实行军民一体化,达到一技多用、一技多能的目的。过去,国家有关法律严禁民营企业参与生产军品。现在已经有所松动,但阻力还是相当之大。我们要提倡"民参军",让那些在技术水平、管理能力、保密条件等能满足国防要求的民品生产企业,参与军品生产和开发,促进竞争,提高效益。

在这里还有一个"标准"问题。军品的质量标准(军标)一般比民品高,但是军标不是越高越好,只要满足军事要求就可以了。过高的军标,会造成极大的浪费,会阻碍很多民用技术为军所用,会减弱国民经济动员能力。因此,国民经济动员建设,要坚决打破军民分离的格局,尽最大努力建设军民通用的技术标准,减少军事专用品的种类,构建"军民一体化"运行模式。技术标准和管理标准是国民经济动员信息化建设顶层设计的关键环节,是国民经济动员信息化建设的基本规范,各单位、各地区应当严格遵守。有些地区的国民经济动员,在信息化建设方面动手较早,形成了自己的做法和习惯。即使如此,也必须改变自己的做法和习惯,修改自己的标准和格式,服从全国的统一标准和格式。为了实现国民经济动员信息化系统技术和管理的标准化,我国国民经济动员办公室协调有关单位,已经就基础地理信息数据平台的比例尺系列及内容、专用GIS平台软件和工具软件开发规范、国民经济动员管理信息图式符号等方面的国家标准进行了规划和研究。有的地区已经在某些方面取得了一些进展,展示了国民经济动员信息化的美好前景。

(三)以效益优先为原则,实现经济动员的可持续发展

以科学发展观为指导,加强国防建设和国民经济动员建设,就

是要打破过去"粗放经营"模式，以效益优先为基本原则，把国防效益和经济效益有机地结合起来。当前和今后一个时期，坚持效益优先原则，最重要的一点是，加强军民一体化进程。胡锦涛同志指出，实现国防和军队现代化建设又快又好地发展，必须坚持军民结合、寓军于民，把国防和军队现代化建设深深融入经济社会发展体系之中。这是国防和军队现代化建设贯彻落实科学发展观必须做好的一篇大文章。

第一，在顶层设计上加强军民结合。将国防和军队建设规划纳入国家发展的总体规划体系，将武器装备发展纳入国家科技开发和高新技术产业发展体系，将军队人力资源建设和人事政策制度纳入国家人事、劳动、教育体系，将军事法制建设纳入国家法制建设体系，将国防动员、战场建设纳入经济社会发展体系，实现国家发展战略、国家安全战略、军事战略、军队发展战略的相互协调，科学构建满足国家安全需要的军事防卫能力。另一方面，要抛弃传统发展观念，拓展建设思路，充分利用民用资源，不再搞"小而全""大而全"。比如，在后勤保障上要依托国民经济体系，逐步取消军费办社会的负担，逐步建立军队社会化的生活服务体系、物资储备体系、干部住房医疗保障体系、家属就业保障体系和子女教育保障体系，凡是能够通过社会化进行保障的项目就利用好国民经济的能力，寓军于民，由社会来办。

第二，充分发挥国防的经济功能。在这个问题上，人们往往容易产生模糊认识：认为国防投入是纯消耗性的，对经济发展不起任何推动作用。这是不符合事实的，事情应当分两方面看。一方面，国防投入从总体上是非生产性的，超出国家安全需要的国防投入对国民经济发展是有害的；另一方面，只要把国防投入控制在合理的范围之内，并且充分发挥国防建设对经济建设的积极作用，国防建设就会对经济发展起重要的牵引和推动作用。这种作用主要有：刺激经济增长，增加就业，推动技术进步，促进产业结构升级，改善经济布局，军队以各种形式直接参加经济建设和抢险救灾等等。

比如，国防经济对国家高新技术产业具有极为重要牵引作用。一个时代、一个社会最先进的科技成果往往首先产生于军事领域，尔后再由军事领域向民用领域转移，推动民用产业的升级换代，这是一个规律。现在美国最重要的高新技术产业和关键的技术系统，几乎都是在军事需求带动下产生和发展起来的。它的核工业是在当年发展原子弹的"曼哈顿计划"下启动的，航天技术是在当年的"阿波罗登月计划"推动下发展起来的，计算机产业、信息产业是当年需要计算导弹轨迹而发展起来的，遍布世界的因特网也是美国国防部1993年耗资6亿美元用于"国家信息高速公路"建设计划才搞起来的。

我国的实践也证明了这一点。尽管我国国防科技工业对国民经济的整体带动能力还比较弱，但在高新技术发展方面却有着重要的牵引作用。从"两弹一星"到"神舟五号""神舟六号"，国家高科技产业发展的每一步都离不开国防科技工业的牵引。可以设想一下，如果没有当年原子弹和氢弹的研制，就不会有今天秦山、大亚湾等核电站的并网发电；如果没有当时军工船舶制造业的投入，就不会有世界第三位造船大国的地位。

第三，在国家基本经济建设中体现国防要求。在国家基础设施建设中，应充分考虑战时需要，寓"战场建设"于"经济建设"之中。国家及地方在进行大中型基础设施建设中，必须考虑到军事需求，做到一笔投资能获平时、战时两种效益。在铁路建设中，应考虑军事装备的装卸载需要，完善军事运输装卸设施建设。在公路网建设中，应考虑军队机动、军事运输需要，对一些重要交通线的设计，要具备坦克等重型军事装备的通行能力，并选用高速公路修建飞机跑道。在机场兴建和扩建中，应考虑大中型运输机、轰炸机的使用需求，完善机场使用条件。在兴建港口码头时，应考虑战时水上运输保障需要，对主要战略方向的水路运输应建造能停靠江海直达轮的深水泊位和滚装码头。在信息产业中，应考虑战备通信利用程度，完善配套应急通信建设，特别是在发展"信息高速公路"时，应为战时预留一定容量。在大中城市基建工作中，应考虑战时防护的需要，完善配套人防设施建设。在重要方向和重点地区的开发建设中，应考虑作战的需要，形成具备战役要素的战场条件。这样，就能在国防费供需矛盾突出的情况下，充分发挥社会经济对国防建设的支撑作用，有效地减少国防建设资金的总量投入。

第四，在布局上兼顾国防原则和经济原则。在信息化战争条件下，依然存在着国防经济布局问题。而对一个幅员辽阔的大国来说，在经济布局过程中特别需要把经济建设与国防建设结合起来。当前比较突出的问题是应对改革开放以来的经济布局进行适度调整。在我国经济建设的过程中，国家的生产力与科技力，国家的财富与资源，过于集中于沿海一线、沿边一线、沿江一线，这种"新三线"，在一定程度上造成了新的安全隐患。必须把经济建设的"棋局"和未来军事斗争的"战局"统筹考虑。国家的经济布局要考虑四个结合：东部与西部结合，集中与分散结合，安全与效益结合，专业化与多样化结合。

八、非战争军事行动中的经济动员

在传统安全和非传统安全交织、非传统安全问题日益突出的条件下，非战争军事行动日益受到世界各国的重视。我国2008年初的冰雪灾害和"5·12"汶川大地震，再次给人们以警示！在应对各种突发事件的危机时刻，经济动员工作十分复杂，其中最艰难和最关键的是装备动员。如何从战略的高度认识和筹划装备动员，是我军完成好非战争军事行动的关键。

汶川大地震，震动世界，震撼人心！它不仅证明了新形势下非战争军事行动的重要性和广泛性，而且证明了装备动员建设的重要性和迫切性！

（一）信息装备动员牵动整个军事行动的"中枢神经"

在各种灾害中，往往出现很多"信息孤岛"，里面的情况出不来，外面的东西进不去，给领导机关的决策和一线部队的行动带来极大的困难。因此，信息装备是整个行动体系的"中枢神经"，信息装备动员是维护这个"中枢神经"正常运行的重要活动。我国目前的通信设备，还主要是靠地面平台传输，极易受到自然灾害的破坏。以天基为传输平台的海事卫星电话，费用高、用户少，临时配置相当困难。我国自己的"北斗"卫星电话和导航定位设备，技术水平和应用范围都很有限，无法满足抗震救灾等非战争军事行动的需求。地震初期，通信难的问题十分突出，给国家领导机构的指挥和一线部队的行动及受灾群众的生活都带来极大的困难。

在汶川大地震中，军队和地方共动员气象卫星（"风云"系列）、观测卫星（"资源"系列）、导航卫星（"北斗"系列）等各种卫星15颗，为抗震救灾服务，取得了很大的成绩。国家有关部门紧急动员"中国资源卫星应用中心"等单位，运用"02/02B"星上的CCD相机，对震区进行观测，获取了大量清晰、可靠的遥感影像数据，为指挥部门的决策和前线官兵的行动，提供了有效的保障。这是我国信息装备动员的成功范例。

但是据中国资源卫星应用中心的郭建宁主任介绍，由于我国军用卫星和民用卫星分属不同部门，成果的交流、协调、综合利用等方面还存在一些障碍；由于技术水平的限制，卫星遥感数据的时效性和标准质量还不能满足实际要求。与发达国家相比，我国的天基卫星信息系统无论在数量和质量上，都有不小的差距。因此，大力发展军民通用的天基信息系统，拓展卫星通信、卫星探测等各项服务，是我国国家安全基础建设的当务之急，也是我国装备动员建设的当务之急。

（二）机动装备动员是保障一线部队军事行动的命脉

汶川大地震给人们最大的刺激，就是我们的机动能力不足，其中特别是空中机动能力的不足。毛泽东同志曾经指出，"行动自由是军队的命脉，失了这种自由，军队就接近于被打败或被消灭。"这一经典论述，不仅适用于战争行动，也适用于非战争军事行动。无论是冰雪灾害还是地震灾害，对交通运输线路的破坏都是致命的。军队在遂行地震、洪水、台风、暴雪、大火等灾害的抢险救灾任务及"反恐维稳"任务时，都依赖于快速、灵活、安全的机动能力。通过机动装备动员以满足非战争军事行动对机动装备的需求，是行动成功与否的关键。

汶川大地震中，13万大军以铁路、公路、航空等运输形式，向汶川灾区集结。驻河南某红军师接到预先号令后49分钟，先遣部队的300多名官兵即分乘30多台军车，摩托化开进，星夜兼程，遂行抗震救灾任务。与此同时，指挥部不仅大量调集了军队的直升机部队和空降兵部队，还征用了昌飞集团等非军事单位中几乎所有能动用的直升机。

但是，由于我国直升机的数量和技术水平的限制，空中作业能力仍远远满足不了实际需求。据昌飞集团董事长王斌介绍：我国的民用直升机只有100多架，而同为发展中国家的巴西有530架，俄罗斯有3000多架，美国有10000多架。我国的军用直升机数量则更少，而且大多是从俄罗斯、法国等国进口的。我国自己生产的直升机，数量少，型号单，技术水平不高，很难完成较大的非战争军事行动的有关任务，更难完成局部战争军事行动的有关任务。因此，大力发展中华民族的直升机制造和维修事业，刻不容缓！

（三）专用作业装备动员是提高军事行动效果的抓手

中国兵器工业集团公司的908厂，应军队抗震救灾的紧急需求，动员生产防毒面具、防毒口罩、滤毒盒等防毒器材数十万件，紧急发往前线，大大提高了一线部队的防护能力和作业效果，有力地支援了抗震救灾行动。

抗震救灾中，紧急进入灾区的部队很少有专业作业工具，大都是手扒肩扛。战士的吃苦精神值得称道，但受伤者众，且效果不佳。武警消防部队紧急动员生命搜救装备、特种工程机械装备，作业效果十分明显。在大批伤员等待救治的时候，现代化的大型医疗方舱开进了灾区，程序化、高水平的治疗像流水作业一样，大大提高了效率，减少了伤员的痛苦，提高了伤员的成活率。

（四）生活保障装备动员是维护稳定和保存战斗力的良药

在非战争军事行动中，在大家只能靠方便面、瓶装水充饥解渴之时，机动化、集约化、模块化的野战炊事车开了过来，给大家提供热腾腾的饭菜和鲜汤；当大家浑身泥水、满身汗味、奇痒难耐时，自动化、一体化的野战洗澡方舱开来了，大家可以迅速、痛快淋漓地洗个热水澡。这些装备不仅给大家的生活带来方便，保存和提高了战斗力，更重要的是稳定了大家的情绪，维护了社会的稳定和团结。这对于精神受到灾害破坏、心理受到冲击的大众来说，是一种有效的治疗手段。

在自然灾害和人为灾害的破坏中，大量物资受损，大批人员受伤，需要动员大批各种物资、装备进行补充和救助。而在这各种动员之中，装备动员是最重要最关键的，也是最难的。各种动员中，装备动员一项也是十分复杂的，也不能"眉毛胡子一把抓"，而要有一些战略眼光、大的思路。

第一，"通专结合，以专为主"。在抗震救灾中，动员涉及的装备种类很多，有通用的，有专用的；有大型的，有小型的；有贵重的，有便宜的。我们动员时，要做到"通专结合，以专为主"。例如抗震救灾中，汽车和发电机是用途很广的装备，但它们的通用性较强，动员的来源较广，较好动员。例如，江苏省动员办接到动员指令后，仅用6个多小时就紧急组装700台2千瓦汽油发电机，于15日凌晨空运四川灾区。而地震救援中使用的工程挖掘设备、起重设备、防护设备等，专业性强，生产数量少，生产单位少，动员的难度要大得多。因此，装备动员建设要"以专为主"。

军用方仓是专业性较强的装备，在抗震救灾中用途较广。辽宁省铁岭市陆平机器股份有限公司（国家军用方仓动员中心），接到军队紧急订货后，立即动员生产和调运，不久即紧急发送9种24台军用方仓到灾区，供军队使用。在冰雪灾害和地震灾害中，道路、水路破坏十分严重，应急桥梁建设是个专业性很强的工作。军队的舟桥部队和中国船舶重工集团紧急动员，根据灾区特殊的地形地貌，生产和改装多座钢桥和舟桥，取得了辉煌的战绩。

第二，"高低结合，以高为主"。在各种动员的装备中，技术水平有高有低，价格差别也很大。像一般的运输装备、通信装备，较好动员，而像重型运输直升机、卫星探测设备、卫星传输电话、专用工程机械等，保有数量少、技术水平高、价格昂贵，生产和维修复杂，这就难以动员。正因为技术水平高、价格高，就成为动员的重点。

除高技术、高价格的装备动员之外，高技术水平的装备保障维修队伍动员也是重要的方面。例如，中国移动的地面站受到严重破坏，需要调用一批与卫星沟通的应急通信车到灾区，但是，保障这些装备正常运行必须一批高技术水平的工程技术人员随车到灾区一线。中国航天科工集团所属的航天世纪卫星公司，临危受命，动员了一支高水平的精干队伍，顺利完成了卫星通信的调试、维护任务。

第三，"点面结合，以点为主"。装备动员是大家的事，涉及面广，工作量大。如果四处伸手，全面出击，就会"费力不讨好"，因此，必须"点面结合，以点为主"，抓住重点，以点带面。例如动员直升机，除了军队的陆航部队之外，重点当然应该是生产和维修直升机的昌飞集团等大的单位。其他的如探矿部门、海洋打捞部门、农业部门等，直升机的数量和性能都相当有限，动员难以有大的成效。抓住了重点，就抢来了时间，就提高了成效。

在越南战争中，美国用于战场的直升机像成群的乌鸦一样飞来飞去，称王称霸。事隔几十年了，中国的直升机发展仍无大的起色，关键在于思想观念的落后。我们必须建立中国的"空中骑兵"，补上中国陆军的"短腿"；必须建立中国的民用直升机生产、维修配套服务中心，发展中国的高技术水平的制造业、服务业，优化中国的产业结构。

从上面的分析不难看出，我国当前装备动员建设的当务之急，是以天基为平台的高水平的信息系统，是以直升机和大型运输机为主的空中机动能力。高水平的信息产业和航天航空产业发达之时，就是中国产业结构升级之日，就是中国装备动员水平跃升之日。

第七章
经济战[*]

经济是决定战争进程和结局的基础。经济战（economic war），作为一种战争方式，是与战争相伴而生的，并伴随着战争形式的高级化、经济全球化的发展而不断发展、变化。现代战争中，经济战作为战争的一种辅助手段备受青睐，被广泛而深入地运用。经济战不仅成为了战争前奏，而且贯穿战争的全程，起到了一般军事作战行为不可替代的特殊功效。海湾战争中，以美国为首的106个国家迅速组成联盟，对伊拉克实施经济制裁，战争中美军对伊拉克各大中城市经济设施的空袭一天也没有停止；科索沃战争中，以美国为首的北约对南联盟的交通枢纽、炼油厂、水电设施等实施远程精确的毁灭性打击，给南联盟造成的损失高达2000亿美元，最终南联盟不得不接受强加的政治条件。回顾近一段时期所发生的局部战争，经济战所起的作用越来越大，经济战已居于更高层次，具有战略性、威慑性、可控性和高效益性。目前，经济全球化更是使得经济战在现代战争中扮演的角色越来越重要，经济战与反经济战能力的强弱成为了决定战争胜负的重要因素。

一、经济战的内涵和发展

综合社会上多种观点，我们认为，广义经济战可以定义为：一

---

[*] 本章内容摘自国防大学出版社2008年5月出版的《经济战争论》。

国或地区为谋取战略利益和经济利益，运用包括经济、政治、外交、军事等手段而进行的经济斗争，包括平时和战时的经济斗争。狭义经济战可以定义为：战时敌对双方或集团为达成特定政治目的和战争目的，围绕削弱对方经济实力与经济潜力，保护己方经济实力与潜力，所采取的各种行动和措施。

如果从经济战的内容、战场、方式的角度出发，我们会发现信息时代的经济战出现了一些新的变化。

第一，国防资源内涵的变化使现代经济战的内容发生了变化。传统经济战中，国防资源主要指粮草、石油、稀有金属等。然而，社会正从工业化走向信息化，信息、知识及相关的技术成为国防建设和推动经济发展新的重要战略资源。通过知识创造或技术改进的手段，发展替代资源或节省资源消耗等方式，在很大程度上可以改善或彻底摆脱自然资源缺乏的状况。因此，现代经济战可以通过夺取敌方的信息和知识及相关技术，或破坏敌方的信息和知识及相关技术，以达到经济战的目的。

第二，经济发展核心的变化使现代经济战的战场发生了变化。金融在现代经济体系中处于核心地位，是市场经济的动脉和资源配置的主渠道。因此，在削弱对方经济实力的过程中所运用的各种手段，都要借助金融渠道。近些年，在东南亚和拉美地区爆发的经济动荡表明，几乎所有的经济动荡都是先从金融领域率先爆发的。而且金融危机一旦出现，就会立刻引起连锁反应，殃及国民经济整体。经济全球化时代，对别国金融领域发起攻击也更加容易实现。经济全球化的核心是金融全球化，主要表现为资本流动全球化、货币体系全球化、金融市场全球化以及金融协调与监管全球化。一方面，金融全球化扫除了资本在国与国之间自由流动的障碍，削弱了国家制定货币政策的自主权以及国家对本国金融市场的控制权，增大了国内金融体系的风险；另一方面，金融交易概念不断创新，新的金融工具不断出现，国际游资和虚拟资本急剧膨胀，增加了国际金融市场的不确定性，金融活动主体的有限理性和信息不完备性更加突出。两方面的因素使得金融风险有了更强的扩散性、隐蔽性和突发性，也使得对别国金融领域的攻击更容易实现。金融领域相比较于贸易领域的经济战而言，其影响范围可能殃及到国民经济的整体。

第三，经济运行机制的变化使现代经济战的作战方式发生了变化。现代经济的产业关联度极高，上下游产业相互依赖程度很高。破坏了某一产业，特别是某些关键产业，就会使国民经济陷入混乱状态，严重影响民众生活和战争进程。因此，运用各种手段破坏敌国的经济结构，打乱敌国经济的平衡和协调，也是经济战的有效方式。经济全球化时代，世界各国经济的联系极为密切，各国外贸依存度很高。不少国家经济发展靠外国的能源和原料，如果切断了这个来源，经济就会发生混乱。因此，这也为经济战提供了条件。同时，外贸的发展形成了众多的国际经济中间机构。这些中间机构也可以成为经济战的工具。以世界贸易组织、国际货币基金组织和世界银行为代表的国际经济组织得到了空前发展，在世界经济发展中发挥着重要作用。通常情况下，一国经济要融入世界，获得更大的发展机遇，离不开借助国际经济组织的功能。然而，加入这些组织的前提是要将国家的部分经济主权让渡给这些组织。譬如，加入世界贸易组织的首要条件就是减免关税和开放市场，这部分让渡出去的经济主权，有可能被敌国操纵，成为对方经济战的工具。

二、经济战的主要功能

经济战相对于军事打击手段来说，形式显得不那么"暴烈"，作用显得不那么直接，但它却有着重要的地位，可以起到军事手段同样的作用，有时甚至可以达到军事手段所达不到的效果。

（一）破坏敌方经济基础，削弱战争潜力的功能

现代战争是总体力量的对抗，经济实力对战争胜负具有决定性的影响。在未来战争中，谁保护或拥有了经济实力，谁就握有雄厚的战争经济潜力，战争的胜利就有了可靠的基础。因此，想取得战争胜利，就必须千方百计地增强自己的经济实力，同时削弱敌方战争潜力。经济战无疑是达成这一目标的便捷手段。

一方面，通过经济战各种手段的运用，打击、破坏、摧毁敌方的经济力量，削弱以至瘫痪其军事实力，进而实现对方力量的削弱而己方的力量相对增长，可以有效地改变战争双方的力量对比。第二次世界大战后期，从1944年5月至1945年2月，盟军集中轰炸德国的炼油厂，德国的石油产量锐减95%，使德军的飞机、坦克和汽车因缺少汽油而无法开动，从而为盟军最后战胜德军创造了条件。在现代高技术条件下，局部战争基础是以高水准的军工生产制造能力、巨额财力投入和巨大物资消耗为条件，开展以暴力形式实施的经济战，更是有利于削弱敌方的战争支撑能力，降低对方的军事技术水平，迅速破坏敌方经济基础。

另一方面，占领或夺取敌方的经济资源，不仅是削弱敌方经济力量，而且也是增强己方战争经济实力的重要途径。通过军事行动占领或夺取敌方的经济资源为己所用，在削弱对方的同时补偿己方战争中的经济消耗，这被认为是上上之策。第二次世界大战初期，德国的资源并不丰富。希特勒的重要策略之一就是利用掠夺他国的资源来增强自己的实力，进而支持了其侵略战争。例如，1940年1月，德国出兵挪威，重要目的就是获取那里出产的钼、钛、镍、铝、锌等稀有金属及其他矿产和原料。德国占领波兰后，一次就掠夺波兰的库存粮食37.6万吨。德国在占领的苏联西部领土上，专门设立了从事经济掠夺的机构，从苏联掠走了23.9万台电机、17.5万台机

床、700万匹马、1700万头牛、2000万头猪、2700万只羊。[①] 此外，瑞典的铁矿石、法国的铝矾土、波兰的煤、捷克的机械产品、各个被占领国粮食等，都源源不断地流入德国，这对于缓解德国本土资源贫乏的状况，支持其战争机器的运转，发挥了十分重要的作用。

（二）冲击敌方心理防线，瓦解敌方斗志的功能

经济战用来破坏或削弱对方经济能力和潜力的手段包括经济制裁、经济封锁、经济破坏、经济摧毁、经济占领等。这些手段的运用因经济本身的复杂性和武器的高技术化而对敌方的经济破坏是十分惊人的。从不见硝烟的经济制裁到兵刃相见的经济破坏，从对经济的直接摧毁到对经济的大肆掠夺，从冻结资产到征收占领费，从对军事经济设施的摧毁到对民用设施的破坏，从发行假钞到对战略资源的毁坏，其不仅能破坏经济供给与需求平衡，扰乱敌方社会经济秩序，引发金融危机、通货膨胀，甚至能造成敌方整个国民经济无法正常运转，最终普通老百姓的基本生活都无法得以保障。这些结果往往对敌方的军心、民心、士气产生强烈的震撼，发挥着直接瓦解敌方战斗力，对其心理产生沉重打击，最终使敌丧失抵抗意志的作用。

持续78天的科索沃战争，北约通过对南斯拉夫的国防工业设施、交通枢纽和运输线，以及汽油生产和储存设施、飞机场（库）等民用基础设施的轰炸，炸毁南联盟铁路线12条、公路线5条、医院20多家、学校250所，民用机场5个，使南联盟的炼油能力全部丧失，弹药生产能力下降2/3，41%的军用油库、57%的军地两用油库和39%的广播电视转播线路严重毁坏，南联盟军民生活水平"至

[①] 后勤学院编：《苏军论现代战争中的经济问题》，解放军出版社1985年版，第69页。

少倒退 30—40 年"①。面对这场空袭，虽然南斯拉夫充分显示了不屈不挠的民族精神，但北约最终还是破坏了南联盟的经济实力和战争潜力，达到了它动摇南联盟人民的战争意志，从心理上瓦解敌方，迫使南联盟屈服的政治目的。

（三）配合己方军事斗争，推进战争进程的功能

经济战主要是通过对敌方实行关税壁垒、控制进出口等经济制裁和封锁，迫使敌内部市场萎缩、供应奇缺；或通过攻击敌方重要的军事工业和科研机构、经济枢纽及恢复期长的经济目标，封锁和切断敌方资源来源，直接削弱其军事经济能力和经济再生能力，使之失去赖以支持战争的物质技术基础；或通过打入敌方内部，散布经济谣言，散发伪造货币，鼓动民众抢购、挤兑，囤积紧俏物资等手段，达到扰乱敌后方经济秩序的目的。这些措施的使用，不仅有可能制止战争的爆发或持续，还可以配合军事斗争，在一定程度上影响甚至改变战争的规模、范围、时间，从而推进战争进程，使其向于己有利的方向发展。

第二次世界大战中，英、美和德、意等国之间为维护和破坏大西洋交通线的斗争，以及相互间对工业生产基地的攻击，曾对战争进程产生过很大的影响。1944 年 11 月，英美盟军统一确定把德国石油工厂作为一级优先考虑的轰炸目标。这一重点轰炸成效非常显著，使得德国汽油一度生产不出来，油料储备消耗殆尽，"德国空军的飞机因没有汽油而不能升空，汽车因没有汽油而不能开动"。"德国统帅部的所有战役行动、措施的准备和实施无法进行或大大受阻。"② 太平洋战争中，日本的 1000 万吨商船在美军打击下，到战争结束时

---

① 范晓光主编：《现代局部战争动员研究》，军事科学出版社 2000 年版，第 327 页。

② 后勤学院编：《苏军论现代战争中的经济问题》，解放军出版社 1985 年版，第 54、66—67 页。

几乎损失殆尽，致使工业原料断绝，兵工厂无法开工，成为日本战败的重要原因之一。[①]

海湾战争初期，英、美联合许多国家通过伊拉克使用全面的经济封锁和贸易禁运，海、陆、空立体格局的封锁网，断绝其经济来源，导致伊境内的汽油、粮食、原料供应奇缺，力争"以压促和"。在上述压力无效后，又利用空中优势和高技术武器对其指挥系统和经济目标进行轰炸，"以炸促和"，从而为地面部队的"以打促和"打下了坚实的基础。在38天的空袭中，以美国为首的多国部队摧毁伊拉克核生化武器生产和储存设施，伊拉克运输补给量减少90%，炼油能力下降87%。同时，为断敌补给，猛烈空袭了伊拉克的桥梁、渡口、交通枢纽和后勤补给基地，美军对处于科威特战区的伊拉克地面军队采取"先遮断，后歼灭"的方针，利用空中力量对伊科交通线进行了遮断作战，巴格达至科威特交通线上的129座公路桥和9座铁路桥，有约一半被列入空袭目标，到停战时，37座公路桥和全部铁路桥被摧毁，铁路运力完全消失，使伊军补给和后撤都十分困难。由于90%的后勤补给线被切断，50%的后勤仓库被毁，伊军前线部队陷入了缺粮断水、缺油少弹、缺衣无药的境况，战斗力迅速下降，酿成了不战自乱局面。

科索沃战争中，以美国为首的北约部队首先把防空系统、C_3I系统和重兵集结地域作为首选目标，4天之内就夺取了制空权。在先期空袭未能奏效的情况下，围绕削弱南联盟领导层的统治能力，迫使南从科索沃撤军这一空袭目的，北约又选择了政治、经济和交通目标进行猛烈轰炸，以迫使南联盟答应所有条件。据美国《新闻周刊》报道，科索沃战争中经过经济打击，南联盟41%的军用油库和57%的军地两用油库被炸毁或严重毁坏。为了做好地面进攻准备，北约最后还连续轰炸了炼油厂、油库、兵工厂、重要工业设施、武器仓库、部队

[①] 陈德第、李轴、库桂生主编：《国防经济大辞典》，军事科学出版社2001年版，第77页。

集结地等目标，为可能的地面进攻创造了有利的战场条件。

（四）遏制武力正面冲突，降低对抗强度的功能

军事冲突是以巨额财力投入和巨大物资消耗为条件的，无论是军事冲突的发起国还是军事冲突的被动参与者，都要为此付出高昂的成本和代价。尤其是现代科技的广泛深入发展，使得军事暴力手段发生了前所未有的巨大变革，高技术武器装备在远距离打击和毁伤效果方面几乎可与核武器相比。因此，面临战争威胁时，世界各国都力求避免武力正面冲突，希望能采取其他方式，而达到挫败敌人，达成自己的目的。

经济战最终是以削弱敌方战争潜力和增强己方战争潜力，使敌方无力再战为目的的。通过采用非暴力形式，进行武器禁运、限制敌方进出口、冻结资产，以及取消航线、禁止贷款、进行贸易往来和投资等措施，可以有效地对敌方社会经济破坏。加之，经济战往往也被看作是一种态度和决心的显示。目标方如果继续抵制将要受到发起国更加严厉的制裁和打击，或受到进一步武力行动的威胁。在一定程度上说，运用经济手段往往可以以对方一定的经济代价相威慑迫使其屈服，避免敌对态势的进一步恶化，避免武力正面冲突的发生，起到不战而屈人之兵的作用。

经济战的最显著后果是大量财富的损失和对生态环境造成长期、严重的影响。而且"当敌对双方势均力敌时，经济战目标的选择往往体现出对等性的特点。一方选择经济战目标时必须考虑对方的报复程度，这可使战争双方保持一定程度的克制，在某些经济目标的选择上相当谨慎，因而交战双方都会保留许多可打却不打的目标，将战争限制在有限的范围内"[①]。并且高技术条件下的远距离精确打

---

① 李安翔、关桢：《高技术战争中的经济战及其运用策略》，载《第二炮兵指挥学院学报》，2000年第3期。

击能力的提高，极大地提升了经济战的效果，因而对各国花巨资建成的重要经济项目极具威慑性，也迫使各国领导人不得不考虑武力行为的后果。因此，任何国家都会重视经济战的巨大灾难性后果，从而会尽可能抑制武力对抗的扩大化或全面化。

三、经济战的作战样式

战时经济战的手段很多，形式多种多样。凡是能给敌方经济造成损害的措施和行动，都包含在经济战的范畴之内。凡是针对敌方进行经济破坏所采取的反措施，都有经济战的色彩。通常经济战的作战样式主要包括经济制裁、经济封锁、经济打击和经济占取。

（一）经济制裁

经济制裁的概念是在两次世界大战之间，由国际联盟最先采纳的。经济制裁是国家（或国家集团）或其他实体之间为一定的政治、军事目的，一方对另一方强行实施的限制性经济行为。经济制裁以经济惩罚为主，以改变其政治或军事行为的活动。邱芝的《论冷战后国际关系中的经济制裁》一文中认为，"经济制裁是一个或多个国际行为体为了实现一定的对外政策目标而对某国际行为体实行的歧视性限制。"[①] 通常认为，只要是国际主体限制、损害乃至剥夺对方国家经济权益，以期实现预估目标的政策行为，无论它的起因、领域、政策目标如何，都可归为经济制裁。但是，西方学者一般把经济制裁仅仅当作因政治领域内的纠纷和军事领域的冲突而产生的政策。对于因经济摩擦而产生的诸如采用惩罚性关税、禁止进口等限制性措施往往看作是对外经济贸易政策的一部分，而不把它当作经

---

① 邱芝：《论冷战后国际关系中的经济制裁》，载《社会科学》，1999 年第 10 期。

济制裁。

经济制裁的目的是削弱被制裁方的政治、经济、军事实力，促进其国内不满情绪的发生和增长，导致该国政府无法维持战争。其原因一般分为政治、军事和经济三个方面。经济制裁的军事方面的考虑是通过程度不同的制裁措施，给被制裁者造成经济困难和损失，使敌方在经济上陷入困境，从而有利于战场上的取胜。

经济制裁绝大多数是强势方施加于弱势方的，或者相互依赖关系中依赖程度小的一方向依赖程度大的一方施加的。经济制裁是一把双刃剑，它既能伤害对方，也能伤害自己。在国家集团对国家集团的经济制裁或国际组织对某国实施的经济制裁中，一般来说，参与制裁的国家会因利益不同而对制裁有不同的态度。如果被制裁方与其有巨大的利害冲突，或是威胁到其他地区乃至全球利益，或是威胁到其安全，该国的制裁态度是坚决的；如果被制裁方与其没有根本的利害冲突，或是虽有根本利害冲突，但自己不是对方的主要对手，其态度往往比较缓和；如果认为制裁别国会使其得不偿失，取消制裁会取得更大利益，该国的态度就会动摇，甚至放弃制裁。此外，制裁国之间的利益竞争也会使他们改变立场，被制裁方也会利用制裁国的矛盾突破制裁。

根据对抗国家的需要和实力状况，经济制裁可以运用不同手段，在不同程度上进行。经济制裁的基本形式有两种：一种是有限经济制裁，即中断同对方的部分经济联系，特别是一些重要经济技术项目和战略物资方面的支援或合作关系。其最主要和最经常使用的手段就是武器禁运和石油禁运。武器禁运包括直接或间接供应、出售和转让的军火及有关物资，包括武器和弹药、军用车辆和装备、准军事装备及上述物资的配件；直接或间接供应、出售和转让的与军事活动有关的技术咨询、援助或训练等。

另一种是全面经济制裁，即断绝同目标方的一切经济往来。主要包括贸易与金融两个方面，具体政策手段有：（1）限制公、私部门与目标方进行财务事项往来，查封或冻结制裁目标方在本国司法管辖范围里的公私财产；（2）通过吊销许可证、限制相关金融交易等方式削减与制裁目标方的进出口贸易；（3）取消和拒绝双方国家的政府采购项目；（4）废除或有条件地执行与目标方之间的双边贸易或其他方面的协定，撤销或拒绝给予目标方的有利贸易地位，减少或取消本国从目标方进口某些商品的进口配额；（5）取消和拒绝相互间的空运与海运通道权；（6）削减本国海外私人投资公司、进出口银行针对在目标方进行投资的企业以及为制裁目标方企业所提供的投资信贷与担保；（7）否决国际金融机构针对目标方的信贷或担保计划；（8）对与目标方的个人、企业及政府从事经贸往来的第三国的相关个人、企业及政府进行经济限制；（9）通过经济集团和联盟，采取抬高或压低某些商品价格的办法，阻挠目标方的国际贸易。

冷战后的国际经济制裁在个别国家或地区取得了一定的政治、经济效果，为一些争端的解决提供了一定的条件。二战结束后，美国一直热衷于使用经济制裁对付那些不遵从美国意志或与美国为敌的国家。据统计，在从二战结束到1998年全世界共发生的158起经济制裁中，美国单方面实施或参与实施的经济制裁就有115起，尤其是20世纪90年代后，随着苏联的解体和冷战的结束，美国对外经济制裁明显地进入一个"高发期"，仅1990—1998年，美国单方面实施或参与实施的经济制裁就有36起，占二战结束后美国对外经济制裁总数的1/3。[1]

据伊利沃特等人对1938—1990年间国际经济制裁案例的实证分析发现，经济制裁的成功率在不断下降：1938—1972年间，迫使对方做出让步，达到制裁预定目标的为67%，1973—1990年则下降到22%[2]，即使在20世纪90年代，成功率也只有1/4左右[3]。

---

[1] 杨祥银：《国际政治中的经济制裁政策还能走多远》，载《世界经济与政治》，2001年第5期。

[2] Kimberly A. Elliott, "EconomicSanctions", Peter J. Schraedered., op. cit., p. 110.

[3] KimberlyAnnElliott, GaryClydeHufbauer, op. cit., p. 403.

(二) 经济封锁

经济封锁是国家或国家集团以军事、政治手段为达成政治目的和战争目的，对敌方经济采取的强制性行动。其目的是通过军事手段中断经济贸易关系，阻止战略资源的输入，削弱以至瘫痪对方战争的经济实力和潜力，破坏其经济基础，延滞其经济发展，有效达到迫使目标方政治上屈服的目的。

经济封锁主要是运用军事手段对敌方经济实行控制，使用武装力量切断和严密控制某一目标对外联系的强制措施。其主要方式是：(1) 运用军事力量从陆上、空中和海上拦截载有各种物资的交通工具出入被封锁国家；(2) 同第三国签订各种条约和协议，制止其他国家同被封锁国家的各种经济往来；(3) 断绝同被封锁国家的贸易、信贷、金融和科技等一切往来。这种手段对那些经济外向型国家或地区最为有效。一般说来，经济封锁的效果与被封锁国家或地区经济对外界的依赖性成正比。经济对外界依赖性越大，封锁效果越明显；反之越小。

在以往战争中，经济封锁作为军事斗争的一种辅助手段被对立双方所采用。如19世纪初，法国拿破仑实施的、长达数年之久的对英国经济封锁是近代史中最著名的一例。拿破仑在进攻英国失利后，力图从经济上打击英国，下令封锁不列颠诸岛，禁止欧洲大陆诸国同英通商，拦截来自英国本土和殖民地、占领地的船舶。英国也以同样手段对付法国。例如：第二次世界大战时，交战双方在对外贸易方面展开了残酷的经济封锁战。双方都通过没收敌方的船舶、商品和财产，禁止同敌方各公司进行贸易，争取控制中立国家的贸易，建立严格的贸易壁垒，在海上歼灭对方的商船，甚至歼灭存在替敌方运送货物嫌疑的"中立国"船舶等，削弱敌方的战争潜力。从1939—1945年反法西斯盟国商船队吨位损失就达2100万吨。其中，英国损失 2570 艘舰船，1138 万吨；美国损失 538 艘舰船，331 万吨。[①]

战时经济封锁分为全面封锁或部分封锁。全面封锁是对敌方实施空中、陆地、海上的立体封锁。部分封锁即重点封锁，是对敌方重点战略资源的封锁。进行经济封锁只有在全方位的运输线路上同时采取比较有计划的行动，往往才能取得显著战果。

一般说来，战时经济封锁是强者的选择，其实是需要以强大的经济实力和军事实力为基础和后盾。经济封锁是政治、经济和军事实力强大的国家打击、削弱较弱小国家的手段，它常常同政治和军事手段结合使用。它要求本国应能承受经济封锁负作用的影响，并能补偿盟国、中立国因参与封锁遭受的损失。

在高技术战争的条件下，经济封锁无疑还是经济战的主要方式。但是随着国际间经济联系的紧密和信息化、网络化的发展，未来经济封锁形式有可能突破地理和传统的禁运概念范围，出现信息封锁、国际间服务封锁等新形式，以实现高技术战争下对对手的全方位经济孤立。

（三）经济打击

恩格斯指出："暴力的胜利是以武器的生产为基础的，而武器的生产又是以整个生产为基础的，因而是以'经济力量'，以'经济情况'，以暴力所拥有的物质资料为基础的。"[②] 现代战争的进程和结局愈来愈依赖于国民经济的总体实力，取决于军工生产能力、整个工业发展水平、交通状况、自然资源等经济条件。因此，在现代战争中交战双方广泛运用高新技术武器，对敌方关系国民经济命脉的经济目标以及一些支持和维持军事实力与战争能力的重点军事经

---

① 后勤学院编：《苏军论现代战争中的经济问题》，解放军出版社 1985 年版，第 70 页。

② 《马克思恩格斯军事文集》（第一卷），战士出版社 1982 年版，第 12 页。

济设施和目标，实施快速远程精确打击和破坏，削弱其战争所赖以维持的经济实力和经济潜力，就成为战时经济战的主要手段之一。

经济打击是以敌方经济力量为目标，从根基上破坏或摧毁敌方赖以进行战争的物质基础，从而为实现战争目的开辟新的途径或间接达到战争目的。经济打击有多种途径，如袭击敌方的电网、工矿企业、军工厂、科研机构和经济中心等重要经济目标；破坏或摧毁敌方的铁路、公路、隧道、桥梁、车站、港口和机场等交通设施和车辆、船舶和飞机等运输工具。

对敌实施经济打击的主要军事手段是运用空中力量和精确制导武器攻击敌方经济目标，运用海军力量实施海上破袭和派特工人员深入敌后进行破坏等。运用空中力量和精确制导武器打击敌方经济目标，是破坏和摧毁敌方经济力量的重要的战争手段。第二次世界大战中，空袭已成为经济战战略的重要组成部分，成为直接达成作战目的的基本手段。战后的历次局部战争中，实施战略轰炸被视为破坏甚至摧毁对方经济愈来愈重要的手段。美军侵朝战争中，从1951年11月上旬开始对平壤等重要工业城市实施连续轰炸，基本上瘫痪了朝鲜经济。海湾战争中，以美国为首的多国部队在38天的空袭中，出动10万余架次飞机，投弹近15万吨，使伊拉克的石油设施、军工企业、水电设施、交通枢纽遭到毁灭性打击，社会经济生活倒退几十年。[①] 科索沃战争和阿富汗战争表明，空袭几乎成为直接达成战争目的的工具和手段。

美军强调，要想在战略轰炸阶段直接达成战争目的，就应紧紧围绕空袭目的，选择对战略全局有重大影响的敌方政治、经济、军事等要害部位及交通、通信枢纽、计算机网络等目标进行袭击。当空袭的目的是削弱敌方战争潜力时，应选敌基础工业系统、石油能源基地、发电站、军工系统、重要武器生产基地、大中城市等重要

[①] 范晓光主编：《现代局部战争动员研究》，军事科学出版社2000年版，第275页。

目标进行袭击。当空袭的目的是削弱敌方机动力时,应重点选择交通枢纽、重要桥梁、渡口、战略预备队集结地、机动中的敌方军列、补给舰船、车队等目标实施突击。

经济打击更需要以军事实力为后盾。实施经济打击,必须与己方的战争经济承受力和军事实力相符合。选择何种方式进行经济打击,还必须考虑到军力、经济力和国际道德准则,尤其要考虑到敌对方可能采取的报复措施,所以在选择破坏、摧毁方式时往往考虑到对等性问题,特别是在势均力敌的情况下更是如此。

经济打击能够以己方小的代价换取大的战果,具有高效益性。由于战时的经济打击严重削弱国家的经济基础,对军事经济目标和设施可造成毁灭性瘫痪,因而对军事经济安全通常造成最直接最严重的威胁和毁坏。

在现代战争中,由于高新技术的广泛运用,制导武器精确度大大提高,破坏力空前增强,为打击、破坏敌方经济目标提供了更加有效的手段的同时,也大大提升了对经济目标打击的效果,提高了打击精度,减少了人员伤亡,使经济战的效益空前提高。科索沃战争中,北约利用空袭、精确制导打击,破坏了南联盟所有的炼油厂、57%的石油储备设施、29%的弹药库、10个军用机场、100多架飞机、34座公路桥、11座铁路桥,给南联盟造成的损失高达2000亿美元,南联盟的战争潜力遭到严重破坏,不得不向北约屈服。

(四) 经济占取

经济占取的目的是通过军事行动占领别国领土,夺取其物资财富和经济资源,借以削弱敌方经济实力和战争基础,扩充己方的战争实力。

自古以来,经济占取就是侵略者发动战争的基本动因之一。经济占取既是以战养战的手段,又是改变敌我战争经济实力对比的重要途径。凯撒向希腊进军追击庞培时,把军粮完全寄托在对希腊的掠夺上；亚力山大东征时，只带 30 天的军粮，依靠掠夺满足数十万大军对军粮的需要；古罗马在第一次布匿战争后征服西班牙的战争中，在新迦太基城郊开采银矿，大肆掠夺。各国为掠夺敌方劳动力、土地、粮草等物资财富经常发动战争。尤其是游牧民族发动战争以抢劫搜括的经济占取为发动战争的目的和维持战争的手段。

在近代战争中，经济占取已不再仅仅局限于掠夺对方现有物资财富，而把夺取占领国的战略资源作为经济占取的主要内容。二战中，德国在进攻苏联时，首先对苏联进行大规模经济破坏和野蛮的经济掠夺，使苏联国民经济遭受到巨大损失，军事实力受到很大影响。日本侵华期间，从中国掠夺的物资财富的总数按最保守的计算也有 2000 亿元之多。[①] 侵华日军的军需物资需求，主要部分也是靠以战养战，就地掠夺来保障的。

经济占取主要包括夺取占领国的战略资源、生产能力、劳动力等。通过军事行动，占领或夺取敌方经济中心、战略资源产地和重要交通运输枢纽的同时，掠夺敌方物资原料和战略资源；破坏敌方生产设施与技术基地；封锁和破坏敌方的交通线；搜罗与争夺敌方人力资源特别是科技人才。随着现代战争目的的转变，经济占取已逐渐淡出历史舞台。

实施经济占取，通常是采取军事占领的形式来实现的。其方式：一是将别国划入自己的版图，使其资源完全归己所有；二是将其资源掠夺，运回本国使用；三是通过占领，将占领区的经济纳入本国的经济体系中。

运用财政、金融手段掠夺资源也是战时经济战的一种重要形式。常用的手段有掠夺现钞、征收占领费、发行军事货币和制造假钞等。从一定意义上说，这种形式要比上述各种形式更加巧妙，破坏作用更大，影响更久远。

---

① 朱庆林等：《军事经济基本理论研究》，黄河出版社 1993 年版。

四、我国未来可能面临的经济战样式

(一) 有限经济制裁,针对性限制或停止我物资进出口

潜在对手必然对我方实施有限经济制裁,谋求利用经济制裁,在强大的政治和经济压力下,使我方按其意愿采取或改变政策。针对我方目前的现实情况,其采取的措施主要包括:武器禁运、限制我方战略资源进口、冻结我方海外资产,以及取消与我方之间的通航,取消对我方各类贷款和各种项目合作,贸易往来和投资,以及中断与经济组织和政府官员的互访,中断或取消我方经济、技术、军事援助与合作项目等。其中,最核心的举措是实施石油和武器禁运,围绕战略性资源和武器装备的进出口展开限制和控制。这些措施不可避免会给我国经济安全带来巨大甚至可能是灾难性的风险。

石油等战略性资源进口方面。就战略物资进口而言,在一些对我方至关重要的经济领域,美日可能利用自己在国际中特殊的权力和优势对相关地区经济组织施压,联合对我进行经济制裁。一方面,在国际上抢购我方急需的战略物资,使我难以获得其供应。通过预防购买,即购买它国向我国出口的某些物资,以断我国生产军用品或民用品所必需物资的来源。另一方面,在国际经济竞争日益激烈的时代,一些地区和国家走向联合,形成地区性政治、军事、经济组织,以增加在世界范围的竞争力,如东盟、欧盟、北美自由贸易区、亚太经合组织、中东石油输出国组织等。其中,中东石油输出国组织极可能由于不得不屈服美日的政治、经济压力而对我方停止石油供应。未来经济战中,一旦利用地区经济组织成为重要的手段,这同时将使我方在未来经济战中面临更加复杂的不确定性。

随着我国石油消费的较快增长,预计在 2010 年前原油消费量将以年均 4.5% 的速度递增,2010 年将达到 3 亿吨,需进口原油 1

亿—1.2亿吨；2020年原油消费量将增加为3.8亿—4亿吨，需要进口原油1.8亿—2亿吨，进口依赖率将高达50%以上。[①] 世界能源机构更是认为，中国石油需求量2010年为3.5亿吨，2020年为5亿吨[②]，石油的对外依存度将达到60%。由于我国主导产业对石油等战略性资源的严重依赖，我国战略性物资进口缺乏弹性，一旦我国内战略资源供给短缺，则致使我国内经济运行面临巨大考验，同时我国内经济面临巨大的通货膨胀压力问题。

国外对我方贷款和项目合作投资方面。我国近几年实际使用外商直接投资（FDI）的总量，每年大约600亿美元左右。2006年新设立外商直接投资企业41485家。实际使用外商直接投资金额694.7亿美元。其中，制造业所占比重为57.7%；房地产业为11.8%；金融业为9.7%；租赁和商务服务业为6.1%；交通运输、仓储和邮政业为2.9%。

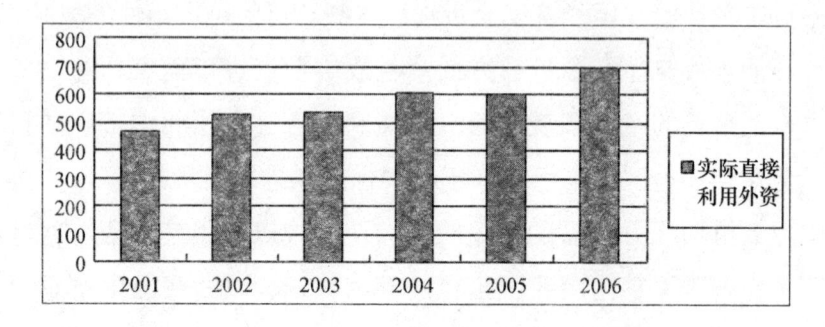

图7—1　我国2001—2006年实际直接利用外商投资（单位：亿美元）
资料来源：中宏数据库。

一旦危机爆发或升级，外商直接投资可能会减少80%。据专家测算，外商直接投资的投资乘数约为2.5。由此可以大致测算出外资减少将给我方经济造成大约1200亿美元，近万亿元人民币的国内生

---

① 任海平：《东北亚地区石油消费与进口现状及趋势》，载《中国社会科学院院报》，2004年5月11日。
② 《我国石油依存度现状与发展趋势分析》，中宏数据库，2006年4月10日。

产总值损失。

(二) 全面经济封锁，最大限度控制我对外贸易往来

与贸易摩擦不同，经济战不是国家之间的经济行为，而是一种以达到特定政治目的为动机的政治行为，它的政治意义远远超出其经济意义。当有限的经济制裁难以达成其政治目的时，经济战通常会升级。未来经济战中，一旦有限经济制裁难以达成其政治目的时，潜在对手极可能会依托军事手段试图对我方实施全面经济封锁。通过切断我国与国际社会的物资、信息、人员的交流和交换，禁止我方所有的贸易往来，即实行断绝我方与外界一切经济联系的强制性措施，最大限度地孤立我国，使我方因各种必需品自我方消耗之后得不到应有供给而经济陷入困境，社会秩序紊乱。

这其中手段包括：对我方直接采用军事手段，封锁我方海上、空中、陆上运输；通过贸易协定，外交努力等途径，限制它国同我国贸易；尽可能断绝我国与其他国家和地区的经济联系；与中立国签订各种条约或协议，制止中立国向我国输出物资，并从中立国获得所需要的物资。

从目前国内关于进出口对经济增长影响的分析来看，虽然计算方法各有不同，但对外贸对我国经济增长影响的基本认定是，出口对经济增长的贡献大约在15%—20%之间，拉动经济增长平均在1.5—2个百分点左右[①]。

就贸易出口而言，虽然来料加工和服装贸易对国内经济拉动作用较小，但是一旦贸易中断，会造成大量工厂停产，工人失业，短期失业率攀升。据测算，我国服装出口每下降1%，全国服装生产将

---

① 《我国外贸依存度变化的风险分析与主要对策》，中宏数据库，2005年3月2日。

下降0.5%，新增失业人口3.6万人。①

（三）金融攻击和破坏，扰乱我方金融系统运行

运用金融工具，攻击、破坏敌方金融体系，其目的是通过公开的或隐蔽的金融战，造成对方金融系统混乱，在一定程度上瘫痪敌方经济，社会秩序的动乱，从而使敌不攻自破。

目前，我国金融系统中存在着金融机构流动性、过度不良债权和资不抵债，以及金融混业经营等安全隐患和风险。一旦发生危机和战争，潜在对手非常可能通过利用各种金融工具和手段，对我进行各种不同形式金融战。

这其中基本手段是，通过冻结我国的账户存款、其他资产和预期应得的经济利益（援助款项等），取消我方享有的优惠贸易条件和受援项目，限制、禁止我国的部分或全部商品交易，抽逃资本、操纵股市和网络攻击等经济破坏手段，使我方出现金融动荡、市场失控和网络瘫痪等问题，干扰我方金融体系正常运行。还有极端形式是向我方散发伪货币，以扰乱我方战时经济秩序。虽然散发伪货币这种措施的可能性很小，但如果有针对性在局部地区进行实施，完全可以造成我方局部地区社会、经济秩序混乱。

金融战各种措施的使用，尽管其作用效果可能比较缓慢，效果可能不明显，但对社会和经济的影响却是十分深远的。它会对一国整个金融制度和体系产生冲击，引发一定程度的金融动荡。短时间内，如果股市剧跌，则土地和股票等资产价格下降，将导致市场上大量企业的净值大幅下降。因股市价格下降导致企业净值减少，进而使得放款者很少愿意放贷。

如果银行资产恶化程度较严重，甚至导致大量银行机构的倒闭，

---

① 《我国外贸依存度变化的风险分析与主要对策》，中宏数据库，2005年3月2日。

引起银行恐慌，它将对银行贷款产生巨大的影响。在未来经济战中，一旦我大量银行倒闭，则直接导致银行作为金融中介作用的缺失，其结果是融资功能大幅减退，最终导致其经济大量萎缩。

到 2005 年 12 月末，我国全部金融机构本外币各项存款余额为 20.7 万亿元，国家外汇储备余额为 8189 亿美元，金融机构各项存款支付能力较为充足，总体抗风险能力较强。但居民的存款比例过大是利弊参半。有利的是，居民的存款比例较大，战时国家实施金融动员的空间就比较大；不利的是，居民的存款比例过大，表明我国银行储蓄对国内外环境的稳定性要求相对较高，一旦发生风险，国内居民可能会出现购买实物的热潮，从而导致出现大量货币挤兑现象。

多年来，我国四大商业银行的不良贷款比例虽经多年治理但仍然偏高。目前，商业银行被动负债大量增加，而投资渠道缺乏，过多的流动性投向资金和货币市场，导致货币市场主要投资工具利率持续走低，甚至和存款利率倒挂。根据历史经验，当金融机构不良贷款比例达到 15% 时，系统性的金融危机发生的几率会大大增加。未来发生经济战时，我国金融机构自身缺陷加上潜在对手的金融破坏和攻击，我国家金融体系极有可能危机四伏。

（四）直接经济打击，军事攻击我重要经济目标

经济战的实施，一般都是先采取非暴力形式，选择对方的对外经济贸易着手。随着危机的加深和矛盾的激化，双方必然诉诸于军事，这时也就是战争的爆发。因此，实施直接军事攻击，打击我方重要经济目标，也是未来经济战的必然选择。

未来经济战中，一旦战争爆发，敌方包括潜在对手可能运用武力破坏、削弱或者摧毁我方的工业基地、运输线、车辆、船只、港口、仓库、油田、气田等一些重要的经济中心和设施。通过对我打击目标的精确选择，从而使我国一个、一类乃至多类经济系统的局

部或全部失去其原有功能。运用高新技术武器，对我方关系国民经济命脉的经济目标以及一些支持和维持军事实力与战争能力的重点经济设施和目标，实施快速远程精确打击和破坏，削弱我方进行战争所赖以维持的经济实力和潜力。通过破坏我方经济供需平衡，打击我方经济补给，借以给我方造成经济恐慌，使我方经济陷于崩溃，以便促使我方屈服，或者达成战而胜之。

美军认为，战争开始后应紧紧围绕空袭目的，选择对战略全局有重大影响的敌方政治、经济、军事等要害部位及交通、通信枢纽、计算机网络等目标进行袭击。当空袭的目的是削弱敌方战争潜力时，应选敌基础工业系统、石油能源基地、发电站、军工系统、重要武器生产基地、大中城市等重要目标进行袭击。当空袭的目的是削弱敌方机动力时，应重点选择交通枢纽、重要桥梁、渡口、战略预备队集结地、机动中的敌方军列、补给舰船、车队等目标实施突击。

针对目前我方经济的总体供需、产业关联与经济对外开放的情况，显然可以设想到未来潜在对手对我方实施打击的目标主要有四种类型：一是重点打击天上、地面的信息系统，如卫星、电台、电视台、微波中转站等军民通用的信息系统；二是重点打击作为国家经济命脉的大型重点企业和金融中心，如石油化工、银行总部、物流中心等；三是重点打击电力、油料等能源供给中心，切断我方作战系统和人民生活必需的能源补给；四是重点打击交通枢纽，切断我方供给线路。通过运用空中力量和精确制导武器打击敌方经济目标，运用海军力量海上破袭和派特工人员深入敌后进行破坏等，导致我方各种原料和粮食等战略物资的供给能力的急剧减少，使我方经济状况恶化，军工生产能力受到急剧削弱。

另外，除了直接军事攻击的可能性外，在作战方式上，潜在对手还有可能突破过去一味以军事打击为主的手段，利用高技术的手段，通过信息战、数字战、心理战等形式截断我方经济实力向战斗力转化的网络、空间和信息途径，破坏战时生产力向战争实力转化的环节和连接点，从而更为隐蔽和深刻地破坏我方战时经济。

五、我国经济战运作策略与准备

（一）调整外贸发展，提升战略资源的替代能力

为应对未来可能发生的经济战，我们必须开展有效的全方位国际合作，调整我们的外贸发展战略，为应对经济战寻找替代市场和资源，尽可能规避或转移的经济战风险。

首先，要实行开放的多元化战略，努力实现全方位、多层次、宽领域的对外开放格局，加快与世界经济更广泛的互接、互补、互利进程。在国际市场、外资来源、技术引进、战略物资和设备购买等方面实行多元化，分散和规避经济战风险，减少经济战损失，避免过分依赖一国或几国的外贸局面出现，从而在经济战时能有效地为本国的进出口贸易与外资的引进寻求替代市场，摆脱未来经济战中对潜在对手的过分依赖，尽可能地减轻经济战带来的影响和损失。

其次，展开多方的国际合作，在战略层次上把握住经济战的主动权。通常，一国决定是否参与经济战，往往会通盘权衡本国的政治、经济、军事利益的得失。在多数情况下，一旦参与经济战成本大于预期收益，而且影响本国经济发展，甚至可能使本国经济衰退，则会放弃经济战，甚至有时反对经济战。平时，国家通过加强国家间相互合作，扩大与其他国家的经贸往来，这不仅能增大相互间经济依赖程度，还可以增加彼此的了解和信任，这样在我国面临经济战时，就可以获得更多国家的支持、帮助和同情。尤其是单边经济战，其行为不可能得到联合国的授权，这样不仅能在经济上为我国的对外经济活动寻找到替代市场，而且可以有效地避免政治上的孤立。

再次，调整外贸发展战略，根据经济战威胁的可能性和程度，适时调整安全与效率的平衡点，为减少本国的经济安全隐患创造更

好的条件。为此，要保持我国经济发展的贸易依存度适中，在贸易往来上给自身留有足够的回旋余地。要重视我国重要产业和重要产品进出口依存度的结构性指标，推进外贸市场多元化和出口产品结构优化战略，降低对特定贸易伙伴和特定进出口商品的依存度，降低由于进出口产品供求弹性不对称造成的对国际市场的高依赖。针对潜在对手，从经济安全出发，注意对双边经贸的规模和结构进行整体动态把握，以确保在全面对抗时能将对方相应资产用于抵消或弥补我方损失。在军品和战略物资采购中，把技术引进和消化，提高国产化能力和水平放在战略位置。改变花费巨资购买先进装备成品的办法，利用和平时期的有利条件和发达国家内部矛盾，下决心引进成系统的关键性技术，提高高技术装备的国产化水平，并形成自己的武器装备科研、生产、维修体系和配套物资供应体系。

（二）完善经济防护措施，增强重要经济目标的防护能力

精确制导武器的广泛运用，使攻击的精度和武器的杀伤力空前提高，这大大提高了对经济目标的打击能力，使经济战作用越来越大。基础产业、主导产业是国民经济的命脉，机械制造工业是支撑战争和经济战的支柱产业，都属于敌方重点破坏的经济目标。由于经济目标具有与军事目标不同的属性，经济目标的方位、用途等均是公开的，从而使双方在选择经济目标时自由度较大。再加之，经济目标一般不具备很强的抗打击能力和防护能力。为此，对于这些重要经济目标要采取严密的防护措施。

首先，要组建防护力量，把对经济目标尤其是我重要方向、重要地域、极有可能成为敌方重点攻击目标的防护作为重点，确保战时国民经济各部门有序运行。要参照《防空法》，据重要经济目标的防护和消除空袭后果的需要，组建相应对口的专业技术分队，战时采用分片包干的方法，落实好大中城市、交通沿线等重要经济目标的民兵防空力量。针对高技术兵器具有很强的突防能力，攻击范围

大的特点，严格按照技术要求建设，以提高抗毁能力。同时，努力加强重要经济目标防护指挥系统建设，拟制防护计划和措施，建立预警机制，做到指挥顺畅，反应灵敏。

其次，合理布局基础工业和军事工业，避免过分集中。经济布局有无大的纵深和战略腹地，决定在经济打击进程中遭受对方打击的程度。如果生产力布局没有纵深或战略腹地，易受对手第一次打击的破坏，即使有很高的生产力水平，也很难真正转化为军事经济实力。我国地域辽阔，重要经济目标点多、面广，加之敌空袭力量有限，实施大面积、全纵深空袭的可能性不大，有重点的、区域性地调整产业布局是我国未来应对经济战的重要措施之一。为此，可在全国范围内，实现经济目标在地理上的合理布局，分散配置。在主要作战对象和可能作战方向上，避开敌方打击锋芒，做到纵深梯次配置；在空间安排上的疏散有度，避免遭受敌集中破坏，借以提高战时生产的稳定性。在军事斗争准备过程中，应结合西部大开发和振兴东北老工业基地的经济结构调整战略，将国家经济发展的重心适当向中西部转移，实现经济目标的梯次配置。在中央提出的西部大开发中，要加强沿海和内陆工业、东部和西部地区经济上的联系，从整体上增强战略后方重要经济目标的平时生产和战时的生存能力。

再次，对不同的重要经济目标选择相应的防护方法，进行必要的伪装和防护。为避免城市重要经济目标遭敌空中袭击，必须灵活地选择相应的防护方法。（1）疏散防护。在经济打击开始之前，把具有重要经济价值的物资、工厂、设施等，有计划地疏散、转移、搬迁到安全地区。（2）隐蔽防护。在遭到敌人空袭时，有计划将具有重要经济价值的物资、工厂、设施等转入地下工事内隐蔽。[①]（3）加固防护。对经济目标中的一些重要设备、设施、车间、仓库等在

[①] 这包括重要科研院所、电视台、广播电台、电信大楼、计算机网络中心、多层工业厂房等建筑，它们都应能转入附建的防空地下室。

临战前或战时采取应急附加防护。①（4）设障防护。可采取设置防空气球、空中布雷、编织天网等方法，从而在重要经济目标附近空中张开一幅防护网，以避免被敌空袭武器摧毁。（5）伪装防护。在重要经济目标附近采取迷彩伪装、技术伪装、电子伪装、设置假目标的方法和措施，达到隐真示假、以假乱真的目的。

（三）加大战略物资储备，保证战时资源的持续供给能力

在未来可能的经济战情况下，资源供应很可能出现中断。平时建立有效安全的战略物资储备体系，拥有充足的战略物资储备，不仅可以大大减小经济战时敌方给我方经济运行造成的不良影响，还可以稳定国内市场供求关系、平抑物价、维护社会稳定。

进行战略物资储备，首先要科学确定规模，做到与未来经济战需求相适应，确保物资储备的针对性。储备的品种、数量，应根据未来战争的持续时间和经济战可能的需要量而定，并依据国防建设指导思想的变化而调整。在经济战准备中，要注意在保障战时生产力能够有效满足战时需求的前提下，实现战后恢复性的建设需求和战前平战转换需求的平衡。战略储备力量的规模要在测算未来经济战中国民经济承受能力的基础上，从实现国防战略储备力量的规模适度增长入手，大力发展军民结合的战略储备力量，以使我方战略储备力量成为战时经济潜力的"蓄水池"、平时经济增长的"调节阀"。应把石油和有色金属储备作为重中之重。加快国家石油战略储备体系建设步伐，在相对较低价格时不断增加石油进口量，最终建立起能够满足半年需求量的国家石油储备。对关键军用物资，要适当增加战略储备；对新引进的武器装备，要同时购置足够的零配件，确保应急之需。

---

① 加固防护的方法通常主要包括：在战前加固厂房车间的主体结构；在重要设备周围设置防护棚架、防护屏障、防护网罩等。

其次，要根据经济战调整战略物资储备布局。战略物资储备应当按照"依托全国、立足战区、就地为主、跨区支援"的原则，建立和完善物资储备体系，根据未来经济战和军事作战的特点，进行梯次配置。既认真处理好"标准储备"与"重点储备"的关系，又处理好前沿区域储备和一般方向储备的关系。在分析和掌握用物单位、消耗品种、规格和数量变动的基础上，拟定出一个科学合理、重点突出的物资储备标准；在主要作战方向上，应多储备一些战时消耗量大、技术复杂、生产周期长、一时难以筹措的重要战略物资；对于战时消耗少、临战应急易筹措的物资器材，尽量少储备。

其三，要完善战略物资储备方式。战略物资储备包括与国计民生和国家安全有重大关系的生产资料、生活资料和武器装备等。对于国内可以生产供给部分，可以实行仓库储备与市场储备相结合，使军队储备体制与国家物资流通体制相衔接，以减少和分流战时一般社会消费对国家储备的依赖；实物储备与技术和生产能力储备相结合，着眼于增强动员转产能力；实物储备与资金储备相结合，充分利用市场机制，减少实物储备造成的物资损耗。对于必须依靠进口的稀缺战略资源和技术含量较高的设备，在战争时期国际市场上一般是数量少、价格高，甚至缺少供应市场的，要运用各种手段多储备

（四）完善国民经济产业体系，提高战时扩大生产能力

完备的国民经济体系，是应对经济战的基础。为减轻未来可能发生经济战时对我经济的不良影响，在和平时期进行经济建设时，我应注意建立独立完整的国民经济体系，特别是独立完整的军事工业体系，确保武器装备的"取用于国"，避免受制于人，这对于反经济战具有决定意义。

我国经过建国后 50 多年的努力建设基本上建立了一个门类齐全、相对独立的具有相当规模的国民经济体系。但是与未来经济战

和高技术战争要求相比,在经济结构上仍然存在诸多差距。

首先,进一步健全的产业结构,结合资源禀赋优势发展优势与主导产业,为抵御经济制裁培育中坚力量。经济战的根本目的是给敌方造成经济恐慌,动摇其进行战争的物质基础,使敌经济陷于崩溃,以便战而胜之。健全的产业结构可以减少本国经济对国际市场的依赖程度,主导产业的发展有助于提高本国经济的国际竞争力,这是增强经济实力、抗击经济战的根本保障。

其次,经济结构的调整必须与世界市场供应发展的趋势统筹起来加以考虑,合理安排加工工业与基础工业、基础设施之间结构和规模比例,建立重工业与轻工业均衡发展的经济结构。调整优化经济结构过程中,应重视发挥市场机制在资源配置中的基础性作用,把发挥市场机制的作用和政府宏观计划调控结合起来。在制定经济和社会发展战略、筹划经济建设全局、实施调控政策等环节中,结合实际,加强宏观指导和政策引导,保证结构调整工作的健康发展。政府要突出重点,集中力量扶优扶强,任何情况下不放弃战略产业的发展,尤其是可以提升整个国家工业基础而又与防务相关的战略产业。

再次,建立健全的经济动员体系,减轻和平时期国防建设的压力,为经济实力的增强提供更大的弹性空间。战争是靠那些战前积蓄起来的武器装备和其他物资进行的,特别是靠那些在战争进行的过程中生产出来的武器装备和其他物资进行的。国民经济应变力取决于经济系统内部结构的弹性、韧性和活性,这要求必须建立完备的经济动员体系,以此作为应对经济战的有效途径。完善的动员体系,可适应信息化战争军用、民用界限模糊的特点,便于国家平时将更多资源投入到经济建设,而战时将经济资源有效转化为国防资源。目前,要针对经济战资源供需总体情况,制定好切实可行的经济动员预案和保障措施,并根据客观情况发展变化,适时进行修改和完善。

（五）加强战时供需管理制度建设，增强社会经济应急处理能力

城市重要经济目标一旦遭到破坏，必然会影响城市战时机能的运行，降低城市的生存能力；不仅会大量增加居民的直接伤亡，而且还会引起工业生产停滞、减产，设施被破坏，生态环境恶化，民众最低生活必需品不能得到保障等，造成社会经济供需矛盾突出，物价上涨，这不仅扰乱社会经济生活秩序，人民群众生活无法保障，还会给投机分子从中牟取暴利提供可乘之机。显然，要保持经济战时国民经济平稳运行，持续发展，社会生活秩序稳定，关键在于保证社会总供给和总需求的平衡，使国民经济运行中实物运动所形成的总供给和总需求在总量上相当，结构上对应。因此，应对经济战，加强对战时经济供给需求管理是经济战条件下的必然要求。

首先，树立依法治理的意识，整合完善法律资源。经济战过程中，无论实施国还是目标方，都会因为经济战而对国民经济运行产生影响和破坏，社会经济生活秩序出现混乱。这种情况具有客观性。而且，当经济运行受到种种外部不确定性因素影响时，还会有无数外来的风险强制传导到经济运行中来，这其中许多因素是超乎经济逻辑之外、远非经济手段本身所能解释和控制的。为此，必须树立依法治理的意识，建立健全的法律体系，将经济战条件下国民经济活动置于国家层面严格的控制之下，运用法制手段规范经济行为，为打击经济犯罪、特别是经济战时为根除国内经济安全隐患、确保经济有序运行提供法律依据。

其次，完善供需管理中的各项经济统制制度，提高依法处置水平。经济统制是战时国家运用行政、法律、经济手段，对国民经济进行计划、组织、指挥、监督和调控等一系列管理活动。从历次大规模战争来看，经济统制涉及到国民经济各个领域，有生产统制、物价统制、消费统制、交通运输统制等。为此，面对未来可能的经

济战，我国必须加强经济统制制度的建设。这包括有：生产统制制度，具体涉及战时生产统制组织制度、生产优先制度、生产标准化制度、生产配额制度、代用品使用制度、原料定额使用制度，以及适当延长劳动时间制度；物价统制制度：主要涉及物价统制组织制度、价格控制制度；消费统制制度：主要涉及消费统制组织制度、消费配额制度、供给票证制度；交通运输统制制度：主要涉及交通统制组织制度、运输工具征用制度、军事运输优先制度等等。

再次，建立战时经济战供给需求信息管理制度。战时资源供给链条比较脆弱，被破坏后，可能带来整个供给的中断和保障能力的瘫痪。为此，在平时即应建立经济资源供给需求网络系统，做到一点遭到破坏，可在网络系统中迂回通行，保持经济资源供给的连续性。信息化战争的资源保障需要现代信息化网络为基本手段。为此，应当加强"横向联通、上下畅达"的资源供给指挥调度的信息网络建设。可以依托现有国家和军队信息网络，完善以省、自治区、直辖市为基础、以战区为中心的全国性资源信息网络，逐步形成指挥、控制、通信、情报和警报一体化的经济资源信息网络体系。要重视运用现代信息和网络技术对经济资源供给要素进行分类管理，实现各类经济资源数据的收集、传输、储存、综合的一体化和高效化，以便能及时、准确掌握主要经济资源在全范围、全领域的具体状态。

（六）完善金融制度安排，提高战时金融系统抵御风险的能力

提高战时金融抗风险能力的实质，是防止和减轻战时经济战对我国财政金融体系的冲击和影响。[①] 根据我国加入世贸条款，2006年我国商业银行将全面对外开放，银行业面临着全面开放金融市场

---

① 事实上，美国在历次战争中金融市场信心基本是稳定的，股票市场甚至屡屡呈现走高之势，这其中的原因可能是多方面的，但较强的金融抗风险能力确保了美国能够对战争冲击下的金融波动及时做出反应，继而出台正确的策略平抑这种波动，将战时金融引向稳定运行的轨道，无疑是极为重要的一个因素。

和参与国际竞争的巨大压力。为此，为给战时金融安全奠定良好的基础，我们也应着力提高我国金融抵御风险的能力。

一要强化法律制度约束，加强金融基础制度建设。目前，我国与金融相关的法律条文体系在形式上趋于健全，但是在实际执行层面上仍遭遇不少阻力。为此，要进一步完善金融业内部的法律体系，理顺银行业和证券业、信托业的法律边界，明确不同金融机构的市场定位，分清机构监管和功能监管的特征，并对有关法规中的金融各行业禁止性规定和肯定性规定进行统一，确保与各行业的法规保持协调。针对我国金融市场发育不完全的现实，加强市场透明度建设和规范化运作，推动证监会、保监会、银监会等金融监管机构应对金融环境变化的能力，确保整个金融系统的安全。通过和平时期法规制度的完善为经济战条件下国内资本市场的高效有序运行奠定基础。

二要积极进行金融制度创新，防范和化解金融固有的脆弱性。未来可能发生的经济战中，潜在对手会利用我金融系统自身固有的脆弱性，通过停止与我国之间的金融交易，限制我国对外投资和融资，或利用我国金融系统的开放性，进行金融投机破坏，借以促使我国金融系统内信用体系紊乱，为金融危机全面爆发推波助澜，最终致使我整个金融体系的坍塌。鉴于此，面对随着银行的商业化推进，我国金融机构的自身经营风险不断增大的实际，必须积极进行金融创新，为风险转移和风险管理提供不断创新的工具和技术。这里我国有商业银行产权制度改革是最核心的问题。以产权制度为核心的银行制度创新与企业制度创新，完善银行内部治理结构与管理制度，把国有银行转变为一个真正适应市场化的金融企业。现在大多数国有商业银行已经进行了改革，但进一步完善和发展的任务仍十分繁重。另外，深化国有企业改革，增强企业偿债能力，理顺银行与企业之间的关系。通过健全金融机体，改进金融机构贷款质量，消除不良资产带来的金融安全隐患，增强系统免疫能力和韧性，拉大金融风险与金融危机之间的距离，这样金融系统就可以在战时面临风险的状态中有效避免金融危机的全面发生。

三要提高金融宏观调控能力，确保银行业的稳健性。当前我国经济和金融的开放度越来越高，战时汇率上下波动对物价的"棘轮效应"会产生严重的通货膨胀压力。对此，必须提高金融宏观调控的科学性、前瞻性和有效性，完善货币政策传导机制，充分发挥货币市场、资本市场、保险市场在金融宏观调控中的作用。目前，我国可以适当调整外汇储备和投资方向、投资组合，逐步降低某些长期债券资产在我国外汇资产中所占的比重，以规避外汇资产遭遇冻结而面临的风险。在有序监控、完善金融监管的基础上加强资本出入管理，防范经济战中可能引发的外部性金融风险。同时，做好未来经济战一旦商业银行失去清偿能力时，能快速进行资本注入挽救银行系统的准备。只要经济战情况下储户对银行的清偿能力有信心，储户们相信银行确实有完全的偿还能力以应付不断的提款需求，则战时就可以有效化解债务危机的发生。

四要加强金融监管，做好必要时进行金融管制的准备。战时金融统制，是筹措战争经费、保证战时经济运行的重要措施。平时加强我国金融全方位监管，是战时进行金融统制的基础。对此，要进一步强化以中央银行和银监会为主体的金融监管机制，把中央银行的监管职能与各业务部门的管理职能结合起来，形成分工协作、功能互补的大监管体系，构筑金融安全的"保护网"。一方面强化对中资金融机构的监管，确保金融业安全、高效、稳健运行；另一方面强化对外资金融机构的监管，通过对其业务活动的跟踪监测，及时发现国际资金的动向，以防止潜在对手利用我国金融系统的开放性，进行恶意的金融投资破坏。

第八章
国防经济效益*

凡是为了达到某种目的而消耗劳动的领域，都有一个"值不值"的问题，也就是经济学中所说的效益问题。保卫国防，要消耗一定的经济资源。在国际国内环境既定的前提下，给国防部门配置多少资源才合算？在投入国防的经济资源量已定的条件下，如何恰当地在国防活动中组织、管理和使用好这些经济资源？这说的就是国防经济效益问题。研究国防经济效益，对国防建设和经济建设都有着极为重要的意义。

一、国防经济效益的内涵和特点

为了分析国防经济效益，我们必须从经济效益说起。经济效益就是经济活动中，劳动成果与劳动耗费和劳动占用的比较。在这里，劳动成果、劳动耗费、劳动占用都是以劳动时间来计量的，这三者都是同质的东西。如果劳动时间用货币来表示，且劳动占用（即资金占用）一项用支付利息的多少来衡量，那么，经济效益可以简化为劳动成果与劳动耗费的比较。其公式是：

---

* 本章内容摘自湖南人民出版社 1986 年 11 月出版的《国防经济学概论》一书。该书由时任国防大学校长的张震将军作序，由著名经济学家于光远题词。《中国图书评论》杂志 1987 年第四期、《解放军报》1988 年 3 月 13 日等报刊均发表评论，称该书为新中国第一本正式出版的国防经济学专著，填补了该研究领域的空白。

$$经济效益 = \frac{劳动成果-劳动耗费}{劳动耗费}$$

如果劳动成果为10，劳动耗费为8，则经济效益是：

(10—8) /8 = 25%。

所以，经济效益与劳动成果成正比，与劳动耗费成反比。

国防活动也要取得一定的成果，也要付出一定的劳动，消耗一定的经济资源。我们为了反映人们在国防活动中，所要取得的成果和所耗费的经济资源之间的关系，可以建立国防经济效益这一范畴。

国防活动，包括相关的军事、政治、经济、文化等多种活动。国防部门内部的这些活动都要耗费一定的经济资源。但各种活动所要取得的成果却千差万别。国防科研和生产，是为了获得合适的军事装备；政治活动是为了坚定军人的共产主义信念，提高军人的政治素质；文化活动是为了陶冶军人的情操，提高他们的文化素质；军事活动是为了提高军人的军事素质，或为了消灭敌人、夺取阵地……从广义的角度来理解军事，应包括国防系统内部的军事、政治、经济、文化等一切活动。从这个意义上讲的军事经济效益，实际上就是国防经济效益。

国防活动比较特殊，不能像在市场上那样可以方便地使用货币。很多因素是无法用货币来计量的。例如，不好说牺牲一个战士是耗费了多少钱，也不好说拿下一个山头值多少钱。固然牺牲一个战士要花费一定的抚血金等费用，但生命的价值是不能用金钱来衡量的。也许有人会说，牺牲者的价值，可以用生产和再生产他本人的物资耗费来计量。这是可能的，但却无法计量出如果他不牺牲将会创造多少物质和精神的财富。所以，生命的价值是很难量化为货币的。然而，人力却是经济力中的一个重要因素，在考察国防经济效益时，我们不能不计算人力牺牲的因素。因此，国防活动中的耗费，不仅是金钱物资的耗费，而且是生命的耗费。国防活动的目的，不仅是为了获得或保卫某种物质利益，而且是为了国家或政治集团的安全或某种特定的国防需要。国家或政治集团的安全或某种国防目的，也难以量化为货币。

不过，耗费有数量大小之分，国防目的有达到的程度之分。

综合分析各种情况，我们认为，国防经济效益，原则地说，就是在国防活动中成果与耗费的比较。其中，"成果"是指达到某种国防目的的程度。国防活动是复杂的。不同的国防活动有不同的目的。例如，某军工生产，是为了获得某种性能的武器装备；某次军事运输的目的是为了保证某战场的弹药需求；某次战斗的目的是为了消灭一定数量的敌人或夺取某个阵地等等。而在国防活动结束之后，原定目的是否能完全达到？这就不一定。因此，达到的国防目的又有程度之分。例如，某次战斗的目的是歼敌一个团。而战斗结束后，可能只歼敌一个营，这只达到原定计划的1/4（假定一个团是4个营）；也可能是歼敌两个团，这就达到原定目的的2倍；还有可能刚好歼敌一个团，正好达到预定目的。"耗费"是指经济力，即物力和人力的耗费。物力的耗费可以用购进该物的货币数来表示。人力的耗费比较复杂，可以分两种情况：一种情况是军人劳动时间的耗费。如果军人不从事国防活动而参加工农业生产，他们也将会与工农业劳动者一样创造价值。因此，这种人力的耗费，可以用军人的劳动日乘以当时社会每个生产者每日平均创造的国民收入。这种折算的结果，物力和人力都可以量化为货币。另一种情况是军人的伤亡。这是国防活动的一种特殊耗费。军人的伤亡难以折算成货币的形式，可以单独作为一个项目。因此，国防经济效益中的耗费，可以用资金的耗费（用"元、角、分"作计量单位）来表示，或者用资金的耗费和人员的伤亡（用"人"作单位）两项共同来表示。例如，某次战斗消耗弹药 X 吨、武器装备 Y 件、军人劳动日 Z 个……假定这些折合人民币 100 万元。还假定伤亡 500 人，那么，这 100 万元资金的耗费和 500 人员的伤亡，就是国防济效益中的"耗费"。其公式可以写成：

$$国防经济效益 = \frac{成果}{耗费} = \frac{达到某种国防目的的程度}{人力物力耗费}$$

这就是说，当达到某一特定的国防目的时，资源耗费越少，国防经济效益越好，反之越差。或者说，当某一国防活动中，资源耗费一定，达到的国防目的越多，国防经济效益越好，反之越差。

国防经济效益与经济效益相比，既有相同之处，又有不同之点。其相同之处是：第一，都是成果与耗费的比较。国防经济效益中的成果，与经济效益中的成果不尽相同，但它们都可以抽象成为"成果"；第二，研究的目的都是为了节约资源耗费。效益的认定，有两种情况：成果一定的前提下，耗费较少，效益则好；耗费一定的前提下，成果越多，则效益越好。这两种情况，归根结底，还为了节约资源耗费。这与经济效益的情况是一样的。

国防经济效益具有与经济效益不同的特点。这些特点主要表现在如下三个方面：

1. 成果和耗费内涵的多样性。在经济效益中，成果可以最终折算成劳动时间或"钱"，是单一的。而国防经济效益中的成果，则不可以完全折算成劳动时间或钱，表现出多样性。在国防生产中，生产的成果是武器装备，但它可以像其他产品一样，用劳动时间或"钱"来计量。这与经济效益中的成果的内涵是相同的。而有些国防领域的成果就不这么简单，例如，作战中的成果是要达到某种军事目的，如占领阵地、消灭敌人，或夺取敌人的情报等等。军事训练的成果是提高军人的军政素质。这些成果无法用劳动时间或"钱"来计量，表现出成果的多样性。耗费也是这样。经济效益中的耗费，是劳动时间的耗费或占用，最终可以计算成劳动时间的耗费。而国防经济效益中的耗费，则较为复杂。国防生产中的劳动耗费，与一般生产劳动区别不大，可以用经济效益中的耗费来计量。但作战中的耗费却不一样了，它既包括劳动时间的耗费、资金的耗费，也包括生命的牺牲、肉体的伤痛等。军人受伤的肢体和牺牲的生命，是无法用"钱"来计量的。因此，无论是国防经济效益中的成果还是耗费，都表现出多样性的特点。

2. 效益计量的相对性。由上一特点决定，国防经济效益的计量只是相对的。经济效益中的分子和分母，都用劳动时间来表示，是同质的量，可以通约。因而，计量起来方便、准确。而国防经济效益中的分子和分母，既可以是同质的东西，也可能是不同质的东西。不同质的东西，一般无法转化为同质的东西，不可以通约，效益的计算也只能进行比较，因而其效益是相对的。

3. 评价原则的政治性。国防经济效益评价原则与经济效益的评价原则不同。经济效益的评价原则一般不带政治性，而国防经济效益研究的是国防活动，国防活动的政治性很强。研究国防经济效益时，我们尽量排除政治等因素的干扰，使效益的分析尽可能单纯一些，从而容易一些、准确一些。但实际有些国防活动中的效益评价，不可能不带政治性。例如，有些作战活动，与军队的形象、国家的荣誉相联系。因此，国防经济效益的评价原则，不单纯是经济的，也带有军事性、政治性。

二、提高国防经济效益的意义

加强国防与经济关系的研究，提高国防经济效益，无论是对社会主义现代化建设，还是现代化国防建设，都有着重要的意义。具体说来，主要有如下几点：

（一）有利于节约人力物力资源，加快社会主义经济建设的步伐

在有阶级有战争危险的国际环境中，人民军队如同布帛菽粟一样重要。但是，军事耗费毕竟不创造物质财富。在条件许可的范围之内，在国家和人民可以得到安全保障的前提下，军队的消费应尽量减到最低限度。因此，各类军事活动，都要讲求国防经济效益，节省人力物力。把国家拨给国防部门的财力、物力、人力，进行科学地合理地分配，使每一个人、每一件物、每一分钱都用到"刀刃"

上，充分发挥他（它）们的作用。

各类军事活动的经济效益都有提高，物力和人力的耗费就会降低。我国社会主义现代化，既需要大量的人才，又需要大量的资金。如果我们把军队节约下来的部分物力、人力用于社会主义经济建设，就可以加速我国经济的发展。我国的经济实力增强了，反过来又可以为国防建设打下良好的基础。

（二）有利于提高指战员的组织指挥能力和作战本领

打仗是要消耗人力、物力的。但是，不同的指挥员，指挥同等条件、同等规模的战斗（或战役），所消耗的人力物力大不相同。有些指挥员误认为战斗的胜利主要依赖于物质条件，总认为兵力越多越好，弹药越多越好。本来用几发炮弹就可以消灭敌人目标，非要打几十发不可；本来补给一车弹药就够了，非要请领几卡车；本来一个连就可以完成任务，非要加强几个排。在有些战斗中，我军平均消灭一个敌人所耗费的弹药，比过去高出几倍。除了一些不可比的因素之外，与某些指战员不讲效益有重要关系。

要打胜仗，指挥员必须有较好的指挥才能，战士也必须有较好的作战本领。而要在兵力、物力较少的条件下打胜仗，则要求指挥员有更高的组织指挥艺术，要求战士有更勇敢的作风、更顽强的毅力、更高的作战本领。为了锻炼指战员的实战能力，特别是兵力单薄、补给短缺条件下的实战能力，必须从平时就开始，注意提高指战员对国防经济效益的认识，养成注重国防经济效益的习惯，增强他们在艰苦条件下的生存能力和作战能力。

（三）有利于保障国防建设的重点，落实战备

落实战备要进行切合实际的国防建设。而我国现阶段的财力还比较困难，不能拿更多的钱用于国防建设。即使将来比较富裕了，

用于国防建设的资金也总是有限的。因此,进行国防建设必须保证重点照顾一般。要做到这一点,只有通过国防经济效益的系统分析,才能明确哪些项目花费不大而效果较好,哪些项目即使花费很大而收效也不会太大。从而分清哪些是可行的,哪些是不可行的;哪些是主要的,哪些是次要的。分清了可行的和不可行的、主要的和次要的,就可以科学地分配和使用财力、物力、人力,集中更多的力量,保证重点项目顺利完成,使战备工作更加落实。

(四) 有利于保障战争取得胜利

要取得战争的胜利。必须有一定的经济资源作保障。历史上,由于经济资源不足而导致战争失败的事例并不鲜见。因此,我们不仅要采取各种办法努力发掘和占有各种经济资源,而且要在讲求效益的基础上管好用好各种经济资源。在战场上,如果我们忽视物资的组织管理,即使物资很丰富,也会感到供应短缺,保障不了作战的需要。有时甚至还会给敌人当"运输队长"。

三、提高国防经济效益的途径

既然提高国防效益具有重要的意义,那么,怎样才能提高国防经济效益呢?概括地说,其主要途径有如下五个方面:

(一) 正确地制定战略方针和选定战略方向

战略方针,有指导战争全过程的总战略方针和不同战争阶段的具体战略方针。正确地制定战略方针和选定战略方向,是关系国防和战争全局的重要问题。如果错误地制定战略方针和选定战略方向,肯定会导致战争的失败。战争失败,既定战略目标达不到,国家和人民的财产、生命损失巨大，这就根本谈不上取得好的国防经济效益。因此，从总体上正确把握战争，是取得宏观国防经济效益的最根本途径。

制定战略方针、选定战略方向，不仅要注意正确性，而且要注意相对稳定性，防止频繁变动。要求一个战略方针制定之后总不发生变化，这是办不到的。但是，变化必须根据客观实际情况进行，一定要防止盲目地人为地频繁地变化。因为战略方针和战略方向的变化，牵涉到整个国家工业的布局、国防工程的构筑、兵器兵力的配系、交通电信的建设等。如果对国际局势判断不准，盲目频繁地变化战略方针和战略方向，就要对上述方面的安排做相应的变动，这就会给经济资源带来严重的浪费。宏观经济效益就会大大降低。

从战役战术的角度看，也存在着类似的问题。只不过战役战术目的选择的失误，对效益的影响，不是宏观的，而是中观的或微观的。

（二）合理地选择武器装备体系

武器装备费用在整个军费中占有较大的比例。而且随着科学技术的发展，这个比例还会上升。因此要提高效益，合理地选择武器装备体系是一个很重要的途径。怎样才能合理地选择武器装备体系呢？这里有一个重要而又很容易被我们忽视的问题，就是在评价武器装备的国防经济效益时，必须着眼于全系统费用和全寿命费用。

所谓全系统费用，就是在计算武器的费用时，不仅要看采购它本身所需要的费用，而且还要考虑使用这件武器时，与之相配套的整个系统的费用。例如，采购某型号导弹，不仅要看该导弹每枚值多少钱，而且还要考虑与之相配套的雷达、运输工具、维护保养工具等装备的费用。在有些情况下，"配鞍"比"买马"的费用还大。所以，如果我们仅看某件武器本身的费用，并不能真正认识这件武器的效益，就可能造成浪费。所谓"全寿命费用"，就是某武器系统从设计、试制、批生产、使用、维护保养，一直到报废的总费用。主要包括研制费用、采购费用、使用和维护费用三大部分。有些武器的使用和维护保障费用，大大超过采购费用。例如航空武器装备的维护和使用费用，往往是研制生产费的 4—6 倍。据西方专家估计，一种武器系统在 10 年的使用期内，其可以预见的支持费用为采购费用的 3—10 倍。因此，从宏观上来分析武器的效益，不仅要看它的采购费用是否合适，而且更要看它的使用和维护费用是否合适。光采购费用低，并不一定能取得好的效益。过去我们在选择武器系统时，往往很看中采购费用的高低，而忽视武器服役期间的维护使用指标。结果往往出现这种情况：从眼前看很合算，但武器的全系统、全寿命费用却很高，效益很不好。

关于全系统、全寿命费用的问题，还必须注意考察人力的耗费。过去我们评价某件武器是否合算，往往只从资金耗费着眼，即买一件武器花多少钱，而忽视使用武器所耗费的人力。在有些场合，某些自动武器虽然费用比较昂贵，但使用的人力大减。从总体来看，效益并不低。例如，日本军事评论家小山内宏说，日本的一门 203 毫米榴弹炮，需炮兵 21 名，而一门 30 型火箭炮，其威力超过 203 毫米榴弹炮，只需炮兵 4 名。虽然火箭炮造价稍高，但大大节省了人力，总的说来是合算的。可见，采用价格高的机械化自动化的武器装备，比起采用价格低的非机械化非自动化的武器装备，效益并不一定低。

军队在计算军人的耗费时，往往是从军队本身情况出发的，只考虑军官和士兵的薪金、津贴、服装、伙食等耗费。实际上，如果从整个国民经济的角度来考察，上述耗费只是人的耗费的一部分。因为我国实行的是义务兵和志愿兵相结合的兵役制，我们发给义务兵的津贴费低于他应得的劳动报酬。因此，计算人力耗费时，可以用下述方法，即由军人的劳动日乘以当时社会每个劳动力平均每日创造的国民收入。如果把人员的伤亡因素考虑进去，则耗费更大得多，问题也复杂得多。

(三）提高科学技术水平和军工生产效率，开发费用低威力大的新武器系统

现代战争中的武器装备日益复杂，造价也越来越高。这就容易给人们造成一种印象，似乎武器的成本是随着科学技术的进步而不断上升的。其实不然，随科学技术的进步和军工生产效率的提高，相同性能指标的武器，成本会大大下降。因为：第一，科学技术的发展可以使武器装备的原材料价格下降，或是运用价格相对低廉的原材料，来替代原来价格高昂的原材料。例如，碳纤维、塑料复合材料的使用，可以使坦克、装甲车、飞机等"油老虎"的体重大大减轻，从而大大节约了油料费用。而且，在过去的10年中，碳塑复合材料的价格下降了近94%。第二，科学技术的发展可以使武器的精度大大提高。高精度的自动武器，比起同类型的低精度自动武器，其效益要大得多。第三，科学技术的发展可以使武器的杀伤力大大提高。例如，原子弹与常规武器比起来，是一种贵重的武器。但是，如果单从平均杀伤每个人耗费多少钱来看，原子弹不仅不贵，而且是一种便宜的武器。

随着科学技术水平的提高，大批新材料、新能源、新器件用于武器装备的生产，武器的精度、射程大大提高，可靠性、适应性大大增强。可以预料，那些新技术革命的"骄子"，将把过去的一些体积大、速度慢、精度低、造价高的武器装备送进历史博物馆。

（四）加强教育训练，增强指挥员对人财物的组织指挥和使用管理的能力

要增强指挥员对人财物的组织指挥和使用管理的能力。首先必须提高他们对国防经济效益重要意义的认识。在平时，有些同志对国防经济效益的问题重视不够，研究也不够。总以为这是后勤干部

的事。在军政训练中,特别是在激烈的战斗中,光顾着战斗任务的完成,忽视对物资的使用和管理,往往造成不必要的浪费。因此,我们必须在平时就加强这方面的教育,提高思想认识,养成良好习惯。

在提高思想认识的基础上,要进一步加强对国防经济效益问题的研究,增强指挥员对人财物的组织指挥和使用管理的能力。第一,必须掌握本部队各种主要物资的品种和数量,掌握执行各种战斗任务时需要补充的各主要物资的大概数量。以免到时心中无数造成慌乱。例如,在某次战斗中,由于对前方弹药消耗心中无数,大量弹药前运,结果炮弹的实际消耗量只占前运量的5%。枪弹实际消耗量只占前运量的1.6%,造成大量的人力物力浪费。第二,要掌握本部队主要武器的主要技术性能。防止在训练和实战中蛮干,造成损失。例如,有的指挥员不了解坦克的通行能力,硬要坦克爬陡坡,致使坦克失重滚入山沟,造成不应有的经济损失,影响训练或战斗的顺利进行。第三,要掌握一定的国防经济学知识,便于在军事活动中进行必要的分析和运算,从各种行动方案中,寻求一个既能完成预定任务,又使经济耗费较小的可行方案。

(五) 制定必要的规章制度,加强监督管理

建立必要的规章制度,加强监督和管理,是保障任务顺利完成的重要措施,也是减少浪费、提高效益的有力手段。

建立规章制度,首先要制定资金和物资的耗费标准(或叫耗费定额)。所谓资金物资的耗费标准,就是在某些条件下,为达到某一军事目的所必须耗费的资金物资数量。这应根据不同军事活动、不同部队、不同地理环境等条件,反复比较,合理确定。有了合理的耗费标准,资金物资的发放、报领等就有了依据。评价某一军事活动的国防经济效益好坏就有了准绳。

确定了各项资金、物资的耗费标准,还要在此基础上制定各项

管理制度，如资金管理制度、物资管理和回收制度、交通运输及工具管理制度、武器弹药管理制度、仓库码头桥梁等设施的防护制度等等。有了合理的耗费标准和必要的规章制度，再加上严格的监督和管理，那么，资金物资的浪费就可以减少，国防经济效益也可以随之提高。另外，还必须加强各级各类人员的思想政治工作，提高他们的思想觉悟，增强工作中的责任感，注意各项活动的效益分析。

四、国防经济效益的指标和评价

国防经济效益分析的目的，是为了在国防活动的各方案中，找到一个既能达到或者接近预定军事目的，又能使经济耗费较少的最优方案，或者是通过对过去国防活动耗费的分析，做出效益好坏的评价，以便作为今后军事活动的借鉴。

由于国防经济效益公式中的分子和分母，往往是不同质的量，不象经济效益那样，可以折算成价值直接进行运算，特别是作战中的成果与耗费的各项指标的确定和计算，都比较复杂，因此，我们选择国防费分配、作战效益两个最有特点的领域进行分析和评价。

（一）国防费效益的分析和评价

国家从国民收入中，拨出国防战备费，供国防部门分配和使用。其目的是为了获得一定的战斗力，来保卫国防。国家拨出的国防战备费，应占国民收入的多大比例，前面已经谈过了。现在我们要研究在国防战备费已定的条件下，怎样才能获得最佳的战斗力。

显然，要做到这一点，必须合理地分配和使用国防战备费，这不仅要考虑各军兵种的需要，分给海军、空军、陆军、二炮、院校、国防部机关等各多少费用，而且更应该从提高战斗力的角度，考虑购置多少武器装备，配备多少与这些武器装备相适应的人力。

关于战斗力的内涵问题,目前一般认为,是指实施战斗行动和完成战斗任务的实际能力。决定这种能力的因素很多,从总体上来看,主要有三个方面:一是作战部队的人数。往往用多少个作战师,或官兵人数来表示。二是军人的政治军事素养。包括军事技术水平、组织指挥能力、政治觉悟、文化水平等。三是武器装备的质量。拥有多少坦克、火炮、飞机、舰艇、枪支等。

如能恰当地分配和使用国防战备费,就可以在有限资金的条件下,获取较大的战斗力。因此,从国防战备费分配和使用的角度来考察国防经济效益,是指所获得的战斗力(效果),与取得这些战斗力所耗费的国防战备费(耗费)之间的比较。用公式表示可以写成:

$$国防经济效益 = \frac{战斗力}{国防费总额}$$

上述公式的分子和分母,不是同质的东西,因此,只能表述它们之间的关系,而无法直接进行运算。如果要进一步运算和分析,可以采用经验比较法进行。所谓经验比较法,就是把在一定条件下,取得某一效果的耗费量,与各国过去同类军事活动中的耗费量进行比较。在此基础上再进行效益分析。

例如,假定 A 国在过去 5 年内,平均每年取得 20 个步兵师的综合战斗力,共花费 2500 亿美元。而 B 国过去 5 年内,平均每年取得 12 个步兵师的综合战斗力,总共花费 1800 亿美元。那么 A 国与 B 国效益之比是 20∶2500/12∶1800 = 6∶5。说明 A 国的效益比 B 国高。对于同一国家,还可以运用此法把现在与过去比,将来与现在比。

前面的分析,我们是把战斗力当作已知的量。但实际上,要衡量一个部队的战斗力,并不是一件容易的事。从构成战斗力的某些单个因素来看,这并不难。各兵力可以用人做单位,武器装备可以用辆、门、架、艘等做单位。多和少非常明确。但是人和武器之间,武器与武器之间要有恰当的配合,才能有较高的战斗力。那么,怎样的配合才是恰当的呢?这就比较复杂了。军人的军事、政治素质等因素的计量,其不确定的因素,就更多一些。下面我们暂时舍象人的精神因素，着重探讨一下军人个人消费（薪饷、伙食、衣着等）和武器装备费用之间的比例，对战斗力和国防经济效益的影响。

部队的战斗力是随着火力和机动能力的增强而增强的。现代战争中，离开武器装备的人，其战斗力是很弱的。据军事专家测算，一个摩托化步兵师，由于火力和机动能力大大增强，其综合战斗力，相当于 4 个普通步兵师。一个美国步兵师的装备，1950 年是 0.8 亿美元，1964 年是 1.11 亿美元。现在美国装备有 140 多架直升机的步兵师，其全部装备费用约为 20 亿美元（现价）。显然，每个步兵师的装备费用比原来增加了很多，但是从总体计算的军人个人消费却节省得更多。根据美国五角大楼计算，目前美国军人每人每年花在军饷、伙食、服装等方面的给养费是 3.5 万美元（现价）。如果原步兵师以每师 2 万人计算，被摩托化师代替的 3 个步兵师的兵员共 6 万，每年节约给养费 21 亿美元。加上原来 4 个步兵师的装备费共 4 亿—5 亿美元。共约 25 亿—26 亿美元。比现在摩托化师的装备费高得多，效益差得多。当然摩托化师每年的使用维护费比原来 4 个师的使用维护费用要高，但与每年花在军人个人消费的 21 亿美元相比，还是要经济得多。

根据世界各国军费分配、使用的历史及现状来分析，武器装备费与兵员个人消费的比例不能低于 1∶1（排除个别特殊年份的情况），即武器装备费不能少于军人个人的消费。否则会影响部队火力和机动能力的增强，影响国防费的使用效益。军人个人消费（不包括训练费）在整个国防费中的比重不能过高，一般在 30% 左右。过大了就会影响武器装备的更新换代，影响部队的综合战斗力，使国防战备费的分配和使用效益下降。

（二）作战效益分析和评价

作战训练活动中的效益问题比较复杂，不确定的因素较多，比较难于分析。从方法论的角度看，我们可以从比较法入手。

1. 明确军事目的并计算目的指数。

要进行效益分析，必须确定不同军事活动中成果和耗费的具体含义。并将其中包含的子因素之间的关系进行量的比较。这就是要求根据不同军事活动的具体情况，首先明确军事活动的目的。明确军事活动的目的，是我们进行效益分析的前提。

但是，在军事实践中，目的是否能完全达到，就很难说。因此，达到某种军事目的就有个"程度"之分。可能是完全达到，可能是接近达到，可能是部分达到，也可能是双倍达到，还可能完全达不到。这样，就要把目的达到的程度进行量化，量化可以运用指数方法进行。所谓指数，是指统计中反映某一社会现象动态对比关系的相对指标，即不同的变化的数值与原始基础数值的比。例如，在一定条件下进行的某次战斗，其原定作战目的是歼灭敌人一个团，这就是原始基础数值。战斗结束后，可能出现不同的结果，可能歼敌一个营。如果我们假定一个营算 1/4 个团，则这次战斗达到的目的指数是 1/4（1/4∶1 = 1/4）。这是结果小于原定目的的情况。如能歼敌 2 个团，则达到的目的指数为 2（2∶1 = 2），这是结果大于原定目的的情况。如能歼敌刚好是一个团，则达到的目的指数为 1（1∶1 = 1），这是结果等于原定目的的情况。（注意，为了使问题简单明确并具有连续性，下面分析时，将多次使用此例子）

军事活动是复杂的，有些军事活动并不限于达到一个目的，而是要达到两个甚至两个以上的目的。对于这种情况，有两种处理方法：一是以某一目的为主，舍弃其他；二是把各目的系数化。例如，某一战斗要达到三个目的：歼敌一个团，夺取某一阵地，破坏敌某一军事设施。按这三个目的的主次为序，假定歼敌一个团的系数为 0.5，夺取敌一阵地的系数为 0.3，则破坏敌某一军事设施的系数为 0.2，系数合计为 1。战斗结果所达到的目的程度，可能与原定的三个目的并不一致，这可以用前面求目的指数的方法，分别求出三个目的指数，然后，把这三个目的指数分别乘以各自的系数，再把乘得的三个积相加，得综合目的指数。这种方法实际上是将作战的三个目的进行排队比较，权衡它们的主次地位，并将这种主次地位数量化，其中占主要地位的目的，系数定大些；次要的定小些。

2. 确定耗费标准并计算耗费指数。

明确了军事活动的目的并计算出目的指数之后，就要进一步考察经济耗费的标准，并计算经济耗费指数。这就是说，要设法弄清在达到一定军事目的的前提下，耗费多少资金和伤亡多少人才是合理的？耗费多少资金和伤亡多少人是不合理的？由于军事活动有时间、空间、目的、内容等差别，耗费标准也要随着上述不同情况的变化而变化。例如同等规模同样形式的演习，在东北和华中的耗费量就不可能完全相同。

运用经验比较法确定耗费标准，计算耗费指数，可以分三步进行：

第一步，选择适当的耗费经验数据。古今中外进行过大量的各种情况的战争和演习。每次战争和演习都有一定的经济资源的耗费。这些经验耗费数据往往是通过作战经验总结的形式载入史册的，很多战例还有专门的战斗统计表册。把这些历史经验整理成资料积累起来，再把优秀的军事家、军事评论家的意见综合起来，作为耗费经验数据。这是一项最基础、最重要又是一项很复杂的工作。但是，经过努力还是完全可以做到的。经验数据积累越多，使用越方便，计算也就越准确。另外，我军还根据平时作战训练的经验，制定了战时各单位、各种武器装备，在不同情况下的消耗定额。这些定额标准虽然不一定完全反映战时的情况，但仍是重要的参考数据。

比较时，可以把要分析的某一军事活动的花费，与已经掌握的同类军事活动的耗费数进行比较，从中选择适当的耗费经验数据。在比较中，我们不仅要注意"纵向比较"，即与我军过去的经验比较，而且要注意"横向比较"，即与外军的经验比较，这样才能看得更加全面。例如，假定根据我军和外军过去大量的作战经验的总结，以及军事专家的分析意见，在某种条件下的作战，达到歼敌一个团的作战目的，一般花费弹药 X 吨、武器装备 Y 件、军人劳动日 Z

个……假定这些共折合人民币 100 万元，一般伤亡 500 人。那么，这 100 万元、500 人就是这种战斗的耗费经验数据。

第二步，确定修正量，求出耗费标准。经验数据毕竟是过去的东西，它是一个静态值。而时代是发展的，环境是变化的。我们不能把现代战争中经济资源的耗费，简单地同过去相比，应当考虑军事活动所处的历史时代、地理环境、武器装备、作战对象、兵员素质、民族习惯等因素的变化。一般来说，由于时代的前进，同类军事活动（特别是战争）的经济资源耗费，现在比过去多，将来比现在多。因此，在求耗费标准时，要根据变化了的情况，在原来选择的耗费经验数据的基础上。确定一个修正参数。修正参数可以是经验数的 10%，或是 30%……这要根据实际情况进行分析后确定。耗费经验数据加修正量，就是耗费标准。例如，假定根据情况的变化，我们确定修正参数为 20%，那么，用耗费经验数据 100 万元、500 人分别乘以 20%，得 20 万元、100 人。100 万元 + 20 万元 = 120 万元，500 人 + 100 人 = 600 人。这 120 万元、600 人就是耗费标准。由此可见，所谓耗费标准，就是在一定条件下进行某种军事活动，为达到某一军事目的时，经济资源耗费的正常数量。

第三步，求耗费指数。耗费指数，就是用实际耗费的数量做分子，耗费标准做分母，相除后得出的两个比值，这就是花费指数的两个量。例如，在前面所说的那样的战斗中，耗费标准是 120 万元、600 人。又假定实际耗费小于耗费标准，耗费资金 80 万元，伤亡 500 人，则 80 万元/120 万元 = 2/3，这是耗费指数之一；500 人/600 人 = 5/6，这是耗费指数之二。

如果实际耗费大于耗费标准，耗费资金 140 万元，伤亡 800 人，则耗费指数是 140 万元/120 万元 = 7/6，800 人/600 人 = 4/3。如果实际耗费刚好等于耗费标准，那么，其两个耗费指数都是 1。

3. 计算并分析国防经济效益。

国防经济效益等于效果与耗费的比，经过量化后，也等于目的指数与耗费指数的比。根据前面的假定，实际达到目的的程度有三种可能，实际耗费也有三种可能。因此，效益就有多种情况（但是，战斗结束后，实际结果只有一种情况）。下面我们选择其中几种情况为例加以说明：

第一种情况，实际歼敌 2 个团，实际耗费资金 80 万元，伤亡 500 人。这是上述若干情况中，用最小耗费达到最大目的情况。其效益是：用目的指数 2 做分子，分别用耗费指数 2/3 和 5/6 做分母，相除后分别得：3 和 2.4，即 300% 和 240%。从资金耗费的角度看，效益是 300%，从人员伤亡的角度看是 240%，都大大超过 100%。显然效益很好。

第二种情况，实际歼敌一个营，实际耗费资金 140 万元，伤亡 800 人，显然，这是上述诸情况中耗费大而又未达到预定目的的情况。与此相联系的指数是：目的指数是 1/4，耗费指数是 7/6 和 4/3。则效益是 3/14 和 3/16，即效益是 21.4% 和 18.8%，都大大小于 100%。因此，无论从资金还是人员伤亡的角度看，效益都极差。

在实际战斗中，还会出现资金耗费和人员伤亡很不成比例的情况，例如，假定战斗结果刚好达到预定目的，目的指数为 1。实际花费资金不大，假定是 90 万元，实际伤亡人数较多，假定为 1000 人（耗费标准仍是 120 万元、600 人）。那么，耗费指数是 90/120 = 3/4，1000/600 = 5/3。从资金耗费的角度来看，其效益是 1 : 3/4 = 4/3 = 133.3%，大于 100%，效益比较好。从人员伤亡的角度看，其效益是：1 : 5/3 = 3/5 = 60%，小于 100%，比较差。

在这种情况下，国防经济效益是好还是不好呢？这就要进行综合分析。如果把 133.3% 和 60% 进行平均，接近 100%，看起来似乎效益还是不错的。但是，一般说来，人员伤亡大，对部队的战斗力影响较大。所以，人员伤亡的因素相对于资金耗费的因素，是占主要地位的。如果把这一思想进行量化，可以用不同的系数来表示它们之间的关系。假定资金耗费的效益，其系数为 0.3，而人员伤亡的效益，其系数是 0.7（系数相加得 1），那么，可以得综合效益：133.3% × 0.3 = 40%，60% × 0.7 = 42%，40% + 42% = 82%。这

82%就是综合效益,也就是说,虽然资金耗费不多,但由于人员伤亡过大,所以,综合国防经济效益不好。

在研究国防经济效益时,需要采用数学方法进行大量的定量分析,它可以为我们的军事活动提供一定的参考数据。但是,同时也要注意到定量分析的局限性,因为运用数学方法进行定量分析时,要有大量准确的数据资料作为运算的依据,而这些准确数据的获得,是不容易的。数据不很准确,运算的结果也不会十分准确。更重要的是,军事活动特别是作战行动千变万化,受很多因素影响,而其中有些因素如政治因素、心理因素、历史因素等,至今还不能做到准确地量化,所以,定量分析的准确性也受到影响。因此,我们既要重视定量分析,又不能局限于定量分析。要采用多种有效手段,综合分析各种因素,力争找出军事活动的内在规律。只有这样,我们才能比较准确地把握情况,制定出比较切合实际的行动计划,并达到预定目的。

第九章
国防经济学说史*

一、国防经济学说史的研究对象

关于学科的区分和学科的研究对象问题,毛泽东曾有一段名言:"科学研究的区分,就是根据科学对象所具有的特殊的矛盾性。因此,对于某一现象领域所特有的某一种矛盾的研究,就构成一门科学的对象。"[①] 如果我们要正确认识国防经济学说史的研究对象,就必须正确认识国防经济学说史的特殊矛盾性。

国防经济学是一门处于军事科学和经济科学之间交叉地带的新学科。它所研究的是国防与经济之间的辩证关系及其发展变化的规律性。从国防经济学的本质属性来看,它是经济学的一个门类,是与工业经济、农业经济、交通经济等学科处于同一层次的学科。但是,在不同的历史时期有不同的生产力发展水平;在不同的国度有不同的社会制度和历史文化环境;处于不同阶级、阶层地位的人有不同的立场和观察问题的方法;等等。这些因素使国防经济学形成以后的各种流派异彩纷呈,各具特色。如何认识不同历史时期不同国防经济理论的不同特点,并从中理出其发展变化的脉络,就成为

---

* 此章内容摘自高等教育出版社 2003 年 7 月出版的《国防经济学说史》一书。
① 《毛泽东选集》第 1 卷,人民出版社 1991 年版,第 309 页。

国防经济学说史这门学科的研究任务。

国防经济学说史是一门史学。它所面对的矛盾性，是国防经济学在怎样的条件下形成，又在怎样的条件下发展；它自身发展变化的内在矛盾性、同一性，它自身发展变化的内在动力，它自身发展的各个阶段上的不同代表人物及其有代表性的理论观点等等。因此，国防经济学说史是经济理论发展历史的一个分支。

通过以上分析，我们可以得出这样的结论：国防经济学说史的研究对象，是国防经济学形成、发展的历史。它着重研究不同历史时期有代表性的人物的国防经济理论观点，他们的理论形成的主客观条件，比较各种观点的联系和区别，从历史的发展中研究国防经济学各种范畴和理论体系的演变过程，寻找国防经济学历史发展的内在线索。

由于国防经济学说史研究对象的特殊性，国防经济学说史研究的逻辑起点，应该是国防经济学的产生，即国防经济学作为一门独立的学科登上历史舞台的外部环境、内在原因、表现形态等。然后是这门学科的发展、变化的规律性等等。至于国防经济学的历史渊源的追溯，我们就只能把它作为国防经济学说史研究的一个"铺垫"或"前奏"。如果我们把"铺垫"或"前奏"作为国防经济学说史的主体来研究，这就可能是本末倒置。

二、国防经济学的历史渊源

（一）古代战争经济思想述要

国防经济学作为一门独立的学科体系，如果从1914年赫斯特的《战争的政治经济学》算起，至今只有80余年的历史，但它的思想渊源却同战争、国防一样久远。国防经济理论是来源于国防经济实践的。在原始社会末期，战争加强了军事首长的权力，首领由选举制逐渐演变成世袭制；防御外敌的城墙和壕沟逐渐变成了国家的"围墙"。国家产生之后，设立了对内镇压、对外防御的"公共权力"。构成这种权力的不仅有武装的人，还有物质的附属物，即装备、费用、设施等经济因素。从那时起，人们就开始认识战争与经济、国防与经济之间的关系，并形成了一些朴素的战争经济思想。

兵农合一思想在中国较早体现在姜尚的军事思想中。兵书《六韬》，对此就曾做过具体生动的描述：战争中所需要的攻守器械，可以在人民的生产活动中发现，耕田用的犁可以做防御时的障碍物；马车、牛车可以作为营垒的防护物，锄头等器具可当作士兵使用的矛戟；生产时穿戴的笠帽可以作为士兵的盔甲，锄、锹、斧、锯、杵都可以作为攻城用的兵器。这一番叙述，生动地说明了战争的器械同生产的器具，在人类社会的早期原没有什么本质的差别，平时可以用于生产，一到战争临头，生产工具可以立即转化为战争工具，满足战争的需要。

关于兵农合一的思想，在古代西方国家也存在。例如，古罗马国王塞维·图里乌（公元前578—前534年）规定，罗马公民就是士兵，平时劳作，战时打仗，武器自备，粮食自带。公民分为五等，各等级在战时所带的东西划分得清清楚楚。

富国强兵思想在中国较早地体现在管仲的学说中。他说："国富者兵强，兵强者战胜……"（《管子·治国》）他从当时的农业经济的社会基础出发，论述了富国的途径和强兵的方略。为兵之数，存乎聚财，而财无敌；存乎论工，而工无敌；存乎制器，而器无敌。富国的主要措施是发展农业、增加粮食储备：民事农，则田垦；田垦，则粟多；粟多，则国富。他的这一思想，一直为我国历代思想家所推崇。直至晚清时期，一些受西方思想影响的激进派政治活动家如唐才常仍然宣传这种观点，认为："夫欲树木者，必培其根，欲强兵者，务富其国。"（《唐才常集·兵学余谈》）

农战思想是古代重要的战争经济思想之一。商鞅在这一领域颇有造诣。他说："百人农，一人居者王；十人农，一人居者强；半农半居者危。故治国者欲民之农也。国不农,则与诸侯争权,不能自持也,则众力不足也。""圣人知治国之要,故令民归心于农。归心于农,则民朴而可正也,纷纷则易使也,信可以守战也。"(《商君书·农战》)当时,农业是最重要的物质生产部门,农业的兴衰,关系到国力的强弱,王朝的安危,所以商鞅把务农人员和非务农人员之间的数量对比关系,当作衡量国力强弱的标志,认为国家不重视发展农业,就十分危险。

取用于国、因粮于敌思想。中国古代著名军事家孙武,在他的《孙子兵法》中指出:"食敌一钟,当吾二十钟;萁秆一石,当吾二十石。"孙子的这些精辟思想,一直为后人所用。因粮于敌的思想也为古代西方军事家所推崇。古罗马杰出的军事家凯撒(公元前100—前44年)在与庞培作战时,曾说:让我们以敌人丰富的资源解决我们军需的缺乏。并多次在实践中成功地运用了这一思想。

军事屯田思想是中国战争经济思想的精华,一直指导着中国历朝历代的国防活动。最早提出屯田理论并从事屯田实践的是西汉将领赵充国。为了长期抵御匈奴的入侵,赵充国在边塞地区留下士兵和刑徒,开垦土地,生产粮草,屯田治塞。后来,曹操、诸葛亮以及明清时代的军事政治家等,都运用屯田的方法发展农业生产,增强军事实力。

(二)近代资产阶级战争经济思想述要

资产阶级登上政治舞台之后,为了巩固自己的统治,为了寻找商品的海外市场,它们对内实行资产阶级专政,保障本阶级的经济利益;对外采取战争这种暴力手段,砸开了一个国家又一个国家的大门。战争不仅给资产阶级国家带来繁荣富强,也使资本家的资本急剧地膨胀起来。战争逐渐成为资产阶级从事的一种事业。一方面他们愿意支出一定的费用来扶植这种事业;另一方面,他们又要通过这种事业攫取更大的经济利益。资产阶级的经济学家开始研究军事和战争问题，国防经济理论被推进到一个新的阶段。

　　古典经济学大师亚当·斯密是"最早考虑国防开支对社会的影响，并提出了筹措国防经费的方法的经济学家之一"。他的理论主要包括下述几个观点：第一，战费产生的原因是社会分工。随着经济的发展和技术的进步，社会分工越来越细，战争规模也逐渐扩大，完全靠参战者自备武器和军需品已经不大可能。工匠们一旦离开自己的工作奔赴战场，其经济来源即告枯竭，必须由公众来供给，因而产生了"战费"。第二，国防开支是国家的首要职责。斯密在1776年写道："国家的首要职责，即保卫社会使其免受其他独立社会的暴力或侵略，只能使用军事手段去完成。"为此，国家必须进行一定规模的军事拨款，所以，国防开支也就同时成为政府的首要职责。第三，常备军的开支，是维护国家文明的条件。斯密反对"常备军是对自由的威胁"的说法，他认为，常备军与多元化的社会是一致的。战争是最高尚的艺术，文明国家若仅靠民兵来保卫国家，则要承担风险。不过斯密并不反对组织民兵，而认为民众的尚武精神和组织民兵，是常备军的支柱。第四，战费随着武器装备的发展和战争艺术的提高而不断增加。斯密认为科学技术的发展，使武器装备越来越复杂，采购费越来越高，训练、运输和补给等费用也大大增加。第五，国防费筹措的原则是社会成员各尽所能。斯密认为，虽然国防是整个社会的公益事业，但国防费不能采用按人平均分摊的办法，而应根据各成员收入的多寡，采取"各尽所能"的原则。第六，文明社会维持兵士的费用，都是由非兵士的劳动者负担。因此，兵士的数目就不能超过这些劳动者除了维持他们自身及国家官吏所能维持的限度。根据他的推算，近代文明各国，"兵士的人数不能超过全体居民1%，过此，即不免负担太重，危及国家经济"。①

　　另一位古典经济学大师大卫·李嘉图在战费理论上，也有许多

---

　　① 亚当·斯密：《国民财富的性质和原因的研究》（下），商务印书馆1974年版，第259页。

新见解：第一，公债筹款是促使战争发生的原因。政府靠公债来筹款比较容易，而且是在以后的时期中偿还。因此，增加了政府进行战争冒险的可能性。第二，筹措战费的合理办法是征税。靠征税来筹集战费有两个方面的好处：一是不把负担留在以后；二是可以牵制政府不轻易卷入战争，或促使政府早日从战争中脱身。第三，战争与和平互相交替时，会给国家的经济生活带来严重的困难。他说："长期和平以后开始战争或长期战争以后开始和平，一般都会在工商业上产生很大的困难。它会大大改变各国资本以前投入的行业性质。这些资本在新环境使之成为最有利的投资场所中稳定下来以前，需要一段时间，在这一期间，很多固定资本将得不到使用，也许会完全损失，工人则不能充分就业。这种困难时期的长短要看大多数人是不是愿意放弃他们长期以来已经习惯的投资行业。"[①]

资产阶级庸俗经济学家马尔萨斯，与李嘉图是同时代的人。他认为战争是对人口增长的不可缺少的限制。社会经济繁荣，民族精神高涨，会鼓励穷人不顾后果地生育，导致人口膨胀。人们为了寻求食物和生存空间，必然爆发战争。战争会增大人口死亡率、降低人口出生率，从而起到抑制人口增长的作用；战争会带来经济的短期繁荣，但战时经济增长越大，战后资本过剩越严重。

法国资产阶级经济学家让·巴蒂斯特·萨伊，把他关于人力资本的思想带进了战争经济理论。萨伊认为，一个战士投入战争之前，社会（包括他的父母）对他进行了大量投资。从出生之后的衣食住行，到成长阶段的训练教育等等，花去了社会大量费用。他独立之后，社会应收回这笔投资。可是当他在战争中阵亡或致残，则不仅不能偿还投资，可能还要变成社会的负担。因此，战争耗费必须考虑伤亡者给社会带来的无法挽回的损失。另外，萨伊不同意斯密把士兵称作非生产性工人的说法。他认为，士兵是"破坏性工人"，他

[①] 大卫·李嘉图：《政治经济学及赋税原理》，《资产阶级古典政治经济学选辑》，商务印书馆1979年版，第548页。

们不仅消耗维持自身的产品，而且还破坏别人艰苦劳动的成果，而自己又得不到任何好处。

不仅有些资产阶级经济学家对战争与经济的关系有一定的认识，而且不少资产阶级军事家对战争与经济的关系也有一定的认识。一代枭雄拿破仑就有"以战养战，就地补给，多种手段聚财"，"打仗需要的第一是金钱，第二是金钱，第三还是金钱"等著名论断。瑞士的军事理论家若米尼，对以战养战理论有相当透彻的认识。他说："军队的统帅，应善于利用其所入侵的国家的一切资源，以保障其军事行动。"[①] 关于国家财政与战争的关系，他的认识不亚于各古典经济学家。他说："决不应该忘记国家的财政状况。应把财政状况同决定战争胜负的其它军事因素等同看待。"[②]

大军事家克劳塞维茨在其名著《战争论》中，对战争与经济的关系有更深刻的了解。他认为：物质的力量只能用物质的力量来摧毁，战争的胜败取决于物质力量和精神力量的总和；战争的经济基础在于民众，民众的经济支持是赢得战争胜利的重要因素；以战养战、集中兵力夺取敌人最富裕的地区是达成军事战略目标的重要方法；动员一切人力、物力、财力是夺取战争最后胜利的基本因素等等。

（三）马克思和恩格斯军事经济思想述要

马克思和恩格斯虽然没有国防经济学方面的专著，但在他们数以百计的军事学和经济学的著作中，运用科学的世界观和方法论，批判地继承了社会各个时期关于战争和经济相互关系理论的优秀遗产，第一次揭示了战争和经济相互关系中的内在的本质联系，为马克思主义国防经济学的建立和发展，做出了重要贡献。

---

① A. H. 若米尼著，刘聪译：《战争艺术概论》，解放军出版社1986年版，第168页。

② 同上书，第69页。

1. 经济是暴力的基础,暴力仅仅是手段,而经济利益则是目的。马克思和恩格斯指出,在战争和经济的关系中,经济是基础,是本源的东西,战争(包括进行战争的物质力量)是由经济决定的,是实现经济要求的手段。阶级出现和国家形成之后,战争成了解决阶级对抗或向外扩张掠夺的一种手段。因此,战争作为暴力的形式,它同经济之间的关系:"暴力仅仅是手段","经济利益是目的"。目的比用来达到目的的手段要"基础性"得多;同时,"暴力的'本原的东西'是什么呢?是经济力量,是占有大工业这一强大的手段"。[1] 马克思和恩格斯的这一科学论断,从根本上纠正了资产阶级学者们把暴力看作是目的,把经济看作是实现暴力的手段的错误观点,使国防经济学的研究有可能从根本上摆脱传统的历史唯心主义观点。

2. 生产力的一定程度的发展,私有制和阶级的产生,便出现了为掠夺而进行的战争,掠夺财富和保存旧的经济制度是发生战争的根本原因。马克思和恩格斯认为,没有生产力的一定程度的发展,也就不会有私有财产,因而也就不会有以掠夺财产为目的的战争。战争是一定的经济关系的产物;战争随着经济的发展而发展;战争也将随着经济的一定发展而消亡。

3. 武器装备的发展与社会生产和科学技术的发展同步。科学技术的发展使武器装备过时和贬值的速度加快。恩格斯说:"装备是基础,而它又直接取决于生产阶段。"[2] 他在《炮兵》《步枪史》等著作中,通过对武器装备发展的历史分析,揭示了武器装备与科学技术和生产力发展的关系。现代生产力呈几何级数增长,这使武器装备的价值呈几何级数下降。这是工业革命以来军事史和经济史共同证明了的历史事实。

4. 军队的数量和质量、编制和编成,最终都是由经济决定的。

---

[1] 《马克思恩格斯全集》第20卷,人民出版社1971年1版,第175、189页。
[2] 同上书,第684页。

马克思和恩格斯进一步指出，作为战争物质力量的军队，它的存在和发展也全由经济决定的。恩格斯指出，"有组织的暴力首先是军队。没有任何东西比军队的编成、编制、装备、战略和战术更加依赖于经济条件了。"① 军队的规模，军人的数量和质量，同经济发展水平和经济制度也有密切关系。恩格斯曾经指出在资产阶级和自由小农制度下可能召集的兵员数量在人口总额中的比重，要比经济落后的封建制度下可能召集的兵员数量高得多。因为前者提供的劳动生产力大大超过后者，从而有可能有更多的人口脱离生产领域转入军队或其他领域，有更多的剩余产品可由民用转入军需。在其他条件不变的情况下，一国的兵员数量与该国的人口密度成正比例；与交通条件的好坏成正比例；与劳动生产率成正比例。马克思和恩格斯还曾在许多著作中，分析了军队的编制、编成同武器装备的改进，从而同经济发展水平的关系。

5. 作战方法随着武器装备的发展和经济关系的变革而改变。恩格斯在分析大量历史事实的基础上得出结论："生产力的增长是拿破仑作战方法的前提；新的生产力同样是军事上每一种新的成就的前提。""新的军事科学是新的社会关系的必然产物。"②

6. 有些新的经济关系首先在军队中诞生。雇佣制和薪金制是资本主义社会广泛使用的经济关系。它对瓦解封建行会制、确立资本主义制度起了重大作用。可是，恩格斯经过周密考证后发现，这些经济关系首先是在军队中产生的。埃及在公元前就有雇佣兵存在，以后逐渐发展并将这一交往关系传入社会生产中，促进封建制度的瓦解。

7. 暴力既可以破坏经济、阻碍经济的发展，又可以起革命作用，推动社会经济的发展。战争这种暴力形式，在历史上也起着一种革命的作用。它是"每一个孕育着新社会的旧社会的助产婆……它是社会

---

① 《马克思恩格斯全集》第 20 卷，人民出版社 1971 年第 1 版，第 684 页。
② 《马克思恩格斯全集》第 7 卷，人民出版社 1959 年第 1 版，第 562 页。

运动借以为自己开辟道路并摧毁僵化的垂死的政治形式的工具"。①

8. 军队的消费属于非生产消费,在条件许可的情况下,军队应减少到最低限度。马克思说:"士兵的活动生产保卫,但不生产谷物。如果国内建立了秩序,那末土地耕种者就会象以前一样继续生产谷物,但不必另行生产士兵的给养,从而不必生产士兵的生命。士兵象很大一部分非生产劳动者一样,属于生产上的非生产消费。"②显然,马克思认为军官和士兵的劳动有益于社会安全,但不属于生产性劳动。

总之,马克思和恩格斯关于战争和经济相互关系的学说,揭示了二者之间内在的本质联系,它是马克思主义基本理论的一个重要组成部分,为马克思主义国防经济学的建立和发展奠定了科学的理论基础。

三、国防经济学的产生

尽管在古代就有国防经济和国防经济思想,但它们是零碎的、包含于其他学科之中的,还不是一门独立的学科。作为一门独立的学科,要有本身的理论体系,要有独立的研究对象,要有完整的理论著作和代表人物,要有揭示事物本质的理论分析和指导社会实践的方针政策。国防经济学产生于何时,在理论界是有争论的。争论大致可以分为以下三种主要观点。

(一)以1921年庇古的《战争经济学》为代表的观点

不少人的观点是,国防经济学产生于1921年,代表人物是庇

---

① 《马克思恩格斯选集》第3卷,人民出版社1972年5月第1版,第223页。
② 《马克思恩格斯全集》第26卷Ⅰ,人民出版社1972年5月第1版,第300—301页。

古，代表著作是庇古的《战争经济学》。持此观点的在资本主义国家中有日本国防经济学家石井洋。他在《日本的国防经济学》一书中说：战争经济学是研究战争与经济关系的科学，而全面研究战争与经济关系是从第一次世界大战才开始的，它的先师是久负盛名的福利经济学家庇古。

1988年，中国国防大学出版社出版的《国防经济学60年》一书，也持类似的看法："1921年，英国资产阶级经济学家庇古适应上述客观要求，发表了《战争经济学》一书，系统地总结了英国第一次世界大战时的战时经济经验，叙述了战时经济运动的客观过程以及平战相互转换的一些理论原则，使国防经济学取得了最初的独立形态。"[①] 该书认为，20世纪初，资本主义进入帝国主义阶段，重新分割世界领土的斗争成为当时国际政治生活中的中心议题，几个发达的资本主义国家都想谋求世界霸权地位，发动了空前的第一次世界大战。以往的战争只是处在"战争手工业时期"，战争手段比较简单，战争消耗量也不大，那时只是交战国双方的军队置于战争行动之下，战争对经济的影响只局限于战费的筹集和战区的经济活动。而这一场战争，是在"战争工业化时期"进行的，它把交战双方的全体居民都卷入战争活动中，整个国家的经济资源都用来进行战争。战争的胜负不仅取决于军力的强弱，而更重要的取决于交战双方的经济力量能否支持这场大规模的战争。经济在战争中的地位和作用大大超出了以往的时期，用传统的办法已经不能解决战时出现的各种经济问题，也不能解决由战时转变到和平时期提出的各种复杂的经济问题。社会经济的发展，战争对经济的依赖空前加强，要求经济科学除了有研究平时状态经济过程的传统经济学外，还需要有专门研究战时经济过程，以及战时向平时、平时向战时转化的经济学，而国防经济理论的历史发展也已经为战争经济学的产生准备了丰富的思想素材。因此产生了独立形态的国防经济学。

---

① 《国防经济学60年》，国防大学出版社1988年6月版，第10页。

（二）以1960年希奇的《核时代的国防经济学》为标志

与上述观点不同的是，不少现代西方国防经济学家认为，国防经济学产生于1960年，其标志是希奇的《核时代的国防经济学》，而不是1921年庇古的代表作《战争经济学》的出版。其原因有以下几点：

一是1921年庇古的《战争经济学》的研究对象是战争经济，而不是国防经济。很显然，战争经济与国防经济是交叉关系。战争经济学主要是研究如何使战时动员最大化，以充分保障战争胜利，即战争保障经济学。战争经济学的范围有防务与非防务之分，而国防经济学的研究对象则包括战时和平时的国防经济问题。同时，战争经济学缺少一个效益的概念。国防经济学研究的根本目的是如何对有限的国防资源进行优化配置和选择，以实现最佳的国防经济效益，而庇古、鲁登道夫等人对战争经济学的研究均未涉及到效益问题。战争的效益以及战争对国民经济产生影响的效益，对这两种效益，尤其是对第二种效益，战争经济学很少考虑。

二是战争经济学的研究方法有局限性。战争经济学主要是应用宏观总量分析法，数学方法应用很不够，基本上无量化分析。

三是战争经济学的研究范围具有局限性。战争经济学一般只研究一个国家的战争经济问题，不足以提供一般性的结论。对于其他国家来说，这些应急性、对策性研究没有普遍意义。

现代西方国防经济学家认为，希奇的《核时代国防经济学》研究内容相当丰富，对国防经济潜力、国防财力、国防经济效益、军事联盟、国民经济动员与复员等问题都有较为深入的研究，因而在理论体系上支撑起国防经济学理论的基本框架，而且该书的研究内容体现了核时代的特点，涵盖了冷战时期西方所关心的国防问题。该书开始把现代数学例如运筹学的分析方法引入国防经济学中，使国防经济学的研究方法产生了飞跃。

(三) 以1914年赫斯特的《战争的政治经济学》为代表的观点

本书所持的观点，与上述看法均不同。取得独立形态的国防经济学产生于1914年，其代表著作是赫斯特在1914年出版的《战争的政治经济学》一书。

19世纪末、20世纪初，由自由资本主义时代进入帝国主义时代。各主要帝国主义国家为了重新瓜分世界，扩军备战进入高潮。各国均把大量经济资源投入战争准备，使正常的经济运行受到影响。各国经济学家纷纷研究和解释当时世界上出现的新情况、新问题，战时经济理论成为理论界的"宠儿"。赫斯特就是在这种大的背景下，出版了颇有见地的《战争的政治经济学》一书。

需要说明的是，战争经济学既研究战时经济，也研究平时的经济准备；既研究战争对经济的影响，也研究战争产生的经济原因，其研究对象仍是战争与经济、国防与经济的内在关系及其发展变化的规律性。国防经济学研究的范围也包括了这些内容。不过，国防经济学的研究，在平时和在战时有不同的侧重点。平时侧重于经济准备、军民结合、运行机制、经济效益等等，战时则侧重于经济动员、经济统制、资源筹集、资源配置等等。因此，可以说战争经济学是国防经济学的初级形态。国防经济学涵盖战争经济学。我们不应该把战争经济学与国防经济学割裂开来或者对立起来。

四、国防经济学的学派

(一) 国防经济学学派的几种观点

一门学问能否成为一门真正独立、成熟的学科，重要标志之一是有无流派（或学派）。那么，国防经济学是否形成了流派呢？不少人认为，国防经济学作为一门独立的学科登上历史舞台，还只有几十年。在这短短的几十年中，不可能形成什么流派。这种认识虽然有一定的道理，但不符合国防经济学迄今以来发展的历史事实。现有的国防经济理论著作，虽然很少有人涉及国防经济学的流派问题，但石井洋是一个例外。他在《日本的国防经济学》一书中，就提及了"应战型"和"动员型"两个学派。因此，国防经济学是有流派的。

如果深入研究迄今以来的大量国防经济学著作，可以发现，从不同的角度分析，国防经济学可以分成不同类型的流派。但其中必定有一种相对科学的分析方法。

第一种："动员型"和"应战型"。

从战争准备的角度来分，可以分为"动员型"和"应战型"两大流派：一派是英国为早期代表的战争经济学，其代表人物是庇古，代表作是1921年出版的《战争经济学》；另一派是纳粹德国的"国防经济学"，其主要代表是鲁登道夫和他的《总体战争论》。两者有共同点，都认为下一次战争（指第二次世界大战）将是长期战争，是要用国家的全部力量进行的战争。

两者的区分主要在于：一是学说的渊源不同。前者"来自自由主义经济观"，后者"来自总体主义经济观"。二是根本主张不同。"两者差异在于平时所应进行的战争准备要达到怎样的水平。""英国的战争经济学主张提前进行战争动员的速度要停留在最小程度上"，平时经济必须确保经济自由，一旦取得战争胜利，必须尽快恢复经济自由。"纳粹的国防经济学则认为要达到无须再进行经济动员的最高程度"，即平时经济战时化。由于英国的战争经济学强调靠临战时的动员进行准备，石井洋把它概括为"动员型"；德国强调的是在平时建立适用于战时的经济体制，石井洋把这种国防经济学概括为"应战型"。将两种类型进行比较，在动员初期，"应战型"要比"动员型"在经济力上占有明显的优势地位。但在动员以后的一段时期,"动员型"还有发展生产能力的潜力,而"应战型"的经济要求更加提高生产能力就不容易了。在和平时期,要完成应战型的经济准备,国家要花费大量经济资源,国民生活也必须忍受严峻的考验,国民的牺牲远大于动员型经济。"应战型"经济还有急于开战的要求,企图在对手的战时经济体制形成之前,就以先发制人的作战控制战局。

第二种:"理论型"和"实证型"。

从研究方法的角度来分析,可以分为"理论型"和"实证型"。有些国防经济学家,比较强调理论性。他们的国防经济学著作,注重理论体系的建立,强调理论范畴的界定,着重原理的阐发,注重社会性质、社会关系的分析。例如,董问樵的《国防经济论》,在界定"国防""国防经济""国防经济学"等若干范畴的基础上,首先考察国防经济学的研究对象,接着阐述国防经济的本质、国防经济的形态、国防经济的因素等。同时,他还特别注重全书理论体系的安排和各个原理的阐释。

与《国防经济学》相类似的还有莎维兹基的《战争经济学》和波扎罗夫的《社会主义国家国防实力的经济基础》,他们注意运用马克思列宁主义关于军事与经济关系的基本原理,分析国防、国防经济等各范畴的社会性质,分析军事领域的再生产及生产部类,分析军事消费、分配等的性质和内涵,分析国防经济内在的运行规律等等。

而另外一些著作则注重"实证"分析,即比较注重对国防经济中的现实问题,进行理论上的说明、解答或预测,对策性、操作性、直观性、应用性较强。如凯恩斯的《如何筹措战费》,就是针对英国当时的经济、政治、军事、外交形势,用经济学的理论说明筹措战费的方法和对策,哪种方法更快、更有效地筹措到大量的战费;哪种方法更稳妥、更少引起社会动荡等等。希奇的《核时代的国防经济学》一书,在一定程度上也可以属于此类。这本书的相当部分,主要是第二和第四部分,着重于国防领域中效益分析。他们以大量的篇幅，运用数量经济学的方法，分析国防活动中的投入产出问题，特别是空军运输中的效益问题。以此来说明国防经济学的研究目的和研究方法。当然，希奇的这本书在理论上也是很有造诣的，特别是第一部分，在国防经济学说史上具有相当重要的地位。

应该看到，在现阶段的国防经济研究中，实证的方法是十分有用的。例如，我们在现实生活中大量进行的"课题研究"，就是实证分析的方法。如果我们注意学习和积累国防经济学著作的这方面的知识，这将大有益于我们的研究工作。

第三种："社会主义型"和"资本主义型"。

从社会性质的角度来分，国防经济学又可以分为社会主义型或社会主义流派和资本主义型或资本主义流派。西方资本主义国防经济学，都是以西方资本主义经济理论为基础，或是凯恩斯主义，或是福利经济学，其分析方法也是西方经济学的分析方法，其目的是说明和解释资本主义国家国防经济运行中的各种现象，为当局的国防经济政策服务。其中相当多的著作，是针对前苏联和社会主义中国的。例如，施莱辛格的《国家安全的政治经济学》，不仅把苏联作为假想敌国加以研究，而且把苏联的社会主义制度作为靶子加以攻击。同时，也有些书籍把中国的社会制度和经济体制作为分析的对象。

与此相对立，"社会主义流派"的国防经济学，则以马克思主义经济学和军事学为理论基础，说明社会主义国家的国防经济现象、政策，揭示社会主义国防经济的运行规律，批判资本主义国家的国防经济政策、理论。其中，较有代表性的是莎维兹基的《战争经济学》和波札罗夫的《社会主义国家国防实力的经济基础》。他们以马克思主义的"暴力论"和无产阶级军事学说为理论基础，分析社会主义国家国防经济的运行特点，力求从中找出一些带规律性的东西，并有针对性地批判西方一些国防经济学家的理论观点。这类著作带有明显的政治倾向性。

以上各种关于国防经济学流派的分类方法，都有一定的道理，都可以在一定程度上说明各流派的某些特点，因此，是可供选择的参考方法。但是，能否有更恰当一些的分类方法呢？

（二）国防经济学流派分析

尽管一门学科可以从不同的角度加以考察，并得到一定的认识，但如果从更深的层次来分析，则可以得到条理更加清晰，更能反映事物本质的认识。如果从更本质的角度，即从国防与经济的关系的角度来分析国防经济学，它可以分为三种流派。

1. 流派之一：国防消费促进经济发展——军事凯恩斯主义。

这一流派从本世纪 20—30 年代的鲁登道夫的"总体战争论"，到 40—50 年代的"军事凯恩斯主义"，再到中国的"增殖型国防"，其中有一个共同的本质的东西——国防消费不仅不会影响国民经济的发展，而且还会促进国民经济的发展。

有人甚至用数量经济学的方法证明，国防消费与国民生产总值成正相关关系，军事花费越大，国民生产总值增长越快；反之，亦然。

军事凯恩斯主义（Military Keynesism）是西方资本主义国家中关于军费支出促进经济发展的一种理论派别，因以英国著名经济学家凯恩斯的"需求理论"为基础而得名。它起源于第二次世界大战后的"冷战"时期。第二次世界大战后，美、苏争夺世界霸权，双方进行大规模的军备竞赛。为了使更多的经济资源配置到军事领域，军政当局需要一种支持军备扩张的理论，军事凯恩斯主义应运而生。它在国家政策上的具体体现是"美国国家安全委员会第 68 号文件"，简称"NSC-68 号文件"。1950 年 1 月，美国总统根据苏联核爆炸成功的情况，指示国务卿和国防部长重新研究美国在平时和战时的战略目标及战略规划。这一研究结果，成了著名的"国家安全委员会第 68 号文件"。这一文件极力支持政府大幅度增加军费、扩充军备。从 20 世纪 50 年代起，军事凯恩斯主义就成为美国政策制定者们信奉的教条之一。

军事凯恩斯主义的主要内容是关于军费支出与经济繁荣之间的关系，它有相互联系的四个理论要点：第一，在自由经济社会中，如果社会总需求不足，国家可以进行宏观调控。政府可以运用财政、金融等政策，刺激社会总需求的增长，以维持较高的就业率并促进社会生产的发展。第二，即使在政府的财政预算已有赤字的情况下，政府仍可以维持甚至继续扩张政府的消费需求。第三，扩大军费支出是扩大政府消费需求和社会商品采购量的重要手段，从而是促进经济繁荣的手段。第四，军事工业生产和国防科学技术研究中的政府补贴，不仅对军事工业的发展有保障作用，而且对整个社会经济的发展有极大的帮助。他们还以第二次世界大战中美国经济发展为例说明以上观点。美国1939年民间劳动力就业人数为4600万人，1945年增加到5300万人。同期，武装部队从37万人扩充到1100万人。战时经济不仅改变了战前的经济萧条，而且大大提高了社会的就业率，民用消费增长了25%，经济一派繁荣景象。综合以上四点后的结论是：扩大军事需求和军费支出，对社会经济不仅没有负作用，而且有极大的促进作用。军事凯恩斯主义把美国第二次世界大战中的经济类型与和平时期长期维持军事能力的经济类型相混淆，是不恰当的。

在中国与上述观点相类似的有"增殖型"国防理论。这种观点是在1986年12月"国防经济发展战略讨论会"上提出的。首次公开发表于1987年3月23日和28日的《光明日报》。这种理论认为，"增殖型国防是指国家的国防系统在整体发展过程中，除了保卫国家安全、维护国家利益，并产生第一次社会效益以外，还能在较大范围的各层次上，对国家经济、政治、科技的发展产生直接的或间接的经济与社会效益，使国防系统成为一个非单纯消耗型系统，从而为整个国家大系统的发展不断提供各类资源与动力。"他们还认为，国防科研费和基本建设费可以增殖，"如果这个增殖额超过整个国防费的投入，就实现了由'消耗型国防'向'增殖型国防'的转变"。

并认为，从 20 世纪 80 年代头几年军工技术转民用的实践看，"建立增殖型国防是有依据的"。后来又提出：只要是"由于国防投入而带来的经济收入与用于国防的全部投入之比大于 0"，就是"增殖型"国防。

从总体来看，"增殖型国防"的观点在理论上是不通的，在实践中是有害的。首先，"增殖"一词是马克思揭示资本主义生产过程所用的范畴。现在也有人借用来说明生产中"产出"大于"投入"的部份。而国防系统中，虽有国防科研和生产部门，但就其整体和本质来说是消费部门，不是生产部门，无法增殖。国防的目的是以一定的人力、物力消耗来保卫国家的安全。如果有"产出"的话，主要是国家安全，而不是价值增殖。因此，"增殖型"国防的理论，混淆了生产和消费的关系，抹煞了国防的本质特征，容易模糊国防建设的主要任务，引起不必要的思想混乱。其次，从古今中外的实践来看，国防经费中科研费的增殖额要超过整个国防经费的投入是不可能的。科研费只是整个国防经费的一小部份。而国防科研的直接目的主要是投向那些军事专用技术，投向军民通用的高技术的费用只是一小部份。军用高技术投入有很大的风险，有些项目不一定能成功。即使成功的项目，如不向民用转移，也不会产生经济效益。转移到民用部门后所产生的效益，也就不在国防部门系统内部循环或增殖。第三，如果"由于国防投入而带来的经济产出与用于国防的全部投入之比大于 0"，就是"增殖型"国防。这一看法表面看来似有道理，但也极为错误。因为我国古代早就有"军屯"。如按上述理论，从古至今的国防都是"增殖型"的了，用不着在 20 世纪 80 年代提出由"消耗型国防向增殖型国防的转变"。因此，这一理论是错误的、站不住脚的。在实践中，容易造成以经济效益作为国防建设主要准则的倾向，损害国防建设远期目标的实现。

2. 流派之二：国防消费阻碍经济发展——纯消耗主义。

这一流派如果追溯得更早一点，其代表有庸俗经济学家萨伊。后来有福利经济学的某些派别的支持。到 20 世纪 60 年代，有教育经济学，现代有西方福利经济学学派。这些派别大都认为国防消费完全是一种消极的东西。

"纯消耗主义"认为，国防对整个国民经济完全是一种"纯消耗"。它是与"军事凯恩斯主义"完全对立的观点。这种观点的基本内容是：古今中外的国防消费，完全是一种"纯"消耗；其中任何部分对社会经济发展都只有负作用，而毫无积极作用。国防消费对社会经济来说，不仅是一种"纯"消耗，而且还是一种"纯"破坏。它杀死居民，毁灭资源，十恶不赦。任何国家、任何时候，不论其国家性质如何，不论是战时还是平时，也不论是正义战争还是非正义战争，都不应该有国防消费。

这一理论是错误的。第一，它把国防消费与国民经济绝对对立起来，不符合马克思的基本理论。马克思主义认为，像雇佣制、工匠分工等新兴生产关系，首先是在军事领域中产生的，国防的消费既可以用于维护旧势力，也可以用于保护新兴生产关系和新生产力。第二，国防经费从总体上看是消费性的，但并不是其中每个部分都是"纯"消费。其中有的部分，如科研费、基本建设投资等，也可以对经济发展产生积极作用。第三，此理论不符合数千年来国防经济发展的历史。数千年国防经济发展的历史证明，国防经济系统之中，一般都有军屯、随营工匠等生产部分。它们生产一些社会产品，成为社会财富的 部分。另外，国防科学技术或迟或早会转入民用经济之中，对社会生产起直接或间接的促进作用。

3. 流派之三：国防消费与经济发展具有辩证关系——马克思主义国防经济学。

这一流派的渊源是马克思、恩格斯的暴力论。他们在认识战争与经济、国防与经济的关系的问题上，与以往的流派有着本质的区别。

在解释战争或国防产生和发展的原因问题上，不同的阶级、学派有不同的解释。有些剥削阶级的思想家，从唯心论出发，鼓吹"宗教战争论"，认为无论哪类战争都是由于宗教信仰不同造成的；

有的则鼓吹"地缘战争论"，认为战争产生和发展是由于国家与国家之间的地理关系造成的；有的则鼓吹"心理决定战争论"，认为战争是人们的罪孽或天生爱好或神秘心理状态造成的；有的则鼓吹"种族战争论"，把战争的原因归结为种族的差异；还有人把战争的原因归结为人口的因素，等等。马克思、恩格斯运用唯物主义历史观，研究了国家、国防、战争等之后，发现了一个规律：国家、国防、战争在一定的经济条件下产生，又在一定的经济条件下发展，还在一定的经济条件下消亡。它们既是经济发展的产物，又以经济不发达为存在的依据。因此，马克思主义廓清了一切关于战争、国防产生根源的错误观点，建立起了以唯物史观为基础的"暴力论"。这个理论的建立，为国防经济学的健康发展开辟了正确道路，打牢了坚实的理论基础。

马克思主义国防经济学继承了暴力论的基本思想，在国防消费与经济发展关系的认识上，确立了一些基本观点：第一，从总体看，国防消费是社会消费的一个组成部分，它对国家安全起保证作用。社会主义的国民收入划分为积累基金和消费基金两个大类。国防经费（国防消费的货币形式）的主要部分属于消费基金中的社会消费部分；国防经费中基本建设投资，则属于积累基金中的非生产基本建设基金。因此，从总体来看，国防经费的消费不再回到社会再生产中来，是对社会再生产的一种扣除。但是，它又像国家行政管理基金一样，对于国家和人民是不可缺少的。它关系到国家的安危和民族的存亡。第二，国防经费的不同组成部分，对社会经济的作用是不同的，有些费用在一定程度上对社会经济的发展起促进作用。国防经费的不同项目要用于不同的经济领域：人员生活费一般只用于粮食、副食、纺织等轻工业部门；装备采购费则主要用于国防工业及其相关工业部门。一般来说，这些工业都是国有的大、中型企业；国防科研费则主要投入科学技术的研究领域，其中主要是军事科学技术领域，当然也包括少量基础科学的研究。军事科学技术，特别是高科技，经过一定的转化机制可以转入民用，从而对社会经济起一定推动作用。第三，相同数量而不同结构的国防经费，对社会经济反作用的力度和方式不同。有些国家国防经费中的人员生活费所占比例很高，是"轻型"结构；有些国家国防经费中的装备、科研费所占比例很高，是"重型"结构。同样数量的国防经费，如果结构不同，它们对社会各部门的需求不同，一般来说，重型结构的国防经费，对国民经济的影响较为直接，力量也较强；反之，轻型结构的国防经费对国民经济影响较为间接，力量也较弱。因为国防科研费、装备采购费和国防工业投资等，都直接作用于国家的主要工业部门和国有大中型企业。第四，根据马克思"消费创造出生产的动力"的原理，国防经费数量的增减或结构的变化，可以成为调控国民经济的一种手段。不过，时机、范围、数量的选择是至关重要的，例如，当某些工业部门的产品出现了全国性的积压，而国防建设又需要这些产品时，国家可以给军队拨付一笔专项资金（也可以是国家拿一点、军队出一点、银行贷一点的办法），购买这些产品。这样既引导了工业生产，又加强了国防建设。第五，国防建设要"适度"，不仅要正确把握国防经费在国民生产总值中的数量界限，而且还要正确把握国防经费各组成部分的数量界限，以使规模适度，比例协调，相互促进。

五、国防经济学说的发展

（一）初创时期的国防经济学

国防经济学作为一门学科问世，有其深刻的历史背景和社会环境。它是世界范围内政治、经济、军事综合发展的产物，也是国防经济实践活动和理论研究不断深入、扩展结出的硕果。

这门学科的产生，是以英国经济学家 F. W. 赫斯特于 1914 年出版的《战争的政治经济学》为标志的。随后又在第一次世界大战的灰烬中出现了著名经济学家 A. C. 庇古更加系统化的《战争经济学》。以这两本专门著作为代表，形成了初创时期的国防经济学，首次为这门学科树起了历史的丰碑。

初创时期的国防经济学，形成了它自身的一些特点：一是以现实的战争为着眼点。在经济学家看来，战争这个"怪物"以其特有的方式破坏经济的正常运行，给民众带来"灾难"，他们以经济学家特有的眼光关注战争的的准备和实施。规模空前的第一次世界大战的准备、实施和后果，就成为他们注视的焦点。二是以战争的资源筹措为主要内容。在战争与经济的关系中，战争对资源的大量消耗，更为直接和明显，人们比较关注战费的来源和筹措。因此，资源的消耗、战费的筹措、战费对财政和经济的影响等，就成为初创时期国防经济学的主要内容。

（二）蓬勃兴起时期的国防经济学

第一次世界大战结束后不久，新的世界大战又在酝酿之中了。在这列强争霸、战云密布的时代，国防经济学成了一门"时髦"的学科。不同的国家，不同的阶层，从不同的角度，纷纷把目光投向国防经济学，使国防经济学进入了一个蓬勃发展的时代。

蓬勃兴起时期的国防经济学，其特点有：一是研究者众。欧洲既是两次世界大战的发源地，也是两次世界大战的主要战场。因此，欧洲各国在第二次世界大战前后形成了国防经济学热。东方各国，如日本和中国，也不甘沉寂，军事家、政治家、经济学家纷纷涉足国防经济领域，这类著作大量涌现。二是研究的范围广。这一时期的著作，不仅有理论性较强的著作，也有对策性研究的成果；不仅有全面阐述国防经济问题的论著，也有专题性研究。例如，在中国，除了经济学家董问樵的理论著作《国防经济论》外，还有军事家蒋方震的从军事角度研究国防经济的《国防论》，还有千家驹等研究战时农业、工业、商业、金融的通俗读物等。三是研究有一定的针对性。不少国防经济学著作是针对敌国的军事战略、经济潜力，研究本国国防经济的发展对策。例如，日本就有不少著作是针对中国的情况，研究对策；德国则针对欧洲有关国家的经济潜力，研究本国国防经济发展的对策。

（三）成熟时期的国防经济学

第二次世界大战结束后，世界进入了"冷战"时期。在这个较长的"冷和平"时代，各国经济学家和战略学家在长期经验积累的基础上，以更宽的视野、更深的理论、更多的方法，研究战争的经济准备和经济转换，从而使国防经济学逐步走向成熟。

成熟时期的国防经济学，其特点有：一是理论体系较为完备。不仅研究宏观国防经济学，而且深入到中观和微观国防经济学的各个领域；不仅研究国防经济学基础理论，而且深入到国防经济学应用理论的各个领域；不仅研究国防经济学理论，而且研究国防经济史和国防经济学说史，研究内容更加丰富，体系更加成熟。各国国防经济学都具有自己的特点，各自形成完整的理论体系。二是针对性强。各国都从本国国家安全战略出发来研究国防经济问题，如美国以自由世界领袖自居，其国防经济理论研究强调获得对苏联的战略优势；日本从岛国、经济贸易大国的角度，研究如何维护其海上运输生命线的安全。三是注重定量分析。随着系统科学的兴起、当代数学研究的不断深入、计算机技术的迅猛发展，数学方法在国防经济学研究中得到广泛的应用。在对国防经济效益、军事联盟费用分担、军费机会成本等问题的研究中都应用大量的数学模型。四是注重比较研究。这一时期，在国防经济学领域出现了比较研究热，其中美苏比较、苏日比较、发达国家与第三世界国家比较成为国防经济研究者热心的课题。五是注重局部战争经济问题的研究。二战后，没有爆发新的世界大战，但局部战争爆发的频率加快，强度增大，战争消耗显著上升，而且战争经济准备和战争经济保障出现了许多新的特点。由此，对局部战争经济学的研究越来越引起国防经济理论者的高度重视。

（四）国防经济学说的新发展

20世纪80年代末90年代初，随着东欧剧变和苏联解体，两大军事集团结束了长达40多年之久的冷战状态，国际环境发生了巨大而深刻的变化，世界形势总体上趋于缓和，但局部战争和地区冲突连绵不断，甚至在新千年刚刚来临之际就爆发了"9·11"事件。动荡的国际环境使许多国家加紧军备，一度呈下降趋势的世界军费又大幅度上升。在新的高技术局部战争需求的推动下，世界主要国家纷纷调整国防发展战略，改革军队编制体制，优化国防工业结构，革新军品采办机制，加大高技术发展力度等等，这些国防经济实践对国防经济理论的发展形成了强有力的推动。

在新的历史时期和国际环境中，当代国防经济学研究呈现出以下几个特点：一是理论体系更加完善。当代国防经济学的研究内容十分广泛，涉及宏观国防经济和微观国防经济的各个领域，并且西方经济学各主要经济理论和研究方法对其都有渗透。二是宏观国防经济与微观国防经济研究并重。20世纪90年代以前国防经济学侧重于宏观总量分析。90年代以来，国防经济学的研究既重视宏观领域，也重视微观领域，如军工企业效益成本、转产、军民一体化、军品采办等也受到学者的重视。三是新的研究方法应用更加广泛。当代国防经济学更注重量化分析，特别是对于军费需求的确定、国防资源的配置、军费与经济的关系、军事联盟费用分担等问题，都运用大量的数学模型。博弈论在当代国防经济学中的应用也相当广泛。1960年，托马斯·C.谢林最早在《冲突战略》中应用博弈论研究敌对双方的军事行为。许多专家认为，在国防采办、军备竞赛、军事条约的形成、竞争规则的确定等方面必须有博弈论的应用。当代国防经济学向精确化、科学化、动态化的方向发展。四是更加侧重对策研究。当代一些国防经济学家认为,国防经济学不应只是一门理论经济学,而应是对策性很强的应用经济科学。当代国防经济学侧重于对策研究,操作性、直观性和应用性更强。例如,反恐斗争中的资源运用和动员问题,新军备竞赛的特点问题,不同国别的军费增长与经济增长的关系问题,高技术武器装备采办的运行方式问题,国防经济学结构调整的方向、政策、措施问题等等,都成为新时期国防经济研究的热点。

第十章
回顾与前瞻——中国国防经济学百年*

千禧之年，世纪之交，令人浮想联翩。中国国防经济学作为相对独立的学科登上历史舞台，虽然比西方发达国家晚了一些，但也有好几十年的发展历程。站在 21 世纪的大门口，我们不妨回顾一下中国国防经济学发展的百年历史，对于今后的研究工作可能不无裨益。

一、中国国防经济学在抗日的炮火中诞生

国防经济学作为相对独立的学科在中国诞生，有着深厚的理论渊源和社会基础。中国古代丰厚的国防经济思想与西方工业化国家的国防经济理论，在中国如火如荼的抗日战争环境中碰撞、融合、变革，形成了中国的国防经济学。

（一）中国国防经济学的理论渊源

清末民初，在"洋为中用"的口号下，大批有志之士奔赴西方工业化国家，不仅学习西方的科学技术和经济学理论，也带回了西方的国防经济理论。当时西方国防经济理论，大致可以分为"动员

---

* 此章内容摘自中国青年出版社 2004 年 7 月出版的《中国经济学史纲》。

型"和"应战型"两派，它们在中国国防经济学的形成过程中都有程度不同的影响。"动员型"国防经济理论，以自由主义经济学派为理论基础，其代表人物主要有英国经济学家 F. W. 赫斯特和 A. C. 庇古。F. W. 赫斯特于 1914 年出版的《战争的政治经济学》和 A. C. 庇古 1921 年出版的《战争经济学》是国外国防经济学诞生的标志。"应战型"国防经济理论，以德国的鲁登道夫为代表，认为战争是一个民族生存意志的最高表现，国家在平时就要倾全力准备下一场战争，将平时经济纳入战时轨道。鲁登道夫于 1935 年出版《总体战争论》，主张在国家指导的基础上，在经济上消除平时和战时的区别。

中国古代和清末民国初的国防经济思想，对我国国防经济学的创立也有着直接的影响。我国古代的国防经济思想虽然还不成体系，相当零散，但内容较为丰富。在《孙子兵法》等古代兵书中，有大量国防经济思想，它们往往以治国治军之策展现出来。由于经济的主体是农业，因此国防经济思想从兵农合一思想，富国强兵思想，农战思想，取用于国、因粮于敌思想到军事屯田思想等，都体现了重视粮草、农业和农民的思想。清末民国初的国防经济思想主要是基于中外的对比和反思，在寻求富国强兵之道的过程中形成的。主张学习西方商业的重商思想的代表人物有王韬、马建忠、郑观应、谭嗣同等，他们主张以商为中心发展经济，提出"兵战"为标、"商战"为本的思想。主张学习西方科技、兴办工业、实行洋务的代表人物有李鸿章、张之洞等等，他们改变了过去中国传统的"以农为本"的思想，认为工业为富国强兵之本，工业能为军队生产精良的武器装备，"工为体，商为用"，只有有了工厂，才有商品和贸易。他们大力兴办洋务，客观上发展了中国近代的军事工业和民用工业。孙中山"兴办实业、军民通用"的国防经济思想，体现在其《同盟会革命方略》《民族主义》《民权主义》《实业计划》《国防十年计划》等著作中。孙中山主张：国防与民生兼顾，国防建设时应注意民生需要，经济建设时应注意国防需要；科学技术是国防经济建设的基础，全面发展中国的工农商业，增强整个社会的经济实力，是国防基础巩固的根本；交通要先行，交通是经济建设的重点，也是国防建设的基础；军民要通用，兴办实业要军民可以互换，军民可以通用；经济要分区布局；等等。

（二）空前活跃的战时经济思想

20世纪初叶，中国大地战火连绵。其中的抗日战争，在作战规模、持续时间、社会影响等方面都是空前的。抗日战争激发了中华民族自强图存的探索激情，富国、强兵、救国思想空前活跃，政界及学术界人士纷纷发表自己的见解。国防经济理论研究也掀起了高潮，发表了大量论文和著作。现可查的有：卫挺生1933年著《战时财政》、关吉玉1936年著《中国战时经济》、蒋方震1937年著《国防论》、钱俊瑞1937年著《中国国防经济建设》、千家驹1939年著《中国战时经济讲话》、俞佐廷1938年和1940年著《中国战时经济特辑》和其续编、马寅初1938年著《抗战与经济》、杨杰1940年著《国防新论》、董问樵1940年著《国防经济论》、邝松光1944年著《各国国家总动员概论》以及发表于当时许多报刊上的战时经济论文。关吉玉在他的书中强调"财力"的重要，主张战费的筹措应以租税为主，公债为辅；提倡稳定金融，反对滥发纸币和破坏性信用扩张；强调战时对粮食、外贸等的统制和大力发展工业生产能力。蒋方震的战时经济学思想主要有：国防与经济要合为一体；要努力改变现实经济状况创造条件来满足国防的需求；战时国家要进行总动员等。千家驹著有《中国战时经济讲话》等著作。他的战时经济思想主要有：强调战时注意物资生产和流通，利用中国经济的内在优势，促进经济向有利方向转化；提倡战时货币战；主张筹措战费以发行公债为主，增税为辅等等。

（三）国防经济学在中国正式登上历史舞台

抗日战争的炮火促使国人深思，在各种战时经济思想的碰撞下，国防经济学正式登上了历史舞台。1940年抗战正值相持阶段，各方人士关注、议论救国之策，各种思想纷呈，董问樵的《国防经济论》一书在此时出版，引起了不少人士的注意。董问樵曾留学德、英、法等国，其国防经济学说源于第一次世界大战前后德国的国防经济学说和中国历代国防经济思想。尽管其理论有许多缺陷，但它是中国有史以来第一本理论体系比较完整的国防经济学著作，对学术研究和学术发展有重要意义。该书主要论述了国防经济本质及其基本原则、国防经济学的对象和体系、国防经济供需关系的分析、经济动员、战时经济、经济复员等。

对于国防经济学的本质，董问樵认为由于现代战争是全体性的战争和全民族的战争，因而"国防经济是全民在平时和战时保卫民族之生存和发展的经济国防的制度"。对于国防经济学的基本原则，董问樵认为"民族的生活条件与战斗条件的一致"和"民族的经济力和国防力一致"是国防经济的两个基本原则；"国民经济的利益要隶属于国防经济的安全"和"国防经济的安全性适应国民经济的经济性"是国防经济学的两个辅助原则。

关于国防经济学的研究对象，董问樵认为平时经济、战时经济、经济战是国防经济学的研究对象。关于国防经济学的体系，董问樵认为，国防经济学可以区分为"国防经济学原理"和"国防经济政策"。国防经济学原理包括国防经济学的本质、国防经济力的主要因素、国防经济的形态、国防经济的历史发展等；国防经济政策包括国防农业、工业、贸易、交通、金融、财政政策等。董问樵在他的书中还研究了国防经济力的要素、经济动员、战时经济、经济复员等。

二、新中国国防经济理论的蓬勃发展

新中国成立后，我国进入相对和平时期，经济建设摆上了党和政府的议事日程。从战火中走过来的党和国家领导人，不得不反复思索一个重大问题：如何处理好国防建设和经济建设的关系？因此，毛泽东、周恩来等领导人对国防与经济的关系问题有过一些精辟的论述。但是由于各种原因，这方面的理论进展不大，特别是理论界，只限于解释领袖的某些言论，而未能有真正的学术论文，更无真正的理论著作。

改革开放以后，我国经济飞速发展，工业化进程加快，工业已成为国民经济的主导产业。各种学术研究放开，学术环境大大改善，国防经济思想迎来了一个发展高潮。从政界到理论界，从军队到地方已有一大批人士投入到国防经济学的研究之中。20世纪70年代末，解放军政治学院、后勤学院和军事经济学院等单位进行了国防经济学的研究和教学。1983年起，《解放军报》《经济日报》和《光明日报》先后开辟了"军工与民用""国防科技工业"等专栏。1985年1月下旬，在北京召开了我国首次国防经济学研讨会，就国防经济理论和实践的一些基础性问题进行了讨论。同年10月，在武汉军事经济学院召开了军队院校国防经济学讨论会，对国防经济学的基本范畴、研究对象和基本内容进行了探讨。1986年11月，在北京召开了国防经济发展战略研讨会，对国防经济的发展战略和模式进行了研讨。这三次理论研讨会奠定了新中国国防经济学创立和发展的基础。1987年3月，我国唯一的一份大型国防经济理论刊物《军事经济研究》在武汉军事经济学院创刊发行。同年5月16日，由国防大学、国防科技大学、后勤学院、军事经济学院等军队院校发起，在武汉军事经济学院召开军事经济研究中心成立大会暨首届理论研讨会。这以后，国防大学、后勤指挥学院、军事经济学院等等院校招收了国防经济专业硕士研究生，国防经济学被国务院学位委员会、国家教育委员会正式列入国家学科、专业目录。

（一）对国防建设与经济建设关系的初步探索

新中国建立后，结合如火如荼的经济建设，党和国家领导人毛泽东、周恩来、刘少奇、朱德等研究了国防与经济建设的关系，并得出了很多精辟的结论，概括起来主要有：国防建设与经济建设协调发展的思想；国防工业要合理布局的思想；建立独立完整的国防工业的思想；国防现代化的关键是科学技术现代化的思想；全民皆兵思想等。

（二）国防经济学基础理论研究走向深入

从 1986 年开始到 1992 年党的十四大召开，陆续出版了许多国防经济学著作。这些著作对一些基础理论进行了深入研究和探讨。1986 年，由湖南人民出版社出版了宋振铎、库桂生著的《国防经济学概论》，这是新中国第一部比较系统深入研究国防经济学的基本理论并正式出版的理论著作。书中论述了国防经济学的研究对象、研究方法、军事与经济辩证关系的一般原理、和平时期的国防经济建设、战时经济体制以及国防经济效益等问题。同年出版的还有孙柏林著的《中国国防经济学总论》，构建了国防经济学的理论框架并阐述了自己的观点。1987 年，解放军出版社出版了刘大军主编的《中国社会主义国防经济学》，该书提出了社会主义社会的军品也是商品，并以军品作为国防经济学的逻辑起点与归宿构建了自己的体系结构。1988 年 1 月，福建人民出版社出版了樊恭嵩编著的《国防经济学》，其基本理论体系比较完善，内容相当丰富。1988 年，辽宁人民出版社出版了张振龙著的《军事经济学》，这是中国第一部以军事经济学命名的比较系统研究国防经济理论并正式出版的专著。1988 年，湖北人民出版社出版了何善昌主编的《国防经济学》。该书从总结建国以来国防建设方面的经验教训，结合当时经济的实际情况，强调和研究了国防经济决策科学化问题。1988年，中国经济出版社出版了杨永良主编的《中国军事经济学概论》，该书论述了军事经济的产生和发展，分析和研究了军事工业、军事科技、军事财政、军事人力、战时军事经济、军事经济管理、军事经济效益等问题。1989年，海军出版社出版了曹智英著《军事经济学概论》。该书探讨了经济与军事的关系、军事经济效益、经济建设与军事建设的关系、战时经济、未来战争中的军事经济学等军事经济学领域中的一些重大问题。1991年，军事科学出版社出版了刘义昌、武希志著的《国防经济学基础》。该书对世界部分国家国防经济的历史、现状以及未来做了分析，对中国国防经济活动的规律进行了探索，指出中国国防经济必须走军民结合、平战结合的发展模式。1992年，湖北人民出版社出版了王其坤、刘化绵主编的《中国军事经济学教程》。该书分析考察了军事经济运动的基本矛盾、军事经济发展的基本规律、军事经济建设的适度规模、军事经济管理体制的改革、军事经济发展战略、战时经济等问题，提出了自己独到的见解，并建立了自己的军事经济学逻辑体系。其他具有一定影响的专著还有金朱德等著的《国防经济学论》，唐炎、王志毅主编的《中国军事百科全书·国防经济学分册》，译著肯尼迪的《国防经济学》等等。

　　这一时期基础理论研究的主要内容有：国防经济学的称谓、学科属性、研究对象、任务、方法和学科体系等。关于国防经济的内涵大体上有三种观点：（1）国防经济是保障军事需要而进行的经济活动，它是军品生产部门和军事劳务部门的总和；（2）国防经济是国家为国防和战争的目的而进行的物质生产及其与此相适应的生产关系的总和，它主要包括国防生产、与之相适应的生产关系和国防经济部门；（3）国防经济是在国家参与和调节下进行的，服务于国防的诸经济过程和经济管理体制的总称。关于国防经济学的研究对象，大致上有六种观点：（1）国防经济学是从经济上保证国家军事需要的规律性科学；（2）国防经济学主要研究国家军事需要或国防经济保障的效果、效率；（3）国防经济学是一门研究国防经济内部关系的科学；（4）国防经济学是揭示国防与经济辩证关系及其运动发展的规律性；（5）国防经济学是从经济学和军事学的角度，研究国防经济运动及其发展规律的科学；（6）国防经济学是研究国防与经济之间以及国防经济内部矛盾运动规律的科学。

（三）国防经济学应用理论研究蓬勃发展

这期间应用理论的研究也获得了发展。1989年，解放军出版社出版了孙柏林著《军人工资》，书中论述了军人工资的概念、军人工资的沿革和演变、现行军人工资制度的弊端、军人工资制度的改革等问题。1989年，国防科技大学出版社出版了周中朝、苏海燕著的《国防技术经济学概论》，书中论述了国防技术投资、成本、价格、投资效益、投资方案等基本范畴及其计算、评价的基本原理和方法。1990年，国防大学出版社出版了蒋宝祺主编的《中国国防经济发展战略研究》，该书从整体上对国防费规模和结构的战略选择、国防科技和武器装备发展战略、国防工业发展战略、国防物资储备战略及国防人力发展战略等方面进行了初步探索。1990年，湖北人民出版社出版了陈维丰主编的《军费管理学》，书中论述了军费管理学的研究对象及其意义、军费管理的基本依据、军费管理过程等问题。1990年，黄河出版社出版了张忠义、樊恭嵩主编的《国防费概论》，书中论述了国防费与环境因素的辩证关系、国防费在常规条件下的运行、国防费在战争状态下的筹措等问题。1991年，南开大学出版社出版了曹智英主编的《战时经济论》，该书论述了战时经济动员问题、战争进行过程中的经济工作问题、战时经济向平时经济复员问题。1991年，军事科学出版社出版了佟福全、刘义昌著的《世界全方位经济战》，该书从全球科技争霸、产业化竞争、国际贸易较量、货币金融较量、资源争夺、高级人才争夺和综合国力较量等几方面论述了世界经济战的内容。1991年，黄河出版社出版了樊恭嵩、张忠义著的《国防人口论》，书中论述了人口与军事的关系，国防人口的结构、布局、职能与素质等问题。1991年，军事科学出版社出版了孙振环著的《中国国防经济建设》，该书介绍了新中国国防经济建设的概况，展现了国防经济建设所取得的成就。1991年，军事科学出版社出版了高殿治著《中国国防经济管理研究》，该书运用系统论的原理与方法对国防费的分配和管理、军品采购和管理、武器装备体制、国防科技和管理、国防储备体制、军队后勤保障体制、国防经济的审计监督以及军队生产经营与管理等问题进行了研究。1991年，国防大学出版社出版了蒋宝祺主编的《中国国防经济宏观分析》，该书从宏观上对中国国防经济的规模、结构、布局、体制和效益这些重大问题进行了分析和论证。1991年，黄河出版社出版了唐大德等著的《国防技术经济性分析》，书中论述了国防技术效益、国防技术装备的全寿命费用与效费比分析、国防投资与成本、国防投资的财务决策、国防投资财务评价的多方案比较与选优、国防技术项目的国民经济评价等问题。1991年，辽宁人民出版社出版了张振龙主编的《军事财政学》，书中论述了军事财政分配的基本原理、军事财政分配结构、军事财政分配关系、军事财政预算和战争财政、军事财政分配效益等问题。其他具有代表性的专著还有库桂生主编的《国防经济效益浅论》，游潜之等主编的《中国国防经济运行分析》，李文兴、朱松山主编的《军队微观经济学》，译著怀内斯的《第三世界军费经济学》，等等。

  1989年5月，原国家计委国防司召开了"第一次全国国民经济动员理论研讨会"，这以后几乎每年以国防经济建设实践中的某一问题为主题，召开一次国民经济动员理论研讨会并出版相应的论文集。这一时期理论界的应用理论研究主要有国防经济效益、国防经济管理、国防经济基本特征和运行规律、国防工业结构和布局调整、国民经济动员等。

（四）国防经济史学理论研究有所突破

这一时期国防经济史学理论也有相应的发展。1988 年，国防大学出版社出版了钱大林、库桂生等著的《国防经济学 60 年》，该书分析了国防经济学诞生 60 多年来中外不同国家、不同阶级的代表人物有关国防经济的学说与专著。1990 年，军事科学出版社出版了军事科学院军事历史研究部世界军事历史研究室编的《三十年代世界主要国家的战略和军备》，书中分国防政策、军事战略、备战理论、军事建设几部分阐述了两次世界大战的战争经济准备问题。1990 年 8 月，金盾出版社出版了王波、彭学芳主编的《第二次世界大战苏联军事经济后勤史》，该书阐述了苏联在苏德战争各个阶段和主要战役中军事经济和后勤保障的经验教训，分析了军事后勤同军事、军事经济之间的相互关系及其活动规律。1991 年，军事科学出版社出版了库桂生、姜鲁鸣著的《中国国防经济史》，该书从冷兵器时代的国防经济、冷兵器和火器并用时代的国防经济、火器时代的国防经济、机械兵器时代的国防经济四个时期论述了中国国防经济史。1991 年，解放军出版社出版了王其坤主编的《中国军事经济史》，该书以 1949 年新中国成立为下界，论述了中国古代军事经济的产生和发展以及中国近代军事经济在半殖民半封建社会的扭曲发展过程。1992 年，解放军出版社出版了王瑄主编的《中国军事经济思想史》，该书按历史顺序阐述了中国各朝代著名的政治家、军事家、思想家的军事经济思想。1992 年，海潮出版社出版了龚泽琪、王松主编的《中国无产阶级军事经济思想史》，该书以毛泽东军事经济思想为主线，阐述了中国无产阶级军事经济思想的产生、发展和不断完善的历史及其规律。其他具有代表性的专著还有刘化绵主编的《中国近代军事经济研究》，译著《苏联卫国战争期间的军事经济》，等等。

这一时期的史学理论还研究了革命领袖的军事经济思想，著作主要有《马克思恩格斯军事经济思想》《毛泽东军事经济思想》《邓小平国防经济思想》等。

三、国防经济学在市场经济中走向成熟

1992年10月，党的十四大明确提出建立社会主义市场经济体制之后，我国经济运行机制发生了实质性变化，国防经济学的理论研究在各个领域展开并逐步走向成熟。

（一）基础理论研究有一个质的升华

在过去研究的基础上，国防经济学基础理论逐步形成了较为完整的理论体系，在基本理论范畴的建立，在定性和定量分析的结合等方面，都有实质性的进展。1993年，中国经济出版社出版了刘化绵主编的我国第一部比较系统地反映军事经济学研究成果的工具书《军事经济学辞典》。该辞典分军事经济总论、军事经济资源与要素、军事经济运行环节、经济动员与战时经济、军事经济管理与效益、军事经济人物、军事经济论著、部门军事经济八大部分以及一个附录（新中国军事经济活动大事记）。1994年，中国经济出版社出版了孙志强主编的《当代中国经济大辞库（军事经济卷）》，全书分军事经济学、军事经济管理、军事后勤学、军事财务学、军事财务管理、军事预算经费管理、军事预算外经费管理、军队生产经营管理、军队国有资产管理、军事预算会计、军队财务结算中心、军事审计、军事经济法、西方军事经济、军事经济史共15篇。1997年，白山出版社出版了樊恭嵩、马小根主编的《新编国防经济学教程》，全书共分15章，包括绪论、国防的经济基础、国防经济系统、国防经济体制、国防人口、国防科学技术、国防工业、国防基本建设、国防交通运输、国防贸易国防财政、国防储备、国防消费、国防经济管理、国民经济动员与复员。其他主要著作还有1994年，解放军出版社出

版的李霖、刘深业主编的《国防经济理论与实务》，王传武、朱庆林主编的《军事经济概论》，1999年，国防大学出版社出版的于连坤、唐洪鑫主编的《国防经济学概论》等等。

（二）研究重点向应用理论转移

经济建设和国防建设的蓬勃发展，促进了国防经济学应用理论研究的深入，一批为国防经济建设所急需的研究成果面世。1994年12月，军事科学出版社出版了万东铖著的《军事资源有效配置研究》。全书分导论、社会主义条件下的军事资源配置、军事资源无效配置与实证分析、中国社会主义市场经济条件下军事资源有效配置、中国社会主义市场经济条件下军事资源配置的宏观调控、体制创新六部分。1995年，长征出版社出版了陈德第、库桂生主编的《国民经济动员》，这是我国出版的第一部系统论述国民经济动员基本理论的专著。该书分三篇22章，第一篇对国民经济动员的内涵、国民经济动员的形成和发展、国民经济动员的制约因素、国民经济动员的战略地位、国民经济动员的方式和时机等一般理论进行了论述；第二篇对中国国民经济动员的发展和各经济部门的动员进行了探讨；第三篇介绍了美、苏联、英、德、法、日的国民经济动员。书中认为国民经济动员是国家为了保障战争的需要、赢得战争的最后胜利，有计划、有组织地使国民经济由平时状态向战时状态转换的一系列活动。

1997年，军事科学出版社开始出版陈德第、刘化绵主编的《国民经济动员论丛》。该套丛书共分《国民经济动员概论》《战争需求论》《经济动员基础论》《经济动员机制论》《经济动员准备论》五册出版。作者在书中认为国民经济动员是指为维护国家安全和适应战争需要，有计划、有组织地提高国民经济应变力，将国民经济由平时状态转入战时状态所进行的一系列活动。其他主要著作还有万东铖著的《军事经济运行机制重塑》，陈志英、果增明主编的《军事经济管理学概论》，朱庆林等主编的《社会主义市场经济与军事经济》和《高技术局部战争与军事经济》、张振龙著的《军事采办经济学》、潘孝先主编的《市场经济与国民经济动员》，等等。

理论界的研究成果对政界的政策制定和工作实践起到了先导作用。1994年国家成立了国防动员委员会，并在国家计委成立了国民经济动员办公室，各省、市、自治区设立了相应的机构。国家计委国民经济动员办公室举办了多期全国范围的业务系统内有关人员的学习班，向他们普及国防经济学的有关知识，并组织他们研究工作实践中遇到的问题，寻求解决的办法和途径。有关经济动员的研究，对动员立法和动员工件提供了诸多参考。

（三）学科建设和学科人才培养进入良性循环

国防经济学的研究队伍不断壮大，从基层部队到机关院校，从军队到地方都有人在从事国防经济的研究，仅全军军事经济研究中心就聚集了大约几百人的研究队伍。1998年，国务院学位委员会批准在国防大学和军事经济学院设立国防经济专业博士学位授权点，加上以前获得的一批硕士学位授权点，这样国防经济专业的学科建设和学科人才培养进入了良性循环。这期间北京理工大学开设国民经济动员专业并开始了本科的招生和培养。目前，中国人民大学也正在积极筹划国防经济专业研究生的招生工作。国防经济学科和国防经济专业人才正逐步得到实际工作部门的认可和接纳，学科建设和学科人才培养进入良性循环。当然，由于国防经济学是横跨军队和地方的经济学科专业，军地人才的培养和交流还面临着一些问题。

四、中国国防经济学发展的启示和趋势

国防经济学在中国经历了近百年的发展，并开始向新的千年过

渡。当我们回顾这近百年的发展历程并展望未来时，我们似乎可得到一些启示：

（一）思想解放是国防经济学发展的重要前提

任何科学的发展都要建立在思想解放的基础之上。国防经济学的近百年发展也证明了这一颠扑不破的真理。国防经济学作为相对独立的学科在抗日战争时期诞生，在改革开放的大环境中蓬勃发展，都是得益于思想大解放。抗日战争初期，中华民族处于危难之时，人们纷纷冲破国民党政府设置的种种障碍，为民族的生存而呐喊，而奋斗。一时间，各界人士的各种思潮迸发，人们从不同的角度探讨救国救民道理。思想理论呈现出百花齐放、百家争鸣的景象。国防经济学就是在这种思想大解放、学术大争鸣中诞生的。

新中国成立后，本来应该是国防经济学发展的良好时机，但因为当时某些不良的政治思想倾向，不适当地限制了国防经济理论的发展。特别是"文化大革命"时期，各种学术活动受到致命打击。使原来解释领袖关于"国防与经济"关系的文稿也难以见到。而改革开放后，人们的思想像冲破了闸门的洪水，一下子涌了出来。所以，20世纪80年代初，国防经济学的各种文章和著作，像雨后春笋一般出现在理论界，国防经济学进入蓬勃发展时期。

（二）时代主题是国防经济学研究的重要内容

离开时代主题，科学研究将一事无成；结合时代主题，科学研究将生机勃勃。抗日战争时期，夺取抗日战争的胜利是时代的主题。经济理论界围绕这一主题，展开研究"战时财政""战争资源""战争潜力"等问题，出版了大量理论结合实际的著作，形成了中国国防经济学发展历史上一道亮丽的风景线。

20世纪70年代末80年代初，中国实行国防建设战略大转移，理论界紧扣时代主题，在"军转民""军民结合""三线建设"等问题上，讨论得红红火火、有声有色，形成了一批研究成果。和平时期的国防建设，一个重要的理论问题是如何在平时少养兵、战时多出兵；平时少搞军工，战时多出武器？这就要建立中国的经济动员理论。因此，在国家计委国防司（后来的国民经济动员办公室）、兵器工业部（后来的兵器工业总公司）等机关、院校、科研单位的支持下，展开了国民经济动员的理论研究。研讨会每年不断，学术著作推陈出新。

社会主义市场经济体制的逐步建立，对国防经济体制产生了强烈的冲击。新时期军事战略方针的确立，对国防建设提出了严峻挑战。为此，国防经济学界围绕"两场"（社会主义市场、高技术战场）这个时代主题来研究国防经济学的有关问题，如建立适应"两场"的国防经济体制问题，军队物资保障社会化问题，军队人才来源多元化问题等等。结合时代主题进行理论研究，不仅取得了大量成果，而且成果的转化也大大加速，不少研究成果进入党政军高层领导决策，为国防建设做出了贡献。

（三）边缘生长是国防经济理论研究深入的有效途径

国防经济学本来就是一门边缘科学，界于经济学和军事学之间，从两者的边缘生长并结合而成。因此，国防经济学享有"特殊地位"：国务院学位委员会将其列为经济学的二级学科，作为部门经济学的一个门类；而军队又将其列为军事学的一个门类，作为二级学科的一种。国防经济学的"双重身份"说明了它的特殊性和边缘性。我们不仅从经济学和军事学的边缘"生长"出了国防经济学本身，而且还"生长"出了军费经济学、国民经济动员学、国防经济学说史、装备采购学等新型学科。

国防经济学近百年的发展历史表明，学科的发展离不开时代，离不开实践，离不开创新。20世纪，中国经济由农业经济过渡到工业经济，在工业化并没有完成的情况下，世纪之交，知识经济又初露端倪，知识产业已具有一定的规模。面对农业经济、工业经济和知识经济的三元结构的现实，国防经济学的发展又面临着新的问题和趋势：

第一，创新学科体系问题。

国防经济学经过近百年的发展，大致建立起了自身的理论体系。由于各人有不同的理解，有不同的知识背景，所以，现有的基础理论著作的体系是五花八门。但是，这些著作也有一些基本的东西是共同的。然而，知识经济时代的出现，给国防经济学提出了前所未有的问题，例如国防经济内涵和外延变化的问题，知识经济条件下国防经济的结构、布局问题，国民经济动员内容和手段的变化问题等等。这些都要求我们在理论上有所创新。新的时代，新的理论，要求建立新的理论体系。这可能是我们国防经济理论工作者面临的最困难的问题，但又是必须解决的问题。

第二，与其他学科的结合问题。

国防经济学与其他学科结合，首先是与军事学和经济学的结合问题。国防经济学是军事学和经济学的交叉学科，要解决的是如何用经济资源来保障战争和军事需求问题。它必须吸收军事学和经济学的相关知识和研究方法，顺应军事发展的规律和经济发展的规律来驾驭国防经济的运行规律。其次是与经济学的各部门经济学的结合问题。由于国防经济领域本身的跨部门性和综合性，它必须要用部门经济学的原理和原则来调动各种经济资源为战争和军事服务。它离不开各部门经济，又不同于各部门经济，更不是各部门经济的简单之和，国防经济学要说明的是一般经济规律在国防经济领域中的具体表现形式和国防经济领域的特有规律。再次是与军事学的其他分支，特别是后勤学、装备学和战略学等学科的结合问题。只有在各种不同的结合中，才能发展国防经济学自身。

第三，与现实结合问题。

任何一门理论，必须来源于实践，又指导实践。在这方面，中国的国防经济理论工作者做了大量工作。但随着社会的发展，新的问题层出不穷，理论与现实结合的路还很长。国防经济学的发展要突破的现实问题，就是必须搞清楚学科的任务和学科人才培养的目的。作为应用学科其对应的职能部门是谁？作为专业基础学科，它是哪些专业的基础学科，即哪些专业的人才必须掌握国防经济学的知识？这个问题不搞清楚，学科的下一步发展将受到影响。国防经济学的专业开设于军队，它相对于军队后勤各专业勤务和军事科研及装备管理来说又显得过于宏观，相对于军事战略来说又太着眼于地方国防工业，显得太脱离军事。国防经济学若着眼于解决国防工业和国民经济动员问题，却又面临着军地职能的差异和军地人才交流的体制障碍，即军队人员不可能直接肩负地方人员的职能。因此，不同的研究课题，要有不同的针对性。要把解决国防经济建设实践中的问题作为理论研究的出发点。

第四，定性分析与定量分析相结合问题。

正如马克思所说，任何一门学科，如果没有精确的数量分析，就不可能成为一门真正的科学。国防经济学当然也是如此。应该说，国防经济学发展到今天，理论工作者是注重了定性分析与定量分析相结合的。但同时也应当承认，这种结合还相当不够。其原因一方面是学科的发展本身有一个过程，另一方面是由于我们国防经济理论工作者的知识素质条件的限制。现在我们正向"数字化"时代迈进。如果在"数字时代"不懂得用"数字"，那显然是不合时宜的。定性与定量分析相结合，既代表了学科发展的趋势，又是我们国防经济理论工作者必须十分关注的重大问题。

第五，国防经济学的普及问题。

由于国防经济学面临的诸多现实问题还并没有得到很好地解决，因此还有不少同志还不了解和不接纳国防经济学。对军队有些人员来说要么认为国防经济学过于宏观，显得太"虚"，要么认为它主要是应由地方和国家机关考虑的问题。对地方有些人员来说要么认为还未到战时考虑太早，要么认为这是政府的事情与己无关。实际上，国防经济学研究的是国防建设和经济建设的关系，这既是关系国家发展战略的大事，又是关系每个公民自身利益的好事，必须加以普及。国防经济理论工作者过去在这方面做了一些工作，但与实际需要有很大差距。这就要求国防经济学的理论工作者和实际工作者下大力气，多做一些宣传普及工作，把理论研究和宣传普及有机地结合起来。